청소년을 위한
논리교과서

청소년을 위한 **논리교과서**

1판 1쇄	2016년 4월 5일
1판 2쇄	2018년 9월 28일

지은이	강영계
펴낸이	이재종

펴낸곳	(주)C&A에듀

주소	서울시 강남구 도곡로 63길 23, 302호
전화	02-501-1681
팩스	02-569-0660
홈페이지	www.cnaedu.co.kr
전자우편	rainbownonsul@hanmail.net

ISBN	978-89-6703-632-4

＊이 책에 실린 모든 글과 그림을 저작권자의 허락 없이 무단으로 복제하거나
복사하여 배포하는 것은 저작권을 침해하는 것입니다.

＊책값은 뒤표지에 표시되어 있습니다.

＊잘못된 책은 구입하신 서점에서 바꾸어 드립니다.

청소년을 위한 논리교과서

강영계 지음

LOGIC

C&A에듀

말이 통하는 사회!
한국은 설득하는 사회인가?
강요하는 사회인가?
이성적 대화의 기초는 논리력이다.

논리란 무엇일까? 어떤 생각이 논리적인 생각인가? 왜 논리적으로 생각하여야만 하는 것인가? 이런 질문들을 던지는 것은 정보화 사회를 살아가고 있는 우리가 공동체 구성원이 직면한 다양한 사회적 의제를 비판적으로 파악하고 이를 해결하기 위한 합리적 대안을 모색해야 하기 때문이다.

우선 논리적 생각은 체계적이며 질서 있는 합리적 생각이다. 그리스 철학자 아리스토텔레스는 논리학을 일컬어서 학문 일반의 예비학(기초학)이라고 하였다. 논리학은 수학과 함께 모든 학문의 기초학이다. 논리학의 기초가 부족하면 대화, 토론 및 의사소통이 원활할 수 없다.

우리는 논리적 생각을 취급하는 학문을 논리학이라고 부른다. 좀 더 정확히 말하자면, 논리(학)는 언어 매개체를 통해서 표현되는 판단의 형식과 법칙을 다룬다. 예컨대 'A는 B이고 C도 B이면 A는 C이다'가 맞는다고 하자. A와 C에 고양이와 개를, B에 동물을 대입할 경우 고양이는 동물이고 개도 동물이면 '개는 고양이이다'가 되는데, 이 판단은 형식상 잘못이 없는 것같이 보인다. 그러나 이 판단은 분명히 잘못된 것이다. 간단히 말해서 논리(학)는 판단의 참과 거짓을 가리는 기초 학문이다.

논리적 생각이 단단해야 건전한 대화, 토론, 의사소통의 문이 활짝 열릴 수 있다. 논리학의 대상은 의문문, 명령문, 감탄문이 아니고 어디까지나 서술문이다. 참과 거짓을 가릴 수 없는 문장은 논리의 대상이 될 수 없으므로 서술문만 논리의 대상이 될 수 있다.

논리적 표현은 추리나 추론을 형성한다. 논리적 생각의 절차는 추리이고, 추리가 형식적 언어로 표현되면 추론이다. 추론이 성립하기 위해서는 추리가 선행되어야 한다.

그리고 논리는 이성적이냐 경험적이냐에 따라서 연역 논리와 귀납 논리로 구분된다. 대부분의 형식적이고 수학적인 논리는 연역 논리이고, 실생활을 기초로 한 경험 논리는 귀납 논리이다. 20세기 이후의 논리는 수학적 기초를 이용하여 표현하는 경향을 띤다.

논리적으로 생각하고 판단하며 행동해야만 우리는 열린 대화, 토론, 의사소통의 사회로 진입할 수 있다. 사회의 양극화 문제, 지역갈등, 세대갈등, 남북한의 대치 등은 우리들이 당장 해결하지 않으면 안 될 사회적 의제들이다. 이 문제들을 해결할 수 있는 중요한 열쇠들 중의 하나가 바로 논리적 생각과 판단이다. 즉 논리적으로 생각하고 판단할 줄 모른다면 민주주의를 실현해야 하는 시대적 소명은 요원해질 뿐이다.

이 책이 나오기까지 최선의 노력을 기울여 준 C&A에듀의 이재종 대표에게 심심한 감사의 마음을 전한다.

2016년 봄. 지은이 강영계

차례

PART 2 경험편

PART 3 지혜편

일러두기

이 책을 읽는 분들은 다음의 몇 가지 사항에 유의하여 주십시오.

1. 가능하면 처음부터 차근차근 읽어주십시오.

2. 어려운 내용은 반드시 박스 안의 도움말을 참고하십시오.

3. 논리형식을 밝히기 위해서 필요하다고 생각될 경우 적절한 예문을 선택하려고
   노력했습니다. 거의 모든 예문은 문학, 종교, 철학 등과 연관된 것입니다.

4. 논리형식을 간략하고 쉽게 표현하기 위해서 꼭 필요하다고 생각되는 부분에
   대해서는 최소한의 기호나 도형을 사용했습니다.

5. 본 책의 서술방식은 가장 기본적 논리로부터 점차 복잡한 논리로 순서를 밟아
   전개됩니다. 읽다가 이해가 잘 안 되는 부분이 나올 경우 앞부분의 해당되는
   곳을 찾으면 쉽게 이해할 수 있을 것입니다.

PART 1

합리편

논리는 합리적이다

따지는 이유

이제는 더 이상 '이런들 어떠하리, 저런들 어떠하리 대강대강 하면 된다'
라는 식의 삶의 태도는 우리 사회에서 허락되지 않습니다. 인구도 얼마 되
지 않고 비교적 사회구조가 간단했던 시절, 철 따라 농사짓던 농경사회에
서는 대강대강 살아도 큰 문제가 없었습니다. 그러나 현대사회는 경쟁사
회이며, 특히 과학과 산업이 현대사회를 이끌어 가고 있습니다. 우선 과학
과 산업에 익숙해지고 그것들의 주인이 되어 이끌어 가기 위해서 우리는
철저하고 냉정하게 모든 것을 따지지 않으면 안 됩니다.

전체를 보는 안목

우리는 조화로운 삶을 구축하기 위해서 부분을 꼼꼼히 따지면서도 동시
에 전체를 보는 안목을 가져야 합니다. 논리적으로 생각하고 따진다고 하

면 '시시콜콜하게 따지는 것' 또는 '쩨쩨한 샌님 같은 짓'이라는 비난을 받기 쉽습니다.

우리는 부분을 따지는 분석에 익숙하지 않거니와 전체를 조화롭게 바라보는 안목도 부족합니다. '모든 고귀한 것은 어렵고 드물다'라는 말이 있는 것처럼 부분을 분석하며 전체를 종합하는 일이란 너무나도 힘든 일임에 틀림없습니다.

논리적인 생각과 삶의 과정

논리적으로 생각하고 행동한다고 해서 삶의 모든 문제가 쉽게 해결되는 것은 아닙니다. 그러나 적어도 우리 앞에 놓여 있는 무질서한 현실의 일부는 분명히 논리적 사고와 행동에서 해결의 실마리를 찾을 수 있습니다.

논리적 사고는 어렵고 힘든 삶의 밀림을 헤쳐가는 데 있어서 하나의 무기 역할을 하며 또한 나침반 역할을 합니다.

우리는 우선 논리적 사고로 삶의 모든 문제들을 분석하고 종합해 볼 필요가 있습니다. 그래도 해결되지 않을 경우 학문과 예술과 종교의 힘을 빌릴 수 있습니다.

거듭 밝히거니와 논리란 허다하게 많은 삶의 문제들을 검토하고 정리하는 데 가장 초보적이며 기본적인 하나의 수단입니다. 그러나 이러한 기초적 수단을 무시하고 독단적으로 학문이나 예술 또는 종교를 주장한다면 그러한 주장은 원시적이며 근거 없는 언명에 불과할 것이고 아무런 문제도 해결할 수 없을 것입니다.

님의 침묵

명제와 판단

다음 글은 이기영의 《한국의 불교》 중 〈원효와 그 영향〉을 다시 쉽게 풀이한 것입니다. 다음 글을 읽은 후 명제와 판단에 관하여 살펴보기로 합시다.

원효는 우리 민족이 불교를 받아들인 이후 배출된 스님 가운데 가장 뛰어난 불교 사상가입니다. 그는 한국의 불교를 정리하여 사상적으로 토착화시킨 이론의 천재일 뿐 아니라 불교 정신을 신라 통일의 대업에 실천적으로 발휘하게 한 위대한 교육자이기도 합니다.

원효는 지금의 경산시에서 출생하였습니다. 지금도 경산시 자인면의 한 언덕에는 신문왕 당시 원효가 지었다는 금당 자리가 남아 있고, 그 밑 골짜기에는 그의 아들 설총의 출생지로 전해지는 자리가 남아 있습니다. 원효의 집은 본래 율곡의 서남쪽에 있었다고 전해지지만, 원효의 어머니가 원효를 잉태하고 이 골짜기를 지나다가 갑자기 산기가 있어 집에 들어갈 사이도 없이 밤나무 밑에서 출산하여 이 나무를 사라수라 불렀다고 전합니다. 그때 달려 있던 밤이 이상하게 커서 그것을 사라밤이라고 불

렀다고 전합니다.

　그 당시 귀족 중심의 사회제도가 그러하였듯이 원효도 소년 시절에는 화랑의 무리에 속하였으나 도중에 깨달은 뜻이 있어 출가를 결심하고 자기 집을 헐어 초개사라는 절을 세웠습니다. 원효는 스승을 모시고 경전을 공부하는 대신 타고난 총명함으로 유교, 노장, 불교의 책들을 두루 읽고 깨달아 한국 불교사에 길이 남는 최대의 학자이며 사상가가 되었습니다.

　원효는, 태종 무열왕의 둘째 딸로서 백제와의 싸움 때문에 남편과 사별하고 홀로 있던 요석공주와의 사이에서 아들 설총을 낳았습니다. 나이 40에 불교의 계율을 어긴 원효는 자유분방한 자세로 깨달음의 길에 정진하여 더욱 위대한 사상가로 변신을 거듭했습니다.

　다음은 《삼국유사》에 나오는 원효에 관한 몇 가지 이야기입니다.

　원효가 하루는 미친 사람처럼 거리에서 "누가 자루 빠진 도끼를 빌리겠는가, 내가 하늘을 괴는 기둥을 깎겠다"라고 외치니 사람들이 그 뜻을 알지 못했습니다. 태종이 이를 듣고 말했습니다.

"아마도 이 스님이 귀부인을 얻어서 아들을 낳겠다는 말인가 보다."

그때 요석궁에서 홀로 사는 공주가 있었기에 태종은 궁의 관리에게 명하여 원효를 찾아 궁으로 인도해 들이라 하였습니다. 관리들이 명에 따라 원효를 찾으려고 할 때, 원효는 이미 남산에서 내려와 문천교를 지나다가 요석공주 일행과 만나 일부러 물에 빠져 의복을 젖게 했습니다. 관리들은 원효를 요석궁으로 안내했습니다. 공주는 원효가 옷을 갈아입고 묵을 수 있도록 하였는데, 공주는 과연 아기를 배어 설총을 낳았습니다.

또 원효가 의상과 함께 불교를 배우러 당나라로 유학길에 올랐다가 홀로 돌아온 사실은 유명합니다. 한밤중에 목이 말랐던 원효는 손으로 더듬거리다가 물그릇이 있어 맛있게 마셨습니다. 그런데 아침에 깨어보니 전날 밤 물그릇이라 여겼던 그것은 바로 사람의 해골이었습니다. 원효는, 깨달음은 마음먹기에 달렸다고 생각하고 신라로 되돌아왔습니다.

언젠가 원효는 한 광대가 이상한 모양의 큰 표주박을 가지고 춤추는 것을 구경하다가 깨달은 것이 있어서 광대와 같은 복장을 하고 불교의 이치를 노래로 지어 세상에 퍼뜨림으로써 부처님의 가르침을 무지한 대중도 잘 알 수 있도록 했다고 합니다. 그 노래의 줄거리는 화엄경의 이치를 담은 것으로 '모든 것에 거리낌 없는 사람이라야 삶과 죽음의 편안함을 얻는다'는 내용이었는데, 그 노래를 〈무애가〉라고 불렀다고 전해집니다.

- 원효는 우리 민족이 불교를 받아들인 이후 배출된 스님 가운데서 가장 뛰어난 불교 사상가인가? (의문문)
- 원효는 스승을 모시고 경전을 공부하는 대신 타고난 총명으로 유교, 노장, 불교의 책들을 두루 읽고 깨달아 한국 불교사에 길이 남는 최대의 학자이며 사상가가 되었구나! (감탄문)
- 내가 하늘을 괴는 기둥을 깎겠으니 원하는 여인은 자루 빠진 도끼를 빌려 가져라. (명령문)

의문문, 감탄문, 명령문에서 우리는 참과 거짓을 가릴 수 없습니다. 다시 말해서 문장이 참인지 거짓인지 가릴 수 없습니다. '원효가 마신 물은 해골의 물이었

는가?', '모든 것에 거리낌 없는 사람이라야 삶과 죽음의 편안
함을 얻는구나!', '네가 부르는 노래를 무애가라고 하여라' 등
의 문장들이 참인지 거짓인지는 가릴 수가 없습니다. 우리는
서술문에서만 문장의 참과 거짓을 구분할 수 있습니다. 〈원
효와 그 영향〉에 나오는 대부분의 문장은 서술문입니다.

명제란 무엇인가
우리는 문장과 명
제를 혼동하기 쉽습니다. 문
장의 성격에 따라서 문장은
의문문, 감탄문, 명령문, 서
술문 등으로 구분됩니다.

- **원효는 한국의 불교를 정리하여 사상적으로 토착화시킨 이론의 천재이다.**
- **공주는 과연 아기를 배어 원효의 아들 설총을 낳았습니다.**

위의 두 문장은 서술문입니다. 논리학에서 다루는 문장은 서술문이며 그것을
일컬어 명제proposition라고 합니다.

앞에서 우리는 문장과 명제가 어떤 점에서 같고 또 어떤 점에서 다른지 알았습
니다. 그러면 이제 명제와 판단의 차이가 무엇인지 알아봅시다. 보통 우리는 판
단과 명제를 똑같은 것으로 생각합니다. 그것은 우리가 추리와 추론을 같은 것으
로 여기는 것과 마찬가지입니다. 다음 글이 추리인지 추론인지 말하여 봅시다.

- **원효는 의상과 함께 당나라로 유학가던 중 해골물을 마시고 깨달았다.**
  그러므로 그는 유학갈 필요를 못 느끼고 신라로 돌아왔다.

위의 예는 추론입니다. 물론 칼로 무 자르듯이 추리와 추론을 명확하게 구분하
기는 어렵습니다. 추리는 생각하는 과정을, 그리고 추론은 그러한 과정이 언어로
표현된 것을 말합니다. 따라서 추론은 추리에 포함되므로 추리가 추론보다 범위
가 넓다고 할 수 있습니다.

이제 판단과 명제로 돌아와 봅시다. 다음 글이 판단인지 명제인지 정확히 지적
하여 봅시다.

■ **원효도 소년 시절에는 화랑의 무리에 속하였습니다.**

판단이란 존재하는 어떤 것에 대한 생각의 결정입니다. 생각의 결정을 언어로 표현하면 그것은 명제가 됩니다. 따라서 위의 글은 명제입니다. 좀 더 자세히 말하면, 명제는 판단에 포함되므로 명제 역시 판단의 일종이라고 할 수 있습니다. 그러므로 논리적으로 정당하게 다음처럼 말할 수 있습니다.

■ **모든 명제는 판단이다. (참)**

그러나 다음과 같이 말해서는 안 됩니다.

■ **모든 판단은 명제이다. (거짓)**

언어로 표현되지 않는 판단이 있습니다. 그러나 언어로 표현된 판단만이 명제입니다. 18세기 독일의 철학자 칸트만 해도 판단과 명제를 명확히 구분하지 않았습니다. 그러나 현대에 들어와서 논리학이 발달함에 따라, 특히 기호를 사용하는 기호논리학이나 수리논리가 발달하면서 논리학의 대상을 명제로 국한시키게 되었습니다.

명제의 요소들

우선 한용운의 〈님의 침묵〉을 읽고 명제의 요소들이 어떤 것이고 그것들은 무엇을 뜻하는지 알아봅시다.

님은 갔습니다. 아아, 사랑하는 나의 님은 갔습니다.
푸른 산빛을 깨치고 단풍나무 숲을 향하여 난 작은 길을 걸어서 차마 떨치고 갔습니다.

날카로운 첫 키스의 추억은 나의 운명의 지침을 돌려놓고 뒷걸음쳐서 사라졌습니다.

나는 향기로운 님의 말소리에 귀먹고 꽃다운 님의 얼굴에 눈멀었습니다.

사랑도 사람의 일이라 만날 때에 미리 떠날 것을 염려하고 경계하지 아니한 것은 아니지만, 이별은 뜻밖의 일이 되고 놀란 가슴은 새로운 슬픔에 터집니다.

그러나 이별을 쓸데없는 눈물의 원천으로 만들고 마는 것은, 스스로 사랑을 깨치는 것인 줄 아는 까닭에, 걷잡을 수 없는 슬픔의 힘을 옮겨서 새 희망의 정수배기에 들어부었습니다.

우리는 만날 때에 떠날 것을 염려하는 것과 같이, 떠날 때에 다시 만날 것을 믿습니다.

아아, 님은 갔지마는 나는 님을 보내지 아니하였습니다.

제 곡조를 못 이기는 사랑의 노래는 님의 침묵을 휩싸고 돕니다.

'님은 갔습니다. 아아, 사랑하는 나의 님은 갔습니다'에서 '아아'는 감탄사이기 때문에 논리적으로는 무의미합니다. 위의 문장을 논리적 명제로 바꾸면 다음처럼 됩니다. '간 사람은 님이다. 간 사람은 사랑하는 나의 님이다.'

'나는 향기로운 님의 말소리에 귀먹고 꽃다운 님의 얼굴에 눈멀었습니다'를 논리적 명제로 바꾸면 다음과 같이 두 가지 명제가 다 가능합니다.

> **명제의 형식**
>
> 명제는 서술문이므로 '…는 …이다'의 형식으로 표현됩니다. 그러므로 일상적인 문장을 논리적 명제로 바꿀 때 명제의 참과 거짓을 가리기 쉽습니다.

- **향기로운 님의 말소리에 귀먹은 사람은 나다. 꽃다운 님의 얼굴에 눈먼 사람은 나다.**
- **나는 향기로운 님의 말소리에 귀먹은 사람이다. 나는 꽃다운 님의 얼굴에 눈먼 사람이다.**

한용운의 〈님의 침묵〉 중 다음 문장을 논리적 명제로 바꾸면 그 아래의 명제가 됩니다.

■제 곡조를 못 이기는 사랑의 노래는 님의 침묵을 휩싸고 돕니다.
■제 곡조를 못 이기는 사랑의 노래는 님의 침묵을 휩싸고 도는 노래이다.

명제가 성립하려면 무엇보다 먼저 판단의 주요 대상이 되는 것을 가리키는 명사가 있어야 합니다. 바로 위의 명제에서 판단 대상을 지칭하는 명사term는 '제 곡조를 못 이기는 사랑의 노래'입니다.

판단 대상을 가리키는 명사를 일컬어 주사subject라고 합니다. '제 곡조를 못 이기는 사랑의 노래'는 바로 주사입니다. 주사는 다른 말로 주개념 또는 주어라고도 부릅니다.

이제 다시 명제의 요소들로 돌아와서 '제 곡조를 못 이기는 사랑의 노래는 님의 침묵을 휩싸고 도는 노래이다'를 분석하여 봅시다. 명제에서는 주사(주개념)로서의 명사를 어떠하다고 규정해주는 빈사predicate가 필요합니다. 빈사는 빈개념 또는 술어라고도 합니다. '제 곡조를 못 이기는 사랑의 노래는 님의 침묵을 휩싸고 도는 노래이다'에서 빈사는 '님의 침묵을 휩싸고 도는 노래' 입니다.

그러면 주사(주개념)와 빈사(빈개념)만 결합해서 표현해 보겠습니다.

■**제 곡조를 못 이기는 사랑의 노래 님의 침묵을 휩싸고 도는 노래**

위의 글이 완전한 논리적 명제가 되기 위해서는 무엇인가가 빠져 있습니다. 위의 글만 보고도 상식을 지닌 모든 사람들이라면 무슨 뜻인지 잘 알 수 있습니다. 그러나 명제로서는 결함이 있습니다. 위의 글에서 빠진 부분은 '…는 …이다'입니다.

'…는 …이다'가 주개념과 빈개념을 연결함으로써 명제가 성립합니다. 논리적 용어로 '…는 …이다'를 계사copula 또는 연결사(연사)라고 부릅니다.

간략한 예를 하나 살피면서 주사, 빈사, 계사에 대해 알아봅시다.

■ **모든 미녀는 인간이다.**

모든 미녀 : 주사(주개념 또는 주어)

인간 : 빈사(빈개념 또는 술어)

…는 …이다 : 계사(또는 연결사)

 도움말

　명제의 형식을 알아보기 쉽게 하고 명제의 참과 거짓을 정확히 구분하기 위해서 일반적으로 주
사(주개념)를 S로, 빈사(빈개념)을 P로 그리고 계사는 ―로 표현합니다. '모든 미녀는 인간이다'를
기호화하면 과정은 다음과 같습니다.

　　1. 모든 미녀(주개념) = S
　　　인간(빈개념) = P
　　　…는 …이다 = ―
　　2. 모든 미녀는 인간이다 = S ― P

명제의 종류

　'오! 늘씬한 저 각선미', '너 논리학이 싫고 논리를 이해 못 하니?', '학교도 직장
도 모두 때려치워라!', '제발 논리학을 쏙쏙 이해했으면 좋겠는데' 등 감탄문, 의문
문, 명령문, 기원문 등의 문장sentence은 참과 거짓의 구분이 불가능하므로 논리학
에서 무의미하다고 말합니다. 무의미하다는 것은 감정이나 가치 등의 차원에서
가 아니라 참과 거짓을 구분하는 차원에서 무의미하다는 것입니다. 따라서 '모든
미녀는 인간이다', '원효는 통일신라의 고승이다', '한용운은 〈님의 침묵〉을 쓴 스
님 시인이다' 등과 같은 서술문만 논리학이 대상으로 삼는 명제입니다.

　다음 글을 읽은 후 명제에는 어떤 종류가 있는지 살펴보기로 합시다.

그런데 그 꼬마 녀석은 길을 잃은 것 같지도 않았고, 피곤해 죽으려 하는 것 같지도 않았고, 배고프거나 목마르거나 겁이 나 있는 것 같지도 않았다. 사람이 사는 곳에서 수천 수만 리 떨어진 사막 한복판에서 길을 잃은 어린아이의 모습이 전혀 아니었다.

마침내 입을 열고 내가 말했다.

"그런데…… 넌 거기서 뭘 하고 있니?"

그러자 그 꼬마는 마치 중요한 일이나 되는 것처럼 아주 부드러운 목소리로 되풀이해 말했다.

"저…… 양 하나만 그려 줘……."

가슴이 꽉 막히도록 신비로운 일을 당하면 거역할 수가 없는 법이다. …… 그러자 내가 힘들여 배운 것은 지리, 역사, 셈, 문법이라는 생각이 떠올랐고 그래서 그 꼬마에게(약간 퉁명스럽게) 나는 그림을 그릴 줄 모른다고 말했다.

그 꼬마가 대답했다.

"그게 뭐 대수로운가. 양 하나만 그려 줘……."

양은 그려 본 적이 없어서, 내가 그릴 줄 아는 그 두 가지 그림 중의 하나를 다시 그려 주었다.

속이 안 보이는 보아뱀 그림을 그렸는데 그 꼬마애가

"아냐! 아냐! 보아뱀 속에 있는 코끼리가 아니야. 보아뱀은 너무 위험해. 코끼리는 너무 거추장스럽고, 우리집은 아주 작거든. 양이 필요해. 양 하나만 그려 줘."라고 대답해서 나는 깜짝 놀랐다.

그래서 나는 양을 그렸다.

"아냐! 이 양은 벌써 병이 든걸. 다른 걸 그려 줘!"라고 말했다.

나는 또 그렸다.

내 친구는 점잖게, 관대하게 웃었다.

"이건 수놈인걸, 뿔이 난 걸 보니까."

그래서 나는 다시 그림을 그렸다.

그러나 그것도 앞의 것들처럼 퇴짜를 맞았다.

"이건 너무 늙은걸. 오래 살 양이 필요하단 말야."

기관을 급히 뜯어내기 시작해야 했으므로 더 이상 참지 못하고 나는 이 그림을 되는대로 끄적거려 놓았다. 그러고는

"이건 상자인데, 네가 바라는 양은 그 안에 있다." 하고 내어 밀었다.

― 생텍쥐페리, 김현 옮김, 《어린 왕자》 중에서

명제는 정언명제categorical proposition, 가언명제hypothetical proposition 그리고 선언명제disjunctive proposition의 세 종류로 나누어집니다. 그러면 이제 위 예문을 본보기로 삼아 세 종류의 명제를 각각 살펴보기로 합시다.

정언명제 : 정언명제는 '…는 …이다'의 형식을 가지며 우리가 사용하는 대부분의 명제는 정언명제에 속합니다.

■ **마침내 입을 열고 내가 말했다.**

위 명제는 두 개의 정언명제가 결합된 것이며, 이 명제를 분석하면 다음과 같습니다.

■ **마침내 입을 연 사람은 나이다. 말한 사람은 나이다.**

그러면 다음 명제는 어떨까요?

■ **기관을 급히 뜯어내기 시작해야 했으므로 더 이상 참지 못하고 나는 이 그림을 되는대로 끄적거려 놓았다.**

위 명제는 세 개의 정언명제가 합쳐진 명제이므로 다음과 같이 분석해 볼 수 있습니다.

■ **기관을 급히 뜯어내기 시작한 사람은 나이다. 더 이상 참지 못한 사람은 나이다. 나는 이 그림을 되는대로 끄적거려 놓은 사람이다.**

정언명제는 보통 '주개념(주사)은 빈개념(빈사)이다'의 형식을 가지며 이것을 기호화하면 'S—P'로 됩니다. S는 주개념subject이고 P는 빈개념predicate이며 —는 계사(연결사)copula입니다.

가언명제 : 가언명제는 '…이면 …는 …이다'의 형식을 가집니다.

《어린 왕자》의 명제 중에서 어떤 것은 그대로 또 어떤 것은 변형하여 가언명제를 인용하면 다음과 같습니다.

- **가슴이 꽉 막히도록 신비로운 일을 당하면 거역할 수가 없는 법이다.**
- **보아뱀이 너무 위험하다면 코끼리는 너무 거추장스럽고 우리집은 아주 작거든.**

좀 더 쉽게 말하면 가언명제는 '봄이 오면 꽃이 핀다', '남자나 여자나 나이가 차면 결혼하기 마련이다', '논리학을 열심히 연습하면 머리가 아주 좋아진다'와 같은 명제입니다. 그러므로 가언명제는 'A가 B이면 C는 D이다'의 형식을 가집니다.

선언명제 : 선언명제는 주개념이 어떤 것이거나 아니면 다른 어떤 것이라는 형식을 가집니다.

- **그런데 그 꼬마 녀석은 길을 잃은 것 같거나 피곤해 죽으려 하는 것 같거나 배고프거나 목마르거나 겁이 나 있는 것 같았다.**
- **보아뱀 속에 있는 것은 코끼리이거나 병든 양이거나 어린 왕자가 바라는 양이다.**

쉽게 말해서 선언명제는 '여자는 애이거나 소녀이거나 처녀이거나 아주머니이거나 할머니이다'와 같은 형식을 가집니다. 기호를 사용하면 선언명제는 'A는 B이거나 C이다'로 나타낼 수 있습니다.

다음의 가언명제를 잘 살펴보고 분석해 봅시다.

■ **비가 오면 땅이 젖는다.**

이 가언명제는 '내리는 것은 비이다. 젖는 것은 땅이다'와 같은 정언명제를 근거로 해서만 성립합니다. 다음의 선언명제를 봅시다.

■ **보아뱀 속에 있는 것은 코끼리이거나 병든 양이거나 어린 왕자가 원하는 양이다.**

이 선언명제는 '보아뱀 속에 있는 것은 코끼리이다. 그 뱀 속에 있는 것은 병든 양이다. 그 뱀 속에 있는 것은 어린 왕자가 원하는 양이다'와 같은 정언명제를 전제로 하여 비로소 의미를 가질 수 있습니다. 이러한 뜻에서 논리학에서 주로 다루는 명제는 정언명제입니다.

논리학에서 가장 기본적으로 다루는 명제는 정언명제입니다. 'A가 B이면 C는 D이다'와 같은 가언명제는 정언명제 '…는 …이다'에 제약을 가합니다. 그렇다면 정언명제를 전제로 해서만 가언명제가 있을 수 있다는 결론이 나옵니다.

또한 'A는 B이거나 C이다'와 같은 선언명제 역시 '…는 …이다'의 정언명제가 제약을 가합니다. 따라서 선언명제 역시 정언명제를 바탕으로 깔고 있어야만 성립할 수 있습니다.

되돌아 보아야 할 문제들

1. 판단과 명제의 차이를 설명하고 판단과 명제 중 어떤 것이 범위가 넓은지 설명해 보십시오.

2. 우리는 모든 문장에서 참과 거짓을 가릴 수 있습니까? 만일 모든 문장에서 참과 거짓을 가릴 수 있는 것이 아니라면 그 이유는 무엇입니까?

3. '제 곡조를 못 이기는 사랑의 노래는 님의 침묵을 휩싸고 도는 노래이다'에서 주개 념(주사), 빈개념(빈사) 및 계사(연결사)를 각각 골라내어 보십시오.

4. 낱말과 개념과 명사, 이 세 가지는 각각 어떤 차이점과 공통점이 있습니까?

5. '내가 진급하면 봉급이 오른다' 는 어떤 명제입니까?

6. '모든 사람은 남자거나 여자이다'는 어떤 명제입니까?

7. '모든 사람은 죽는다'는 어떤 명제입니까?

※ 답은 132쪽에 있습니다.

두 번째 여행_ 명제의 크기와 성질

B사감과 러브레터

명제의 크기

다음의 예문을 읽어본 다음 명제의 크기와 성질에 관하여 살펴봅시다.

　C여학교에서 교원 겸 기숙사 사감 노릇을 하는 B여사라면 딱장대*요 독신주의자요 찰진 야소꾼*으로 유명하다. 사십에 가까운 노처녀인 그는 주근깨투성이 얼굴에 처녀다운 맛이란 약에 쓰려고 해도 찾을 수 없을 뿐인가, 시들고 거칠고 마르고 누렇게 뜬 품이 곰팡 슬은 굴비를 생각나게 한다. (중략)

　이 B여사가 질겁을 하다시피 싫어하고 미워하는 것은 소위 러브레터였다. 여학교 기숙사라면 으레 그런 편지가 많이 오는 것이지만 학교로도 유명하고 또 아름다운 여학생이 많은 탓인지 모르되 하루에도 몇 장씩 죽느니 사느니 하는 사랑 타령이 날아들어 왔었다. …… 달짝지근한 사연을 보는 족족 그는 더할 수 없이 흥분되어서 얼굴이 붉으락푸르락, 편지 든 손이 발발 떨리도록 성을 낸다. (중략)

＊딱장대 : 성질이 온순한 맛이 없이 딱딱한 사람.
＊야소꾼 : 기독교인을 초창기에 일컫던 말.

누구를 끌어당길 듯이 두 팔을 벌리고 안경을 벗은 근시안으로 잔뜩 한 곳을 노리며 그 굴비쪽 같은 얼굴에 말할 수 없이 애원하는 표정을 짓고는 키스를 기다리는 것같이 입을 쫑긋이 내어진 채 사내의 목청을 내어가며 혼잣말을 중얼거린다. 그러다가 그 넋두리가 끝날 겨를도 없이 급작스레 앵 돌아서는 시늉을 내며 누구를 뿌리치는 듯이 연해 손짓을 하며 이번에는 톡톡 쏘는 계집의 음성을 지어,

"난 싫어요, 당신 같은 사내는 싫어요."

하다가 제풀에 자지러지게 웃는다. 그러더니 문득 편지 한 장을(물론 기숙생에게 온 러브레터의 하나) 집어 들어 얼굴에 문지르며,

"정말이야요? 나를 그렇게 사랑하세요? 당신의 목숨같이 나를 사랑하세요? 나를, 이 나를."

하고 몸을 추스르는데 그 음성은 분명 울음의 가락을 띠었다.

"에그머니, 저게 웬일이냐!"

첫째 처녀가 소곤거렸다.

"아마 미쳤나 봐. 밤중에 혼자 일어나서 왜 저러구 있을꼬."

둘째 처녀가 맞방이를 친다.

"에그 불쌍해!"

하고 셋째 처녀는 손으로 괸 때 모르는 눈물을 씻었다.

— 현진건, 〈B사감과 러브레터〉 중에서

논리학에서는 명제를 정언명제, 가언명제, 선언명제로 구분합니다. 그중 논리학이 주로 대상으로 삼는 명제는 '…는 …이다' 형식의 정언명제입니다. 정언명제는 다시 네 가지 종류로 나뉩니다. 〈B사감과 러브레터〉의 인용문을 보기로 삼아 이 인용문에서 나오는 명제를 변형하여 정언명제의 네 종류에 관하여 상세히 살펴보기로 하겠습니다.

정언명제의 네 종류를 결정하는 데는 두 가지 요소가 있습니다. 하나는 명제의 크기, 곧 명제의 양quantity이며, 또 하나는 명제의 성질, 곧 명제의 질quality입니다.

먼저 명제의 양을 살피기로 합시다.

- 모든 노처녀는 여자이다.
- 모든 여교사와 모든 기숙사 여사감은 여자이다.
- 약간의 편지는 러브레터이다.
- 약간의 아름다운 여학생은 여성이다.

위의 예에서 '모든'과 '약간'은 양을 가리킵니다. 그것도 명제에서 주장하는 것이 주개념의 외연 전체에 해당하는지 아니면 주개념의 외연 일부에 해당하는지가 문제입니다.

'모든 노처녀'와 '모든 아름다운 여학생'은 주개념의 외연 전체를 지시합니다. 반면 '약간의 편지'는 편지라는 주개념의 외연 일부를 지시합니다.

따라서 어떤 명제에서 주장하는 것이 주개념의 외연 전체에 관한 것일 경우 그 명제를 전칭명제universal proposition라고 부릅니다.

다음의 명제들은 전칭명제입니다.

- B여사와 같은 모든 독신주의자는 여성이다.
- 모든 러브레터는 편지이다.

반면 명제에서 주장하는 것이 주개념의 외연 일부에 관한 것일 경우 그 명제를 일컬어 특칭명제particular proposition라고 합니다.

다음의 명제들은 특칭명제입니다.

- 약간의 노처녀는 주근깨투성이 얼굴을 하고 처녀다운 맛이란 약에 쓰려고 해도 찾을 수 없는 여성이다.
- 첫째 처녀, 둘째 처녀, 셋째 처녀 등 약간의 처녀는 이 학교의 여학생이다.

그러면 이제 전칭명제와 특칭명제를 간단히 표현해 봅시다. 전칭명제는 '모든 …는 …이다'의 형식을 가집니다. 즉 '모든 주개념은 빈개념이다'가 되므로 형식화하면 '모든 S는 P이다'가 바로 전칭명제입니다.

그런가 하면 특칭명제는 '약간의 …는 …이다'의 형식을 가지므로 '약간의 S는 P이다'로 나타낼 수 있습니다.

전칭명제와 이에 대비되는 특칭명제의 예를 살펴봅시다.

- **모든 처녀는 여성이다. (전칭명제)**
- **모든 여성은 인간이다. (전칭명제)**
- **약간의 처녀는 여학생이다. (특칭명제)**
- **약간의 노처녀는 근시안이다. (특칭명제)**

명제의 성질

정언명제의 네 종류는 명제의 양 이외에 명제의 질이 있어야만 분류 가능합니다. 명제의 질은 명제의 주개념과 빈개념이 일치하는지 아니면 불일치하는지의 여부에 따라서 결정됩니다.

다음의 예를 봅시다.

- **B여사가 질겁을 하다시피 싫어하고 미워하는 것은 소위 러브레터였다.**
- **달짝지근한 사연을 보는 족족 그는 더할 수 없이 흥분되어서 얼굴이 붉으락푸르락, 편지 든 손이 발발 떨리도록 성을 낸다.**

첫 번째 예에서 주개념은 'B여사가 …미워하는 것'이고 빈개념은 '러브레터'입니다. 이 명제에서는 주개념과 빈개념이 일치합니다. 이러한 명제를 긍정명제라고 합니다.

긍정명제의 형식은 'S는 P이다'로서, '장미는 식물이다', '금은 금속이다' 등의 명제를 예로 들 수 있습니다.

그러면 또 다음의 예를 봅시다.

> ■ **그녀가 문득 집어 들어 얼굴에 문지른 것은 편지 여러 장이 아니다.**
> ■ **당신은 나를 목숨처럼 사랑하는 사람이 아니다.**

첫 번째 명제에서 '그녀가 …문지른 것'이 주개념이고, 빈개념은 '편지 여러 장'입니다. 그리고 두 번째 명제에서 '당신'이 주개념이고 '나를 목숨같이 사랑하는 사람'은 빈개념입니다. 두 가지 경우 모두 주개념과 빈개념이 일치하지 않습니다. 그러한 명제는 부정명제입니다.

명제의 질에 따라서 명제는 긍정명제affirmative proposition와 부정명제negative proposition로 구분됩니다. 부정명제의 간단한 예는 '약간의 노처녀는 여학생이 아니다', '모든 여학생은 남학생이 아니다' 등으로 그것을 형식화하면 'S는 P가 아니다'가 됩니다.

네 가지 종류의 정언명제

바로 앞에서 우리는 정언명제를 명제의 양에 따라서 전칭명제(모든 S는 P이다)와 특칭명제(약간의 S는 P이다)로 구분했습니다. 그리고 명제의 질에 따라서 명제를 긍정명제(S는 P이다)와 부정명제(S는 P가 아니다)로 나누었습니다. 이것들을 종합하면 정언명제는 전칭이면서 긍정인 명제, 전칭이면서 부정인 명제 그리고 특칭이면서 긍정인 명제, 특칭이면서 부정인 명제의 네 가지로 분류됩니다.

다음은 이효석의 〈메밀꽃 필 무렵〉의 일부입니다. 이것을 읽으면서 정언명제의 네 종류에 관하여 알아봅시다.

여름 장이란 애시당초 글러서, 해는 아직 중천에 있건만 장판은 벌써 쓸쓸하고 더운 햇발이 벌여 놓은 전 휘장 밑으로 등줄기를 훅훅 볶는다. 마을 사람들은 거의 돌아간 뒤요, 팔리지 못한 나무꾼 패가 길거리에 궁싯거리고들 있으나 석유병이나 받고 고기 마리나 사면 족할 이 축들을 바라고 언제까지든지 버티고 있을 법은 없다. 춥춥스럽게 날아드는 파리 떼도 장난꾼 각다귀들도 귀찮다. 얼금뱅이요 왼손잡이인 드팀전의 허생원은 기어이 동업의 조선달을 낚구어 보았다.

"그만 거둘까?"

"잘 생각했네. 봉평장에서 한 번이나 흐붓하게 사 본 일 있었을까. 내일 대화장에서나 한몫 벌어야겠네."

"오늘 밤은 밤을 새서 걸어야 될 걸."

"달이 뜨렸다."

절렁절렁 소리를 내며 조선달이 그날 번 돈을 따지는 것을 보고 허생원은 말뚝에서 넓은 휘장을 걷고 벌여 놓았던 물건을 거두기 시작하였다. 무명필과 주단바리가 두 고리짝에 꽉 찼다. 멍석 위에는 천 조각이 어수선하게 남았다.

다른 축들도 벌써 거의 전들을 걷고 있었다. 약빠르게 떠나는 패도 있었다. 어물장수도, 땜장이도, 엿장수도, 생강장수도 꼴들이 보이지 않았다. 내일은 진부와 대화에 장이 선다. 축들은 그 어느 쪽으로든지 밤을 새며 육칠십 리 밤길을 타박거리지 않으면 안 된다. 장판은 잔치 뒷마당같이 어수선하게 벌어지고 술집에서는 싸움이 터져 있었다. 주정꾼 욕지거리에 섞여 계집의 앙칼진 목소리가 찢어졌다. 장날 저녁은 정해 놓고 계집의 고함 소리로 시작되는 것이다.

1. 전칭긍정명제

이 명제는 전칭명제이면서 긍정명제인 정언명제를 말합니다.

■ 마을 사람들이 모두 돌아간 뒤이다.

이 명제에서 주개념 '모든 마을 사람들'은 마을 사람들 전체를 가리키므로 전칭판단입니다. 또한 이 명제는 '…은(이) …이다'의 형식을 가지므로 긍정판단입니다. 따라서 이 명제는 전칭긍정판단입니다.

〈메밀꽃 필 무렵〉의 명제 중 일부를 변형시켜 전칭긍정판단으로 표현하면 다음과 같습니다.

- 모든 무명필과 주단바리가 두 고리짝에 꽉 찼다.
- 모든 장판은 잔치 뒷마당같이 어수선하게 벌어지고 술집에서는 싸움이 터져 있었다.

이처럼 '모든 S(주개념, 주사)는 P(빈개념, 빈사)이다'의 형식을 가지는 정언명제가 바로 전칭긍정명제universal affirmative proposition입니다.

2. 전칭부정명제

전칭부정명제는 전칭명제이면서 동시에 부정명제인 정언명제를 말합니다.

전칭명제의 형식은 '모든 S는 P이다'에서 나타나며, 부정명제의 형식은 'S는 P가 아니다'에서 나타납니다. 따라서 전칭명제와 부정명제를 종합하면 그 형식은 '모든 S는 P가 아니다'가 됩니다. 다시 〈메밀꽃 필 무렵〉에 나오는 한두 개의 명제를 변형시켜서 인용해 봅시다.

- 모든 장수들, 곧 어물장수도 땜장이도 엿장수도 생강장수도 관리가 아니다.
- 모든 장날 저녁은 정해 놓고 계집의 고함 소리로 시작되지 않는다.

일단 전칭긍정명제 '모든 …은 …이다'를 이해하면 전칭부정명제 '모든 …은 …이 아니다'를 쉽게 알 수 있습니다. 다음의 간단한 예를 봅시다.

- 모든 장수들은 사람이다. (전칭긍정명제)
- 모든 장수들은 어린아이가 아니다. (전칭부정명제)

간략하게 말해서 전칭부정명제universal negative proposition는 전칭긍정명제의 '모든'은 그대로 유지하고 단지 전칭긍정명제의 '이다'를 '아니다'로 바꾼 형태가 됩니다.

3. 특칭긍정명제

특칭긍정명제는 특칭명제이면서 동시에 긍정명제인 정언명제입니다. 따라서 그 형식은 '약간의 …은 …이다'로 됩니다.

- **춤춤스럽게 날아드는 약간의 파리 떼도 약간의 난장꾼 각다귀들도 귀찮다.**

이 명제는 특칭긍정명제입니다. 이 명제를 확실한 특칭긍정명제로 만들면 다음과 같이 됩니다.

- **춤춤스럽게 날아드는 약간의 파리 떼와 약간의 장난꾼 각다귀들은 귀찮은 곤충이다.**

이처럼 '약간의 S는 P이다'의 형식을 가지는 정언명제가 바로 특칭긍정명제 particular affirmative proposition입니다.

4. 특칭부정명제

이 명제는 '약간의 S는 P이다'로 표시되는 특칭명제와 'S는 P가 아니다'라는 부정명제가 합해진 정언명제입니다. 다음의 예를 봅시다.

- **약간의 장날 저녁은 정해 놓고 계집의 고함 소리로 시작되지 않는다.**

이 특칭부정명제를 명확한 형태로 나타내 보면 다음과 같습니다.

■약간의 장날 저녁은 정해 놓고 계집의 고함 소리로 시작되는 저녁이 아니다.

이렇게 '약간의 S는 P가 아니다'의 형식을 가지는 정언명제가 바로 특칭부정명제particular negative proposition입니다.

우리는 지금까지 네 종류의 정언명제를 살펴보았습니다. 이 네 종류의 정언명제 이외의 또 다른 정언명제는 가능성이 전혀 없습니다.

도움말 1

사람에 따라서 명제를 판단이라고 말하기도 합니다. 그리하여 전칭명제 대신에 전칭판단, 부정명제 대신에 부정판단이라고 합니다. 우리는 일단 대상에 대하여 그 대상이 어떻다고 판단합니다. 그 판단을 언어로 표현한 것이 바로 명제입니다. 명제도 물론 판단의 일종입니다. 그렇다면 판단은 명제보다 범위가 넓습니다. 따라서 우리는 '모든 명제는 판단이다'라고는 할 수 있어도 '모든 판단은 명제다'라고 말할 수는 없습니다. 그러한 이유에서 이 책에서는 전칭판단, 부정판단 대신 전칭명제, 부정명제 등의 용어를 사용하였습니다.

도움말 2

'나는 긍정한다'를 라틴어로 affirmo라고 하며 '나는 부정한다'는 nego라고 합니다. 논리학에서는 '나는 긍정한다(affirmo)'와 '나는 부정한다(nego)' 각각의 첫째 모음을 빌려 와서 A를 전칭긍정에, E를 전칭부정에 대응하여 씁니다. 그리고 두 낱말의 둘째 모음을 빌려 와서 I를 특칭긍정에, O를 특칭부정에 대응하여 사용합니다.

A명제 : 전칭긍정명제   E명제 : 전칭부정명제
I명제 : 특칭긍정명제   O명제 : 특칭부정명제

앞에서 우리는 전칭명제와 특칭명제를 구분할 때 명제의 양에 의하여 그렇게 구분했습니다. 명제에서 주장하는 것이 주개념(주사)의 외연(범위) 전체에 해당하면 전칭명제이고, 명제에서 주장하는 것이 주개념의 외연 일부에 해당하면 특칭명제입니다.

그런데 명제의 주개념(주사)이 가지는 외연(범위)이 단지 하나인 명제의 명칭을 무엇이라고 해야 할 것인지가 문제입니다.

■ **신사임당은 율곡의 어머니이다.**

이처럼 주개념이 가지는 외연이 오직 하나뿐인 명제는 전칭명제(모든 …는 …이다)나 특칭명제(약간의 …는 …이다)는 아닐 터이고 따라서 어떤 적절한 명칭의 명제에 속할 것인지 잘 알 수 없습니다. '신사임당은 율곡의 어머니이다'와 같은 명제는 단일한 어떤 대상에 대한 것이므로 단칭긍정명제singular affirmative proposition라고 부르기도 합니다. 따라서 '신사임당은 퇴계의 어머니가 아니다'와 같은 명제는 단칭부정명제singular negative proposition라고 부릅니다.

그러나 주개념의 외연이 하나뿐인 단칭명제는 그 주개념의 외연 전체에 관해서 주장하는 명제입니다. '신사임당은 …이다'는 결국 '모든 신사임당은 …이다'와 다를 것이 없습니다. 왜냐하면 '모든 신사임당'과 '신사임당'은 동일한 사람이기 때문입니다. 논리학에서는 단칭긍정명제를 전칭긍정명제에 그리고 단칭부정명제를 전칭부정명제에 속하는 것으로 취급합니다.

되돌아 보아야 할 문제들

1. 정언명제는 네 가지로 분류됩니다. 하나씩 열거해 보고 그것들을 결정하는 명제의 두 가지 요소를 말해 보십시오.

2. '모든 노처녀는 여성이다'에서 명제의 양은 어떻게 나타납니까?

3. '약간의 편지는 러브레터이다'에서 명제의 양은 무엇입니까?

4. 'B여사가 질겁을 하다시피 싫어하고 미워하는 것은 소위 러브레터가 아니다'는 긍정명제와 부정명제 중 어떤 것입니까? 또 그 이유는 무엇입니까?

5. '모든 무명필과 주단바리가 두 고리짝에 꽉 찼다'는 정언명제 중 어떤 종류의 것에 속합니까?

6. '모든 장날 저녁은 정해 놓고 계집의 고함 소리로 시작되지 않는다'는 어떤 종류의 정언명제입니까?

7. '춤춤스럽게 날아드는 약간의 장난꾼 각다귀들은 귀찮은 곤충이다'는 어떤 종류의 정언명제입니까?

8. '약간의 장날 저녁은 정해 놓고 계집의 고함 소리로 시작되지 않는다'는 어떤 종류의 정언명제에 속합니까?

※ 답은 133쪽에 있습니다.

세 번째 여행_ 명제의 주연관계

광화사

주연과 부주연

명제에서 주장하는 것이 주개념(주사)의 외연 전체에 해당할 경우 그 명제를 전칭명제라고 하였고, 명제에서 주장하는 것이 주개념의 외연 일부에 해당할 경우 그 명제를 특칭명제라고 했습니다. 어떤 명제에서 명사의 외연 전체에 해당되는 것이 언급되는지 아니면 외연의 일부분에만 해당되는 것이 언급되는지의 문제는 주연distribution과 부주연undistribution의 문제입니다

다음은 김동인의 〈광화사〉의 일부입니다. 이 글을 보기 삼아 명사의 주연관계를 생각하여 봅시다.

꽤 어두운 가운데서 처녀의 얼굴을 유심히 보기 위하여 화공이 잡은 자리는 처녀의 무릎과 서로 닿을 만치 가까웠다. 그림에 대한 일단의 안심과 함께 화공의 코로 몰려 들어오는 강렬한 처녀의 체취와 전신으로 느끼는 처녀의 접근 때문에 화공의 신경은 거의 마비될 듯 싶었다. 차차 각일각 몸까지 떨리기 시작하였다. 어두움 가운데서 빛나는 처녀의 커다란 눈과 정열로 들먹거리는 입술은 화공의 정신까지 혼미하게 했다.

밝은 날, 화공과 소경 처녀의 두 사람은 벌써 남이 아니었다.

"오늘은 동자를 완성시키리라."

삼십 년의 독신 생활을 벗어버린 화공은, 삼십 년간을 혼자 먹던 조반을 소경 처녀와 같이 먹고 다시 그림폭 앞에 앉았다.

"용궁은?"

기쁨으로 빛나는 처녀의 눈! 그러나 화공의 심미안에 비친 그 눈은 어제의 눈이 아니었다. 아름답기는 다시없는 아름다운 눈이었다. 그러나 그 눈은 사내의 사랑을 구하는 '여인의 눈'이었다. 병신이라 수모 받던 전생을 벗어버리고 어젯밤 처음으로 인생의 봄을 맛본 처녀는 한 개의 지어미의 눈이요 한 개의 애욕의 눈이었다. (중략)

이런 바보가 어디 있으랴? 보매 그 병신 눈은 깜박일 줄도 모르고 허공을 바라보고 있다. 그 천치 같은 눈을 보매 화공의 노염은 더욱 커졌다. 화공은 양손으로 소경의 멱을 잡았다.

"에이 바보야. 천치야. 병신아!"

생각나는 저주의 말을 연하여 퍼부으면서 소경의 멱을 잡고 흔들었다. 그리고 병신같이 멀겋게 뜨고 눈자위에 원망의 빛깔이 나타나는 것을 보고 더욱 힘있게 흔들었다. 흔들다가 화공은 탁 그 손을 놓았다. 소경의 몸이 너무 무거워졌으므로.

화공의 손에서 놓인 소경의 몸은 눈을 뒤솟은 채 번뜩 나가 넘어졌다. 넘어지는 서슬에 벼루가 전복되었다. 뒤집어진 벼루에서 튀어난 먹물 방울이 소경의 얼굴에 덮였다. 깜짝 놀라서 흔들어 보매 소경은 벌써 이 세상의 사람이 아니었다.

1. 주연

우리는 어떤 명사에 관하며 그 명사가 주연되었다든가 또는 부주연되었다고 말합니다.

■ **모든 소경 처녀는 눈먼 젊은 미혼녀이다.**

위 예의 경우 우리는 '모든 소경 처녀'와 '눈먼 젊은 미혼녀'가 일치한다고 생각합니다. 이 경우 주개념(주사)은 '모든 소경 처녀'로서 이 명사(모든 소경 처녀)의 외연에 해당되는 전체를 지칭하므로 주연되었다고 합니다. 그리고 빈개념(빈사)은 '눈먼 젊은 미혼녀'인데 이 역시 '모든 눈먼 젊은 미혼녀'이므로 빈개념의 외연 전체를 포괄하기 때문에 빈개념으로서의 명사 역시 주연되었습니다.

2. 부주연

어떤 명제에 있어서 명사의 외연 전체가 아니라 일부에 관한 것만이 언급되었을 경우 그 명사는 부주연되었다고 합니다.

> ■ **화공과 소경 처녀 두 사람은 인간이다.**

위의 예에서 주개념은 '화공과 소경 처녀 두 사람'이고 빈개념은 '인간'입니다. 주개념과 빈개념을 서로 비교해 볼 때 '두 사람'은 두 사람과 인간이 일치된다는 주장의 외연 전체에 해당되기 때문에 주연되었습니다. 반면 '인간'은 그것의 일부의 외연만 '두 사람'에 해당되므로 부주연되었다고 합니다.

어떤 명제에서 주연과 부주연의 관계를 명확히 알아야만 명제들로 이루어지는 추론이 타당한지 아닌지를 가릴 수 있으며 주연관계는 매우 중요한 의미를 가집니다.

정언명제의 주연관계

모든 정언명제는 주개념, 빈개념 및 계사(연결사)로 되어 있습니다. 어떤 정언명제에서 주개념과 빈개념의 양적 관계를 비교함으로써 우리는 주개념과 빈개념의

주연관계를 명확하게 알 수 있습니다.

　다음은 한용운의 〈이별〉이라는 시입니다. 이 시를 보기 삼아 읽고 정언명제의
주연관계를 살펴보기로 합시다.

　아아, 사람은 약한 것이다, 여린 것이다, 간사한 것이다.
　이 세상에는 진정한 사랑의 이별은 있을 수가 없는 것이다.
　죽음으로 사랑을 바꾸는 님과 님에게야, 무슨 이별이 있으랴.
　이별의 눈물은 물거품의 꽃이요, 도금한 금방울이다.

　칼로 베인 이별의 키스가 어디 있느냐.
　생명의 꽃으로 빚은 이별의 두견주가 어디 있느냐.
　피의 홍보석으로 만든 이별의 기념 반지가 어디 있느냐.
　이별의 눈물은 저주의 마니주요, 거짓의 수정이다.

사랑의 이별은 이별의 반면에, 반드시 이별하는 사랑보다 더 큰 사랑이 있는 것이다.

혹은 직접의 사랑은 아닐지라도, 간접의 사랑은 있는 것이다.

다시 말하면, 이별하는 애인보다 자기를 더 사랑하는 것이다.

만일 애인을 자기의 생명보다 더 사랑한다면, 무궁을 회전하는 시간의 수레바퀴에 이끼가 끼도록 사랑의 이별은 없는 것이다. (중략)

이별은 사랑을 위하여 죽지 못하는 가장 큰 고통이요, 보은이다.

애인은 이별보다 애인의 죽음을 더 슬퍼하는 까닭이다.

사랑은 붉은 촛불이나 푸른 술에만 있는 것이 아니라, 먼 마음을 서로 비치는 무형에도 있는 까닭이다.

그러므로 사랑하는 애인을 죽음에서 잊지 못하고, 이별에서 생각하는 것이다.

그러므로 사랑하는 애인을 죽음에서 웃지 못하고, 이별에서 우는 것이다.

그러므로 애인을 위하여는 이별의 원한을 죽음의 유쾌로 갚지 못하고, 슬픔의 고통으로 참는 것이다.

그러므로 사랑은 차마 죽지 못하고, 차마 이별하는 사랑보다 더 큰 사랑은 없을 것이다.

그리고 진정한 사랑은 곳이 없다.

진정한 사랑은 애인의 포옹만 사랑할 뿐 아니라 애인의 이별도 사랑하는 것이다.

그리고 진정한 사랑은 때가 없다.

진정한 사랑은 간단(間斷 : 잠시 그치거나 끊어짐)이 없어서 이별은 애인의 육(肉)뿐이요, 사랑은 무궁이다.

1. 전칭긍정명제의 주연관계

앞에서 우리는 정언명제의 종류를 명제의 양과 질에 따라서 전칭긍정명제(A명제), 전칭부정명제(E명제), 특칭긍정명제(I명제), 특칭부정명제(O명제)의 네 명제로 나누었습니다. 이제 각 명제에서의 주연관계를 상세히 살펴보기로 합시다.

각 명제에서의 주연관계를 살피기 위해서 여기서는 오일러의 도식을 응용하기로 하겠습니다.

전칭긍정명제의 일반적 형식은 '모든 S는 P이다'입니다.

'아아, 사람은 약한 것이다. 여린 것이다. 간사한 것이다'를 논리적 명제로 고치면 다음과 같습니다. '사람은 약하며 여리며 간사한 동물이다.' 이 명제를 다시 단순하게 변형시키면 아래와 같습니다.

■ **모든 사람은 약하고 여리며 간사한 동물이다.**

여기에서 주개념 '사람'은 종(種)개념임에 비하여 빈개념 '동물'은 유(類)개념입니다. '사람'은 '동물' 안에 포함됩니다.

이 명제에서 '사람'은 외연 전체에 해당되지만 '동물'은 외연의 일부에만 해당됩니다. 따라서 주개념 '사람'은 주연되었고 빈개념 '동물'은 부주연이 되었습니다.

그러면 첫 번째로 전칭긍정명제(모든 S는 P이다)에서 주개념(S)이 주연되고 빈개념(P)은 부주연된 것을 오일러의 도식을 통하여 보면 다음과 같이 표현됩니다.

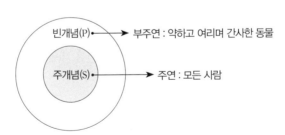

앞의 설명과 이 그림을 잘 살펴보십시오. 주개념 '사람'은 사람 전체의 범위를 가리키면서 동시에 약간의 동물의 범위에도 해당되므로 주연됩니다. 그렇지만 동물은 '동물'의 일부만이 사람에 해당되고 나머지는 사람에 해당되지 않으므로

오일러의 도식

오일러(Leonhard Euler, 1707~1783)는 스위스의 수학자로 독일의 철학자 라이프니츠의 후계자입니다. 그는 〈독일의 공주에게 보내는 편지〉(1761)에서 18세기의 수리논리에 공헌한 오일러의 도식을 서술하고 있습니다. 오일러의 도식은 기하학적으로 원을 이용하여 정언명제의 주개념과 빈개념의 논리적 관계(주연과 부주연)를 설명합니다.

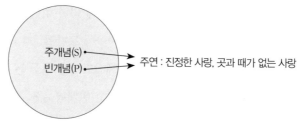

전칭긍정명제

전칭긍정명제의 두 번째 경우의 예 '진정한 사랑은 곳과 때가 없는 사랑이다'는 '모든 진정한 사랑은 곳과 때가 없는 사랑이다'로 표현하거나 아니면 '약간의 진정한 사랑은 곳과 때가 없는 사랑이다'라고 표현해도 문제점이 발견되지 않습니다.

부주연됩니다. 그러나 전칭긍정명제(A명제)의 주연관계에서 두 번째로 살필 것이 있습니다.

■ **진정한 사랑은 곳과 때가 없는 사랑이다.**

위의 예를 변형하면 '모든 진정한 사랑은 모든 곳과 때가 없는 사랑이다'로 됩니다. 여기에서 주개념 '진정한 사랑'과 빈개념 '곳과 때가 없는 사랑'은 완전히 일치합니다. 이 명제에서 주개념이나 빈개념 모두 외연 전체를 지칭합니다. 따라서 이 명제에서의 주연관계를 오일러의 도식으로 표현하면 다음처럼 됩니다.

주개념(S)
빈개념(P)

주연 : 진정한 사랑, 곳과 때가 없는 사랑

오일러 도식에서 색깔있는 부분은 주개념과 빈개념이 마주치는 부분입니다.

이상에서 알 수 있는 것처럼 전칭긍정명제에서의 주연관계는 (가) 주개념이 주연되고 빈개념이 부주연되는 경우와, (나) 주개념과 빈개념이 모두 주연되는 경우가 있습니다. 만일 각각의 경우 주연과 부주연을 뒤바꾸거나 혼동하면 명제는 거짓이 되고 맙니다.

■ **모든 간사한 동물은 사람이다.** (거짓)
■ **모든 진정한 사랑은 약간의 곳과 때가 없는 사랑이다.** (거짓)

첫 번째 예의 경우 원래 부주연된 동물을 '모든 간사한 동물'로 부당하게 주연시켰기 때문에 부당주연의 오류를 범합니다.

2. 전칭부정명제의 주연관계

이 명제에서의 주연관계는 누구든지 쉽게 발견할 수 있습니다.

전칭부정명제(E명제)에 있어서 주개념의 외연 전체와 빈개념의 외연 전체는 아무런 관계를 가지지 않습니다. 다음 예를 봅시다.

■모든 사랑은 죽음이 아니다.

이 예에서 모든 사랑은 죽음이 아니며 또한 모든 죽음은 사랑이 아닙니다. 그러므로 이 명제는 주개념 '사랑'의 외연 전체에 관하여 언급하며 동시에 빈개념 '죽음'의 외연 전체를 언급합니다. 따라서 주개념 '사랑'과 빈개념 '죽음'은 모두 주연되었습니다.

전칭부정명제에서의 주연관계를 오일러의 도식으로 표현하면 아래와 같습니다.

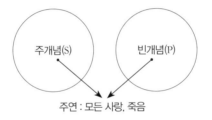

주연 : 모든 사랑, 죽음

전칭부정명제는 '모든 주개념(S)은 빈개념(P)이 아니다'의 형식을 취하는데, 간단한 예를 들면 다음과 같습니다.

■모든 처녀는 총각이 아니다.
■모든 장미는 돼지가 아니다.
■모든 살인범은 성인이 아니다.

3. 특칭긍정명제의 주연관계

특칭긍정명제(I명제)는 '약간의 주개념(S)은 빈개념(P)이다'의 형식을 가집니다.

■약간의 사람은 약하고 여리며 간사한 동물이다.

위의 명제에서는 주개념의 일부와 빈개념의 일부만이 언급되고 있습니다. 이 명제를 명확하게 특칭긍정명제로 나타내면 다음처럼 됩니다.

■약간의 사람은 약간의 약하고 여리며 간사한 동물이다.

이 말은 오직 일부의 사람만이 약하고 여리며 간사한 동물이고 또한 일부의 약하고 여리며 간사한 동물만이 사람이라는 것을 뜻합니다.

그렇다면 특칭긍정명제에서는 주개념(S)과 빈개념(P)이 모두 부주연되었다는 것을 분명하게 알 수 있습니다. 특칭긍정명제에서 주연관계를 오일러 도식으로 나타내면 다음처럼 됩니다.

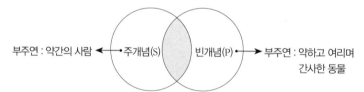

특칭긍정명제의 간단한 예를 몇 가지 들어보면 다음과 같습니다.

■약간의 학생은 멍텅구리이다.
■약간의 처녀는 여군이다.

원래 전칭긍정명제(A명제)인 것을 잘못 표현함으로써 특칭긍정명제(I명제)로 만들 경우가 있는데 비록 형식상 문제점이 없는 것처럼 보일지라도 이러한 특칭긍정명제는 그릇된 것입니다. 따라서 이와 같은 특칭긍정명제는 전칭긍정명제로 바꿔서 표현해야 논리적으로 정당한 명제가 됩니다.

■**약간의 사람은 미녀이다.**

위 명제는 특칭긍정명제의 형식을 가지지만 실은 '모든 미녀는 사람이다'라는 전칭긍정명제를 그릇되게 특칭긍정명제 형식으로 표현한 것입니다.

그러면 다음의 예는 어떻습니까?

■**약간의 미인은 인간이다.**

이 명제 역시 형식은 특칭긍정명제이지만, '모든 미인은 인간이다'라는 전칭긍정명제를 잘못 표현한 결과로 인하여 특칭긍정명제의 형식을 가지게 되었습니다.

이상에서 본 것처럼 전칭긍정명제를 잘못 표현하면 특칭긍정명제의 형식이 생길 수 있으므로 그러한 것은 원래의 전칭긍정명제로 고쳐 놓아야만 논리적으로 타당한 명제가 성립합니다.

4. 특칭부정명제의 주연관계

특칭부정명제(O명제)는 '약간의 주개념(S)은 빈개념(P)이 아니다'와 같은 형식으로 표현됩니다. 다음 예를 봅시다.

■**약간의 이별의 눈물은 죽음이 아니다.**

이 명제는 '모든 이별의 눈물'이 아니라 '약간의 이별의 눈물'이 죽음이 아니라는 것을 주장하고 있습니다. 그러므로 이 특칭부정명제에 있어서 주개념 '약간의 이별의 눈물'은 부주연되어 있습니다. 그런가 하면, 이 명제의 빈개념 '죽음'은 약간의 이별의 눈물을 전적으로 배제하고 있습니다. 그러므로 이 명제의 빈개념 '죽음'은 빈개념의 외연 전체를 가리키고 있으므로 주연되어 있습니다.

특칭부정명제의 주연관계를 오일러의 도식으로 나타내면 아래와 같이 됩니다.

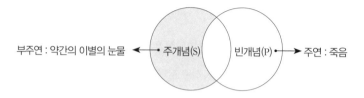

부주연 : 약간의 이별의 눈물 ◄── 주개념(S)　　빈개념(P) ──► 주연 : 죽음

특칭부정명제의 한두 가지 예를 들면 다음과 같은 것들이 있습니다.

- **약간의 요리사는 여자가 아니다.**
- **약간의 교수는 남자가 아니다.**

특칭부정명제의 형식은 '약간의 S는 P가 아니다'이며 이 명제에서 주개념(S)은 부주연이고 빈개념(P)은 주연입니다. 그러나 다음의 예를 봅시다.

- **약간의 사람은 진정한 애인이 아니다.**

위 명제는 형식상으로는 특칭부정명제입니다. 그러나 실질적으로 의미에 있어서 이 명제는 '모든 진정한 애인은 사람이다'라는 전칭긍정명제(A명제)일 수 있기 때문에 전형적인 특칭부정명제라고 보기 힘듭니다.

정언명제에 있어서 주개념은 양에 의하여 주연과 부주연이 결정되는 반면에 빈개념은 질에 의하여 주연과 부주연이 결정됩니다. 지금까지 살펴본 명제의 주연 관계를 간략하게 정리하여 보면 아래와 같이 표현할 수 있습니다.

명제의 종류	명제의 형식	주개념(S)	빈개념(P)
전칭긍정명제(A)	모든 S는 P이다	주연	부주연
전칭부정명제(E)	모든 S는 P가 아니다	주연	주연
특칭긍정명제(I)	약간의 S는 P이다	부주연	부주연
특칭부정명제(O)	약간의 S는 P가 아니다	부주연	주연

되돌아 보아야 할 문제들

1. 주연의 뜻을 설명해 보십시오.

2. 부주연의 뜻을 설명해 보십시오.

3. '진정한 사랑은 곳과 때가 없는 사랑이다'는 어떤 명제입니까? 이 명제에서의 주개념과 빈개념의 주연관계를 설명해 보십시오.

4. '모든 간사한 동물은 사람이다'는 어떤 명제입니까? 이 명제의 잘못은 어디에 있습니까? 잘못을 발견하였으면 다른 형식의 명제로 바꾸어 보십시오.

5. '모든 사랑은 죽음이 아니다'의 명제에서 주개념과 빈개념의 주연관계를 설명하십시오. 그리고 이 명제는 구체적으로 어떤 명제입니까?

6. '약간의 사람은 약하고 여리며 간사한 동물이다'에서 주개념과 빈개념의 주연관계를 밝혀 보십시오. 그리고 이 명제는 구체적으로 어떤 명제입니까?

7. '약간의 이별의 눈물은 죽음이 아니다'의 명제는 어떤 명제입니까? 이 명제에서의 주개념과 빈개념의 주연관계를 설명해 보십시오.

※ 답은 133쪽에 있습니다.

네 번째 여행_ 정언명제의 집합관계

조조 이야기

　정언명제란 주개념(S)과 빈개념(P) 사이의 관계를 주장하는 명제입니다. 명제의 주개념의 외연과 빈개념의 외연에 관해서 그것들이 각각 주연되었느냐 부주연되었느냐는 오일러의 도식을 통해서 충분히 밝혀집니다.

　그러나 정언명제에 있어서 주개념의 외연과 빈개념의 외연을 집합으로 나타내 보이고 이들 집합 사이의 관계를 해명하면 명사의 주연관계를 집합관계로 재해석할 수 있고 나아가서 주개념과 빈개념의 주연관계를 한층 더 뚜렷하게 밝혀줄 수 있습니다.

　다음 글을 읽고 정언명제에 있어서 주개념 및 빈개념의 집합관계를 살펴보기로 합시다. 다음은 《삼국지 인문 소프트》(최용현 지음)에 나오는 조조에 관한 이야기입니다.

　　조조가 삼십만 대군을 이끌고 감히 황제를 자칭하는 원술을 치러갔을 때 뜻하지 않은 장기전으로 인해 군량이 모자랐다. 군량 책임자인 왕후로부터 군량이 조금밖에 남지 않았다는 보고를 받은 조조는 되를 작게 만들어 급식을 주라는 지시를 내렸다. 급식이 줄어들자, 배를 곯은 병사들은 마구 조조를 욕했고 곧 난동이 일어날 조짐이 보였다. 다급해진 조조가 왕후를 불렀다.

"자네의 목이 필요한데……. 대신 자네의 처자식은 내가 맡아서 보살펴 주겠네."

조조는 곧 그의 목을 베어서 진중에 걸었다. 그의 목 아래에는 다음과 같은 방문이 붙어 있었다.

"이자는 되를 작게 만들어 병사들의 식량을 도적질하였다. 군율에 의해 목을 베노라."

이를 본 병사들은 왕후에게 분개할 뿐 조조에게는 아무런 불평도 하지 않았다. 조조의 임기응변의 재능이 극명하게 드러난 일화이다.

조조는 영웅으로서의 장점과 단점을 골고루 갖춘 화려하고 섬세한 개성의 소유자이다. 그의 번뜩이는 재치와 화려한 성공에 관한 일화나 기록을 정리하려면 아마 책한 권으로도 모자랄 것이다.

전칭긍정명제의 집합관계

다음의 예를 보면서 전칭긍정명제에서의 집합관계를 알아봅시다.

■ 조조가 이끈 삼십만 대군 모두는 사람이다.

이 명제를 알기 쉽게 간단히 줄이면 '모든 군인은 사람이다'가 됩니다. 여기에서 우리는 주개념 '모든 군인'의 외연을 집합 S로 그리고 빈개념 '사람'의 외연을 집합 P로 나타낼 수 있습니다.

'모든 군인은 사람이다'에서 모든 군인은 사람이지만, 모든 사람이 군인인 것은 아닙니다. 그렇다면 '모든 군인은 사람이다'의 명제에서 모든 군인은 사람에 속하는 부분이 됩니다. 그러므로 전칭긍정명제에서는 집합 S가 집합 P의 부분집합이 됩니다.

> T.I.P 주개념과 빈개념의 집합관계를 이렇게 도식으로 만든 사람은 영국 논리학자이며 수학자인 벤(John Venn, 1834~1923)입니다. 따라서 우리는 그와 같은 도식을 벤 도형(벤다이어그램)이라고 부릅니다.

이 관계를 그림으로 쉽게 나타내면 아래와 같습니다.

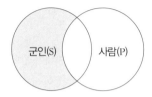

전칭긍정명제(A명제) : 모든 S는 P이다.
모든 군인은 사람이다.

위의 그림에서 알 수 있듯이 주개념 '군인'의 S집합과 빈개념 '사람'의 P집합이 겹치는 부분이 '모든 군인'에 해당됩니다. '모든 군인'의 S집합 중에서 '사람'(P)과 중복되지 않는 부분(색깔 있는 부분)은 공집합입니다. 군인이면서 사람이 아닌 것은 없습니다.

전칭부정명제의 집합관계

다음의 예를 보고 전칭부정명제에서의 주개념과 빈개념의 집합관계를 알아보기로 합시다.

■ 조조가 이끌던, 모든 배를 곯은 병사들은 조조를 섬기던 여인들이 아니다.

위의 예는 전칭부정명제로 그 형식은 '모든 주개념(S)은 빈개념(P)이 아니다'입니다. 이 명제에서 배를 곯은 병사이면서 조조를 섬기던 여인인 것은 하나도 없습니다. 여기에서 병사를 일컫는 S집합과 여인을 말하는 P집합의 공통집합은 전혀 없기 때문에 그것은 바로 공집합입니다. 아래 벤 도형에서 색깔 있는 부분은 병사이면서 조조를 섬기던 여인은 하나도 없다는 것, 다시 말해서 공집합을 나타냅니다.

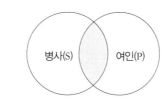

전칭부정명제(E명제) : 모든 S는 P가 아니다.
모든 병사는 여인이 아니다.

특칭긍정명제의 집합관계

다음의 예를 보고 특칭긍정명제(I명제)에서의 주개념과 빈개념의 집합관계를 알아보기로 합시다.

■ 약간의 궁문 위병장교는 영웅 기질이 있는 사람이다.

특칭긍정명제는 '약간의 S는 P이다'의 형식을 가집니다. 위의 예 '약간의 위병장교는 영웅 기질의 사람이다'에서 위병장교 중 일부는 영웅 기질이 있는 사람이고 또 일부는 그렇지 않은 사람입니다. 그런가 하면 영웅 기질이 있는 사람 중에서 일부는 위병장교이고 또 일부는 그렇지 않습니다. 그러므로 '약간의 위병장교는 영웅 기질의 사람이다'에서 주개념 '위병장교'와 빈개념 '영웅 기질의 사람'이 겹치는 부분은 이 명제의 공통집합으로서 결코 공집합일 수 없습니다. 이 명제에서의 집합관계를 벤 도형으로 나타내면 다음과 같습니다.

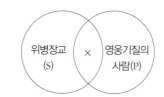

특칭긍정명제(I명제) : 약간의 S는 P이다.
약간의 위병장교는 영웅 기질의 사람이다.

T.I.P
왼쪽 그림에서 겹치는 부분을 X로 표시했습니다. 이렇게 표시한 것은 '위병장교이면서 영웅 기질이 있는 사람'이, 다시 말해서 주개념(S)이면서 빈개념(P)인 것이 적어도 하나 이상 있다는 것을 말하기 위해서입니다. 보다 더 확실하게 말하자면 주개념이면서 빈개념인 것은 없는 것(공집합)이 아니라 적어도 하나 이상 있다는 것을 말합니다.

특칭부정명제의 집합관계

다음의 예를 보고 특칭부정명제(O명제)에서의 주개념과 빈개념의 집합관계를 살피기로 합시다.

■ 약간의 궁문 위병장교는 영웅이 아니다.

특칭부정명제의 형식은 '약간의 주개념(S)은 빈개념(P)이 아니다'로 나타납니다. 위의 예는 위병장교 가운데는 영웅인 사람도 있고 아닌 사람도 있다는 것을 말합니다. 영웅의 편에서 볼 경우 약간의 위병장교는 영웅이며 일부 다른 위병장교는 영웅이 아닙니다.

이 명제에서의 집합관계를 벤 도형에 의해서 표시하면 다음과 같습니다.

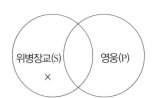

특칭부정명제(O명제) : 약간의 S는 P가 아니다.
약간의 위병장교는 영웅이 아니다.

위 그림에서 집합 S와 집합 P의 여집합과의 공통집합에는 위병장교이면서 영웅이 아닌 것이 적어도 하나 이상 있다는 것을 알 수 있습니다. 다시 말해서 위병장교의 집합 S와 영웅의 P집합의 여집합과의 공통집합에 해당되는 것이 전혀 없을 수는 없습니다.

되돌아 보아야 할 문제들

1. '조조가 이끈 삼십만 대군 모두는 사람이다'를 벤 도형으로 표시하고 이 명제에서 주개념과 빈개념의 집합관계를 설명해 보십시오.

2. 전칭부정명제의 적절한 예를 하나 들고 그 예에서 주개념과 빈개념의 집합관계를 벤 도형으로 설명해 보십시오.

3. '약간의 궁문 위병장교는 영웅 기질이 있는 사람이다'는 무슨 명제입니까? 이 명제에서 병사들의 집합관계를 벤 도형에 의하여 밝혀 보십시오.

4. '약간의 궁문 위병장교는 영웅이 아니다'에서 주개념과 빈개념의 집합관계를 벤 도형에 의해 설명해 보십시오.

5. 벤 도형(벤다이어그램)을 사용하는 이유는 무엇입니까?

※ 답은 134쪽에 있습니다.

다섯 번째 여행_ 연역추리란 무엇인가

개자씨의 우화

추리

판단의 과정을 일컬어 추리inference라고 합니다. 우리는 하나 또는 그 이상의 판단을 바탕 삼아 어떤 판단을 새롭게 내리는데 그와 같은 과정이 바로 추리입니다. 우선 다음을 읽고 추리에 관하여 자세히 살펴보기로 합시다. 다음 글은 버어트의 《불교의 진리》(박기준 옮김)에 나오는 〈개자씨의 우화〉입니다.

다음 이야기에서 부다는 키사 고타미라는 여인을 아름다운 깨달음의 세계로 인도하였다. 여인은 사바비라는 곳에 있는 극빈한 집에서 다시 태어났다. 자라서 결혼하여 남편이 사는 시가에 가서 살게 되었다. 그러나 가난한 집 딸이라고 해서 집안에서는 사람 대접을 하지 않았다. 그 후 아들을 낳자 비로소 대우가 좋아졌다.
아들이 밖에 나가서 뛰어놀 만한 나이가 되었을 때 아들이 죽었다. 슬픔이 가슴에서 솟구쳐 올랐다. 여인은 생각했다. '아들을 낳자 집안에서 나를 대하는 태도가 나아졌다. 자식이 죽으니까 식구들이 내버리려고까지 한다. 이래서는 안 되겠으니 가가

호호 찾아다니며, 내 아들을 살릴 약을 주시오, 하고 애걸할 수밖에 없다.'

이때 어떤 어진 사람이 여인을 보고 생각했다. '저 여자가 자식 때문에 비통에 빠졌구나. 저런 여자를 위한 약이 있다면 나만 아는 〈열 가지 기적을 보여주는 선생님〉한테 가서 부탁할 길밖에 없다.' 그래서 그는 여자를 보고 말했다.

"부인, 당신 아들의 약은 아무도 모르지만 세상에 하나밖에 없는 전지전능한 〈선생님〉이 계시는 이웃 절에 가서 그 앞에서 애걸해 보시오."

이 사람의 말이 옳다고 여자는 생각했다. 그래서 마침 타다가타* 가 부다의 자리에 앉았을 때, 자식을 등에 업고 신도들 가운데로 들어섰다. 그러고는 말했다.

"거룩한 님이시여, 자식의 약을 주옵소서!"

선생은 여자가 능히 깨우침을 얻을 수 있음을 알고 말했다.

"고타미! 약을 구하러 여기까지 잘 왔군. 성안에 들어가라. 그래서 이집 저집을 샅샅이 돌아다니며 초상난 집에서 작은 개자씨를 가져오너라."

"좋습니다, 선생님."

여자는 말했다. 그리하여 마음으로 기뻐하며 성안으로 들어가서 우선 첫 번째 집을 찾아 개자씨를 달라고 했다. 개자씨를 주자 여자는 이 집에 죽은 사람이 없느냐고 물었다. 없다고 대답하니, 죽은 사람이 없는 집 개자씨를 가져가지 않겠다고 말했다.

"쉽게 얻을 수 있어요. 고타미! 성안이 온통 죽은 사람 천지라우."

여인은 이집 저집을 돌아다녔다. 그러는 동안에 여자는 생각했다. '성안 전체가 이렇구나! 이것이 인류의 행복을 위하여 자비로운 부다께서 목격하신 거로구나!' 감격에 못 이겨 여인은 성 밖으로 나와 자식을 업고 화장터로 가서 그 팔을 잡고 말했다.

"사랑하는 자식아, 나는 이때까지 너만이 죽음을 당하는 줄 알았다. 그러나 죽는 것은 너뿐이 아니다. 이것이 인간의 공통된 법칙이다."

이렇게 말하면서 여인은 자식을 화장터에 집어넣었다. 모든 현상의 존재 세계는 변화하며 길지 않다. 일체는 없어지고 만다. 태어나는 것은 죽어야 한다. 모든 살아 있는 것은 다른 것과 마찬가지로 여러 가지 요소의 혼합체이다. 그래서 조만간 해체되고 만다. 그러니만큼 사멸을 진리로 받아들이는 것이 진정 현실에 적응하는 요결이다.

---

*타다가타(Tathagata) : 부다.

1. 추리의 구조

'모든 산 것은 다른 것과 마찬가지로 여러 가지 요소의 혼합체이다. 그러므로 산 것은 조만간 해체되고 만다'라는 추리는 전제와 결론 그리고 연결어로 구성되어 있습니다.

'모든 산 것은 … 혼합체이다'는 위의 추리 전체가 성립하기 위한 바탕이 되므로 전제premise라고 합니다. 그리고 '산 것은 조만간 해체되고 만다'는 위 명제의 결론 conclusion입니다. 위 추리에서 '그러므로'는 전제와 결론을 연결시켜 주는 연결어 conjunction의 역할을 합니다. 연결어는 '그래서', '그러므로', '그러니까', '따라서' 등 여러 가지로 표현됩니다. 이상에서 알 수 있는 것처럼 추리는 전제, 결론, 연결어의 세 가지 요소로 구성됩니다.

2. 추리에서 전제와 결론 사이의 논리적 일관성

추리에서 전제는 결론을 끌어내기 위한 가정의 역할을 합니다.

■ **자식이 죽으니까 식구들이 내버리려고까지 한다.**

식구들이 자신을 내버리려고까지 한다는 사실의 근거가 되는 것은 자식이 죽은 것입니다. 따라서 추리에서 전제는 반드시 결론이 뒤따르지 않으면 안 됩니다.

그런가 하면 결론은 반드시 전제로부터 뒤따라 나오지 않으면 안 됩니다.

■ **이 사람의 말이 옳다고 여자는 생각했다. 그래서 마침 타다가타가 부다**
   의 자리에 앉았을 때, 자식을 등에 업고 신도들 가운데로 들어섰다.

이 예에서 '이 사람의 말이 옳다고 생각한 것'이 전제이고 '자식을 업고 신도들 가운데로 들어선 것'이 결론입니다. 물론 '그래서'는 연결어입니다.

추리에서만 전제와 결론이 있을 수 있습니다. '이 사람의 말이 옳다고 여자는 생각했다. 그래서 신도들 가운데로 들어섰다'는 분명히 추리이며 여기에는 전제, 결론, 연결어의 세 요소가 있습니다. 그러나 '이 사람의 말이 옳다고 여자는 생각했다' 또는 '이 여자는 신도들 가운데로 들어섰다'는 각각 명제에 불과하므로 추리가 아닙니다. 즉, 명제 하나만으로는 전제도 되지 않고 결론도 되지 않습니다.

어떤 추리가 논리적으로 타당하기 위해서는 전제와 결론 사이에 논리적 일관성이 있어야 합니다. '산 것은 다른 것과 마찬가지로 여러 가지 요소의 혼합체이다. 그래서 산 것은 조만간 해체되고 만다'의 추리에서 전제와 결론은 논리적 일관성이 있습니다. 그러나 다음의 예는 어떻습니까?

- **모든 산 것은 처음부터 끝까지 하나이다. 그래서 모든 산 것은 조만간 해체되고 만다.**

이 추리의 형식은 전제, 결론, 연결어를 가졌으므로 추리로 보이지만 '연결어'가 전제와 결론을 타당하게 이어주지 못하므로 전제와 결론 사이의 논리적 일관성이 없습니다. 논리적으로 타당한 추론은 반드시 전제로부터 결론이 필연적으로 이끌어지지 않으면 안 됩니다. 다시 말해서 논리적으로 타당한 추리는 일정한 논리적 법칙을 가지기 마련입니다.

> T.I.P
> 추리에 있어서 어떤 명제의 참과 거짓이 다른 명제의 참·거짓과 내면적으로 연관성이 있을 경우에 '두 명제는 서로 논리적으로 연결되어 있다'(logically connected)라고 말합니다. 그리고 이때의 추리는 논리적 일관성을 가진 추리입니다.

- **여인의 아들이 죽었다. (참)**
  그러므로 여인은 아들을 업고 화장터로 갔다. (참)

위의 예는 논리적으로 일관성이 있는 추리입니다.

- **여인의 아들이 죽지 않았다. (거짓)**
  그러므로 여인은 아들을 업고 화장터로 갔다. (참)

위의 추리는 논리적 일관성이 없는 추리입니다. 이 추리처럼 전제와 결론 두 명제가 논리적으로 서로 연관성이 없을 경우 '두 명제는 논리적으로 독립되어 있다' logically independent고 말합니다.

'부다는 고타미의 스승이다'를 'X는 Y의 스승이다'로 표시해 봅시다. 그러면 'X는 Y의 스승이다'라는 명제는 'Y는 X의 제자이다'라는 뜻을 포함하고 있습니다. 또 '가난한 농부(Y)는 고타미의 아버지다'는 'Y는 남자다'를 포함합니다. 그러나 'Y는 남자다'라는 명제가 'Y는 고타미의 아버지다'는 논리적으로 포함할 수는 없습니다. 그러므로 'X는 Y의 스승이다'의 명제처럼 'X는 Y의 스승이다'가 'Y는 X의 제자이다'를 포함하고 그 반대도 가능한 포함관계(함축관계)를 일컬어 우리는 논리적 동치logical equivalent라고 말합니다.

연역추리의 종류

연역추리의 종류를 구체적으로 알아보기 위해서 다음 글을 보기로 택하여 봅시다. 이 글은 프롬의《자유로부터의 도피》중 일부입니다.

근대 유럽과 미국의 역사는 인간을 억압하여 온 정치적, 경제적 그리고 정신적인 속박으로부터 자유를 얻으려고 하는 노력에 모아지고 있다. 자유를 위한 투쟁은, 특권을 누리는 사람들에게 대항하여 새로운 자유를 얻고자 하는, 억압받고 있는 사람들에 의하여 수행되었다. 어떤 한 계급이 지배를 벗어나 그들 자신의 자유를 위하여 투쟁하는 동안, 그들은 인간의 자유 자체를 위하여 싸우고 있다고 스스로 믿었으며, 따라서 억압당하고 있는 모든 사람들에게 뿌리박고 있는 자유를 찾으려는 이상과 동경에 호소할 수 있었다. 그러나 사실상 오래 계속되어 온 자유를 위한 투쟁에 있어서 억압을 뿌리치려고 싸웠던 계급들이 승리를 얻어 새로운 특권을 가지게 되는 어떤 단계에서는 오히려 자유와 적대 관계에 서게 되었다.

여러 차례 뒤바뀌기는 했으나, 자유를 찾으려는 투쟁은 승리를 거두어 왔다. 경제적 자유주의, 정치적 민주주의, 종교적 자율, 그리고 개인 생활에 있어서의 개인주의 등은 자유를 찾으려는 동경으로 표현되었으며, 아울러 인류를 그 실현에 접근시키는 것처럼 보였다. 사슬은 차례로 사라져 갔다. 사람은 자연의 지배를 집어던져 버리고 스스로 자연의 지배자가 되었다. 곧 그는 교회와 절대주의 국가의 지배를 전도시켰다.

많은 사람들에게 제1차 세계대전은 최후의 전쟁으로 여겨졌으며 따라서 그 결과는 자유를 위한 궁극적 승리로 여겨졌다. 오늘날의 민주정치는 한층 강화되었으며 새로운 민주정치가 낡은 군주정치를 대신하게 되었다. 그러나 단지 몇 해가 지나는 사이에, 여러 세기에 걸친 투쟁을 통해서 사람들이 얻었다고 믿었던 모든 것을 부정하는 새로운 체제들이 나타났다. 왜냐하면, 이러한 새로운 체제들의 본질은 소수의 사람을 제외한 모든 사람들을 그들이 지배할 수 없는 어떤 권위에 예속시키는 것이었기 때문이다.

1. 직접추리

먼저 직접추리가 어떤 것인지 살펴보기로 합시다. 직접추리란 하나의 전제에서 직접적으로 새로운 판단이 되는 결론을 이끌어 내는 추리입니다.

- **어떤 계급들은 억압에 대항하였다. 따라서 그들은 승리를 얻었다.**

이 예는 한 전제로부터 직접 결론을 도출해내는 직접추리의 형태입니다. 다음의 예들 역시 직접추리에 속합니다.

- **근대 유럽과 미국의 역사는 자유를 위한 투쟁이다. 그러므로 근대 유럽과 미국의 역사는 억압받고 속박받으려는 투쟁이 아니다.**
- **장미는 생물이다. 그러므로 장미는 무생물이 아니다.**

직접추리는 전제에 이미 포함되어 있는 의미를 새 명제로 나타내는 것에 지나지 않습니다. '장미는 생물이다. 그러므로 장미는 무생물이 아니다'라는 간단한 직접추리에서 알 수 있는 것처럼 직접추리는 전제가 되는 명제를 결론에서 단지 해석할 뿐입니다.

2. 간접추리

다음은 간접추리의 예입니다.

> ■ 한 계급이 지배를 벗어나 그들 자신의 자유를 위해 투쟁하는 동안, 그들은 인간의 자유 자체를 위하여 싸우고 있다고 스스로 믿었으며, 따라서 억압당하고 있는 모든 사람들에게 뿌리박고 있는 자유를 찾으려는 이상과 동경에 호소할 수 있었다.

얼핏 보기에 위의 추리는 매우 복잡하게 보입니다. 이 추리는 간접추리입니다. 간접추리란 위의 문장처럼 두 개 이상의 전제를 가지고 그 전제의 상호 간 관계에서 결론을 이끌어 내는 추리입니다. '한 계급이 지배를 벗어났다. 그들은 자신의 자유를 위해 투쟁하였다. 그들은 인간의 자유 자체를 위해 싸웠다. 그동안 그들은 이렇게 믿었다. 따라서 그들은 자유를 찾으려는 이상과 동경에 호소할 수 있었다'라는 추리로 우리는 앞의 추리를 다시 분석해 볼 수 있습니다. 그러면 이 간접추리의 전제는 적어도 네 개가 됩니다.

직접추리는 대당관계에 의한 직접추리와 명제변형에 의한 직접추리의 두 종류가 있습니다. 그런가 하면 간접추리는 삼단논법에 해당합니다.

직접추리와 간접추리에 대한 자세한 이야기는 다음에 이어질 여섯 번째 여행과 일곱 번째 여행에서 하겠습니다.

되돌아 보아야 할 문제들

1. 판단과 추리의 차이는 무엇입니까?

2. 추리의 예를 한 가지 제시하고 거기에서 전제, 결론 및 연결어를 지적하여 보십시오.

3. 논리적 동치가 무엇인지 설명하고 적절한 예를 들어 보십시오.

4. '인간은 생물이다. 그러므로 인간은 무생물이 아니다'는 직접추리입니까, 간접추리입니까?

5. '모든 사람은 죽는다. 소크라테스는 사람이다. 그러므로 소크라테스는 죽는다'는 직접추리입니까, 간접추리입니까?

6. 직접추리와 간접추리의 차이점을 지적하여 보십시오.

※ 답은 135쪽에 있습니다.

여섯 번째 여행_ 직접추리란 무엇인가

이솝 이야기

대당관계에 의한 직접추리

우리는 앞에서 직접추리란 오직 하나의 전제로부터 직접 결론을 이끌어 내는 추리라는 것을 알았습니다. 직접추리는 대당관계에 의한 직접추리 그리고 명제 변형에 의한 직접추리, 두 종류가 있습니다. 여기에서는 대당관계에 의한 직접추리를 살펴보기로 합시다.

우선 〈이솝 이야기〉에 나오는 다음 글을 읽어보기로 합시다.

전설에 따르면 인간보다 동물들이 먼저 창조되었습니다. 그리고 제우스 신은 동물들에게 기운 셈과 발 빠름 혹은 빨리 나는 것과 같은 갖가지 힘을 부여하였습니다. 신 앞에 벌거숭이로 서서 인간은 자기만 이러한 재능을 부여받지 못했다고 투덜 댔습니다.

"그대는 부여받은 것을 제대로 알지 못하고 있다. 이성이라는 재주 말이다. 이성은 하늘에서도 땅 위에서도 전능한 것이고 강자보다 힘센 것이며 빠른 자보다도 더 재빠

른 것이다."

하고 제우스 신은 말했습니다. 인간은 베풀어 받은 것을 깨닫고 숭배심과 감사의 마음으로 차서 그곳을 떠났다고 합니다.　　　　　　　　　－ 이솝, 유종호 옮김, 《이솝전집》 중에서

1. 대당관계에 의한 직접추리의 성질

우리는 주개념과 빈개념이 똑같은 두 명제를 놓고, 한 명제의 참이나 거짓으로부터 다른 명제의 참이나 거짓을 추리할 수 있습니다. 그러나 조건이 있습니다. 비록 두 명제의 주개념과 빈개념은 똑같을지라도 두 명제의 양과 질 모두가 다르거나 아니면 양이나 질 가운데 하나가 달라야 합니다. 이러한 경우의 직접추리를 대

> **T.I.P** 대당(또는 대립: opposition)은 똑같은 주개념과 빈개념을 가지지만 양과 질이 다른 두 명제 사이의 관계를 가리킵니다.

당관계에 의한 직접추리immediate inference by the opposition라고 합니다.

다음의 예를 봅시다.

■ **모든 인간은 이성적 동물이다. 그러므로 약간의 인간은 이성적 동물이 아니다.**

위 추리에서 전제는 전칭긍정명제이고 참입니다. 전제가 되는 명제로부터 나오는 결론은 특칭부정명제입니다. 여기에서 문제는 전제가 참일 경우 결론이 참인가 아니면 거짓인가 하는 것입니다.

그러면 이 대당관계에 의한 직접추리를 연역추리의 네 종류의 정언명제(A, E, I, O 명제)와 관련하여 그림으로 살펴보겠습니다.

위 그림을 보고 우리는 대당관계에는 대소대당, 모순대당, 반대대당, 소반대대당 등 네 종류가 있다는 것을 알 수 있습니다.

(1) 대소대당

명제의 질은 동일하고 양이 서로 다른 전칭긍정명제(A)와 특칭긍정명제(I) 간의 대당관계, 전칭부정명제(E)와 특칭부정명제(O) 사이의 대당관계가 대소대당 subalternate opposition입니다.

대소대당에서 우리는 다음의 경우들을 살펴보아야 합니다.

① 전칭명제가 참일 때 특칭명제는 어떠한가?

② 전칭명제가 거짓일 때 특칭명제는 어떠한가?

③ 특칭명제가 참일 때 전칭명제는 어떠한가?

④ 특칭명제가 거짓일 때 전칭명제는 어떠한가?

가. 전칭명제(A, E)가 참이면 특칭명제 (I, O)는 반드시 참이다.

대소대당은 전체에 대하여 참인 것은 부분에 대해서도 참이라는 법칙에 의존하는데, 이 법칙은 아리스토텔레스의 논리학에서 가장 기본적인 원리입니다. 전체에 대하여 참인 것은 부분에 대해서도 참이라는 법칙은 아리스토텔레스의 논리법칙이라고 일컬어집니다.

- **모든 인간은 이성적 동물이다. A(참)**
  약간의 인간은 이성적 동물이다. I(참)
- **모든 인간은 광물이 아니다. E(참)**
  약간의 인간은 광물이 아니다. O(참)

나. 전칭명제(A, E)가 거짓이면 특칭명제(I, O)는 참, 거짓이 불확실하다.

전체가 거짓일지라도 부분이 반드시 거짓인 것은 아닐 때가 있습니다. 또한 전체가 거짓일 때 부분은 참일 경우도 있고 거짓일 경우도 있어서, 전칭명제가 거짓이면 특칭명제의 참, 거짓은 불확실합니다.

다음의 예를 보면 확실하게 알게 될 것입니다.

- **모든 인간은 제우스 신이다. A(거짓)**
  약간의 인간은 제우스 신이다. I(거짓)
- **모든 사람은 소설가이다. A(거짓)**
  약간의 사람은 소설가이다. I(참)

- 모든 인간은 이성적 동물이 아니다. E(거짓)
  약간의 인간은 이성적 동물이 아니다. O(거짓)
- 모든 사람은 소설가가 아니다. E(거짓)
  약간의 사람은 소설가가 아니다. O(참)

다. 특칭명제(I, O)가 참일 때 전칭명제(A, E)는 참, 거짓이 불확실하다.

바로 앞의 경우와 마찬가지로 특칭명제가 참이라고 해도 전칭명제는 참일 때도 있고 거짓일 때도 있으므로 참과 거짓을 가릴 수 없습니다.

아래 예를 살펴봅시다.

- 약간의 인간은 동물이다. I(참)
  모든 인간은 동물이다. A(참)
- 약간의 인간은 소설가이다. I(참)
  모든 인간은 소설가이다. A(거짓)

- 약간의 인간은 광물이 아니다. O(참)
  모든 인간은 광물이 아니다. E(참)
- 약간의 인간은 소설가가 아니다. O(참)
  모든 인간은 소설가가 아니다. E(거짓)

라. 특칭명제(I, O)가 거짓일 경우 전칭명제(A, E)는 반드시 거짓이다.

이 경우는 부분에 대하여 거짓인 것은 전체에 대해서도 반드시 거짓이라는 것을 말하여 줍니다. 부분은 전체에 포함됩니다. 따라서 부분에 거짓이 있으면 전체에도 반드시 거짓이 있기 마련입니다.

다음은 이 경우에 관한 예입니다.

- 약간의 인간은 제우스 신이다. I(거짓)
  모든 인간은 제우스 신이다. A(거짓)

■ 약간의 인간은 동물이 아니다. O(거짓)
　모든 인간은 동물이 아니다. E(거짓)

(2) 모순대당

명제의 양과 질이 모두 다른 전칭긍정명제(A)와 특칭부정명제(O) 사이의 대당관계 및 전칭부정명제(E)와 특칭긍정명제(I) 사이의 대당관계가 바로 모순대당contradictory opposition 입니다.

모순대당관계에 있는 두 명제는 한 명제가 참이면 다른 명제는 반드시 거짓입니다. 그리고 한 명제가 거짓이면 다른 명제는 반드시 참입니다. 따라서 모순대당의 경우는 크게 두 가지로 나누어 살필 수 있습니다.

> 명제에 있어서의 양은 주개념과 빈개념의 주연과 부주연을 말합니다. 양은 '모든……' 또는 '약간의 ……'로 보통 표현됩니다. 명제의 질은 긍정과 부정, 곧 '……이다', '……이 아니다'로 나타납니다.

가. 모순대당관계에 있는 두 명제 가운데서 한 명제가 참이면 다른 명제는 반드시 거짓이다.

■ 모든 인간은 동물이다. A(참)
　약간의 인간은 동물이 아니다. O(거짓)
■ 모든 인간은 광물이 아니다. E(참)
　약간의 인간은 광물이다. I(거짓)

나. 모순대당관계에 있는 두 명제 가운데서 한 명제가 거짓이면 다른 명제는 반드시 참이다.

■ 약간의 인간은 광물이다. I(거짓)
　모든 인간은 광물이 아니다. E(참)
■ 약간의 인간은 동물이 아니다. O(거짓)
　모든 사람은 동물이다. A(참)

모순대당의 관계는 대소대당, 반대대당, 소반대대당 등의 관계와 달리 가장 분명하게 참과 거짓이 드러나는 경우입니다. 모순되는 두 명제들 가운데서 한 명제의 참이나 거짓을 알면 곧바로 다른 명제의 참이나 거짓을 추리할 수 있기 때문입니다.

(3) 반대대당

양이 전칭으로서 똑같으며 질이 다른 전칭긍정명제(A)와 전칭부정명제(E)의 대당관계를 나타내는 것이 반대대당contrary opposition입니다. 반대대당은 크게 두 가지로 나누어 살필 수 있습니다.

가. 반대대당관계에 있는 두 명제 가운데서 한 명제가 참일 경우 다른 명제는 반드시 거짓이다.

- **모든 인간은 동물이다. A(참)**
  모든 인간은 동물이 아니다. E(거짓)
- **모든 인간은 광물이 아니다. E(참)**
  모든 인간은 광물이다. A(거짓)

나. 반대대당관계에 있는 두 명제 가운데서 한 명제가 거짓이면 다른 명제는 참, 거짓을 가릴 수 없다.

- **모든 인간은 광물이다. A(거짓)**
  모든 인간은 광물이 아니다. E(참)
- **모든 인간은 시인이다. A(거짓)**
  모든 인간은 시인이 아니다. E(거짓)

- **모든 인간은 이성적 동물이 아니다. E(거짓)**
  모든 인간은 이성적 동물이다. A(참)

■ 모든 인간은 화가가 아니다. E(거짓)
　모든 인간은 화가이다. A(거짓)

위의 예에서 보듯이 전제가 거짓일 경우 결론은 참일 때도 있고 거짓일 때도 있으므로 반대대당관계에 있는 두 명제 중에서 한 명제가 거짓이면 다른 명제는 참, 거짓이 불확실합니다.

⑷ 소반대대당

양이 동일하게 특칭이며 질이 다른 특칭긍정명제(I)와 특칭부정명제(O)의 대당 관계는 소반대대당subcontrary opposition을 이룹니다.

소반대대당도 두 가지 경우로 크게 나누어 살펴볼 수 있습니다.

가. 소반대대당관계의 두 명제 가운데서 한 명제가 참이면 다른 명제의 참, 거 짓은 가릴 수 없다.

■ 약간의 인간은 시인이다. I(참)
　약간의 인간은 시인이 아니다. O(참)
■ 약간의 인간은 동물이다. I(참)
　약간의 인간은 동물이 아니다. O(거짓)

■ 약간의 인간은 무용수가 아니다. O(참)
　약간의 인간은 무용수이다. I(참)
■ 약간의 인간은 광물이 아니다. O(참)
　약간의 인간은 광물이다. I(거짓)

위의 예에서 알 수 있는 것처럼 소반대대당관계에 있는 명제에서 전제가 참일 경우 결론은 참일 때도 있고 거짓일 때도 있으므로 참과 거짓을 명확히 가릴 수 없습니다.

나. 소반대대당관계에 있는 두 명제 중에서 한 명제가 거짓이면 다른 명제는 반드시 참이다.

- **약간의 인간은 제우스 신이다.** I(거짓)
  약간의 인간은 제우스 신이 아니다. O(참)
- **약간의 인간은 동물이 아니다.** O(거짓)
  약간의 인간은 동물이다. I(참)

명제변형에 의한 직접추리

우선 다음 글을 읽은 후 명제변형에 의한 직접추리에 관하여 상세히 알아보기로 합시다. 다음 글은 《종교와 인간》(강영계 편저)에 나오는 부분입니다.

인간은 고유한 삶의 주체이다. 주체란 자기 자신의 삶을 스스로 선택하고 결단하는 인간을 말한다. 따라서 주체의 근거는 자유의지이다. 고대의 인간은 자연에 순응하면서 자연과 하나가 되어 살았다. 따라서 그들에게는 자연이 그들의 안식처이자 보금자리였으므로 자연을 외경의 마음으로 바라보고 숭배까지 하였다. 그들은 산과 바다를 신령한 것으로 모시기도 했으며 곰과 호랑이를 자기들의 조상으로 받들기도 했다.

그러나 역사가 흐르면서 인간의 의식은 외부로부터 내면으로 방향을 돌림으로써 가능적인 자유의지를 현실화시키기 시작했다. 인류의 역사는 한 인간이 성장하는 과정과 흡사하다.

어린아이는 바깥 세계에만 눈길을 돌리며 모든 것을 신기하게 바라본다. 그러나 청소년은 자신이 누구인지 물으며 내면세계에 침잠한다. 그러다가 중장년에 달한 사람은 외면과 내면의 조화를 이루고자 한다. 인류의 역사에 있어서 중세는 동서양을 막론하고 인간이 종교에 의존하였던 시대이다. 그러나 근대에 이르러 인간은 자신을 바라보면서 전체적인 관점에서 '과연 인간은 무엇인가?'라는 물음을 제기하기

시작하였다. 인간은 더 이상 자연이나 신의 종속물 내지 노예가 아니라, 외부적인 것과 내면적인 것을 대상화시키면서 스스로 삶과 세계를 선택하고 결단하는 주체가 되었다. (중략)

인간은 주체이므로 악으로부터 선으로, 허위로부터 진리로, 그리고 그름으로부터 옳음으로, 또 추함으로부터 아름다움으로 삶을 전환시키고자 한다. 인간은 주체이므로 환경을 상황으로, 그리고 상황을 체험으로 지향하면서 무수한 갈등과 모순 속에서 그러한 갈등과 모순을 극복하고자 한다.

인간은 주체이기 때문에 자신의 자유를 근거로 삼아 미움 속에서 사랑을 갈구하며 전쟁 속에서 평화를 동경한다. 인간 주체는 평균인을 벗어나서 자기 자신의 개성을 가진다. 인간 주체는 고유한 개성에 의하여 역사의 맥락을 이어가면서 사회에 질서를 부여한다. 주체란 결국 자기 자신의 고유한 삶을 창조하고 구성하는 인간이다.

1. 명제변형에 의한 직접추리의 특징

우리는 앞에서 대당관계에 의한 직접추리를 살펴보았습니다. 전제와 결론 두 명제에서 주개념과 빈개념은 그대로 두고, 양이나 질을 변형시키거나 아니면 양과 질을 둘 다 변형시켜서 전제(한 명제)의 참이나 거짓으로부터 결론(다른 명제)의 참이나 거짓을 추리하는 것이 대당관계에 의한 직접추리에서의 과제였습니다.

반면 명제변형에 의한 직접추리는 일단 주어진 명제의 형식을 변형시켜서 똑같은 의미를 가지는 새 명제를 이끌어내는 추리를 말합니다.

2. 명제변형에 의한 직접추리의 종류들

명제변형에 의한 직접추리에는 환위법, 환질법, 환질환위법, 환위환질법, 이환법, 부가법 등 여러 가지 종류가 있습니다.

(1) 환위법

한 명제의 주개념과 빈개념의 위치를 맞바꾸어 새로운 명제를 이끌어 내는 직접추리의 형식이 환위법conversion 입니다.

A명제	모든 인간은 동물이다.	A
	약간의 동물은 인간이다.	I

위의 예 '모든 인간은 동물이다'에서 만일 주개념과 빈개념의 위치만 바꾸어 '모든 동물은 인간이다'라고 한다면 부당하게 환위하는 오류를 범합니다. 그러므로 부당환위의 오류를 피하기 위해서는 명제의 양을 제한하여 특칭긍정명제(I)를 도출하여야 합니다. 즉 '약간의 동물은 인간이다'처럼 명제의 양을 제한하는 환위법은 제한환위conversion by limitation 입니다. 그러나 경우에 따라서 명제의 양을 제한

하지 않아도 되는 단순환위simple conversion도 가능합니다.

A명제	모든 이성적 동물은 주체적 인간이다.	A
	모든 주체적 인간은 이성적 동물이다.	A

위의 두 명제는 논리적으로 동치입니다. 이러한 경우 단순환위가 가능합니다.

(2) 환질법

전제가 되는 명제의 질(긍정이나 부정)을 바꾸어 새 명제를 이끌어 내는 직접추리의 형식이 환질법obversion입니다.

환질법에서는 우선 전제가 되는 명제의 빈개념을 그것에 모순되는 빈개념으로 바꾸고, 다음으로 질이 긍정일 경우 부정으로, 그리고 부정일 경우 긍정으로 바꾸어 결론이 되는 명제를 이끌어 내야 합니다.

이제 A명제 형식에 환질법을 적용하여 보기로 합시다. 단, 주의할 점은 전제가 되는 명제의 빈개념(P)을 비(非)P로 바꾸는 것입니다.

A명제	모든 인간은 동물이다.	A
	모든 인간은 非동물이 아니다.	E

(3) 환질환위법

이 방법은 약간 복잡하지만 말 그대로 한번 환질한 명제를 다시 환위하여 새 명제를 이끌어 내는 것입니다. 환질환위법에는 두 가지 종류가 있습니다.

하나는 일단 한번 환질한 명제를 다시 환위하여 새 명제를 도출하는 것인데, 그것을 일부환질환위법partial contraposition이라고 합니다. 그리고 일부환질환위법에 의해서 도출된 명제를 다시 환질하여 새 명제를 도출해 내는 추리방법은 전환질환위법full contraposition이라고 합니다.

일부환질환위법: 아래 예에서는 처음에 행하는 환질을 (가)로, 다음에 행하는
환위를 (나)로 나타냅니다.

A명제	모든 인간은 동물이다.	A
	(가) 모든 인간은 非동물이 아니다.	E
	(나) 모든 非동물은 인간이 아니다.	E

전환질환위법: 여기에서는 처음의 환질을 (가)로, 두 번째 환위를 (나)로 그리
고 세 번째 환질을 (다)로 나타내기로 하겠습니다.

A명제	모든 인간은 동물이다.	A
	(가) 모든 인간은 非동물이 아니다.	E
	(나) 모든 非동물은 인간이 아니다.	E
	(다) 모든 非동물은 非인간이다.	A

⑷ 환위환질법

이 추리방법은 일단 주어진 명제를 환위한 후 다시 이 명제를 환질함으로써 새
로운 명제를 도출해 내는 것입니다. 환위환질법obverted conversion에서는 처음의
환위를 (가)로 그리고 다음의 환질을 (나)로 나타내어 A명제에 적용해 보기로 하
겠습니다.

A명제	모든 인간은 동물이다.	A
	(가) 약간의 동물은 인간이다.	I
	(나) 약간의 동물은 非인간이 아니다.	O

(5) 이환법

일단 주어진 명제로부터 그 명제의 주개념에 모순되는 개념(명사)을 주개념으로 가지는 새 명제를 도출하는 추리방법이 이환법inversion입니다.

이환법은 환질법과 환위법을 교대로 사용함으로써 가능할 수 있습니다.

A명제	모든 인간은 동물이다.	A
	(환질) 모든 인간은 非동물이 아니다.	E
	(환위) 모든 非동물은 인간이 아니다.	E
	(환질) 모든 非동물은 非인간이다.	A
	(환위) 약간의 非인간은 非동물이다.	I

(6) 부가법

일단 주어진 명제의 주개념과 빈개념에 동일한 한정어, 수식어 또는 명사를 첨가하여 새 명제를 도출해 내는 추리방법이 바로 부가법입니다.

예컨대 '약간의 인간은 철학자이다'라는 명제에 '실존적'이라는 부가어를 덧붙여 '약간의 실존적 인간은 실존적 철학자이다'라는 새 명제를 이끌어 내는 것이 부가법입니다.

되돌아 보아야 할 문제들

1. 다음의 대당관계에 의한 직접추리를 완성하고, 전제와 결론 두 명제 사이의 대당
   관계가 어떤 것인지 밝혀 보십시오.
   ① '모든 인간은 동물이다'가 참이면 '약간의 인간은 동물이다'는
   ....   [대당관계 :   ]

   ② '모든 식물은 동물이 아니다'가 참이면 '약간의 식물은 동물이 아니다'는
   ....   [대당관계 :   ]

   ③ '약간의 인간은 천재이다'가 참이면 '모든 인간은 천재가 아니다'는
   ....   [대당관계 :   ]

   ④ '약간의 교수는 지성인이다'가 참이면 '모든 교수는 지성인이다'는
   ....   [대당관계 :   ]

   ⑤ '모든 인간은 사랑을 가진다'가 참이면 '모든 인간은 사랑을 가지지 않는다'는
   ....   [대당관계 :   ]

   ⑥ '약간의 벌레는 짐승이 아니다'가 참이면 '모든 벌레는 짐승이다'는
   ....   [대당관계 :   ]

⑦ '약간의 시인은 음유시인이 아니다'가 참이면 '약간의 시인은 음유시인이다'는
.... [대당관계 :   ]

⑧ '약간의 인간은 주체적 존재가 아니다'가 거짓이면 '모든 인간은 주체적 존재
가 아니다'는 .... [대당관계 :   ]

2. 다음 명제들을 환질환위하십시오.
  ① 모든 벌레는 동물이다.
  ② 모든 직사각형은 사각형이다.

※ 답은 136쪽에 있습니다.

일곱 번째 여행_ 간접추리란 무엇인가

어린 왕자

앞에서 우리는 하나의 명제(전제)로부터 새로운 판단이 되는 명제(결론)를 이끌어 내는 직접추리를 다루었습니다. 간접추리는 직접추리보다 한 걸음 더 나아가서 두 개 이상의 명제를 전제로 삼아 새로운 명제(결론)를 이끌어 내는 추리입니다. 다음 글을 읽고 간접추리에 대하여 상세히 살펴보기로 합시다. 이 글은 생텍쥐페리의 《어린 왕자》 첫머리 부분입니다.

내가 여섯 살 나던 해에, 한번은 '체험담'이라는 이름을 가진 원시림에 대한 책 속에서 대단한 그림을 본 적이 있다. 그것은 어떤 짐승을 삼키고 있는 보아뱀 그림이었다.

그 책에는 이렇게 씌어 있었다.

'보아뱀은 먹이를 씹지도 않고 송두리째 삼킨다. 그러고 나서는 움직일 수가 없어서 그것을 소화하느라고 반년이나 잠을 잔다.'

그때 밀림의 모험에 대해서 잔뜩 생각한 뒤에, 이번에는 내가 색연필로 나의 첫 그림을 끄적거렸다.

나의 제1호 그림, 그것은 이러했다.

나는 나의 그 걸작품을 어른들에게 보여 주고 그림을 보니까 겁이 나지 않느냐고 물어보았다. 어른들은 '모자가 왜 겁나니?'라고 대답하였다.

내 것은 모자를 그린 것이 아니었다. 그것은 코끼리를 소화시키고 있는 보아뱀이었다. 그래서 그 보아뱀의 속을 그려 주니까 그때야 이해를 하는 것이었다.

어른들은 항상 설명을 해 주어야 한다.

나의 제2호 그림은 이러했다.

어른들은 속이 보이고 안 보이고 하는 보아뱀을 때려치우고, 차라리 지리나 역사, 셈, 문법에 관심을 가져 보라고 나에게 충고를 해 주었다.

그래서 나는 여섯 살에 화가라는 대단한 직업을 포기해 버렸다.

나는 나의 제1호 그림과 제2호 그림이 성공하지 못한 데에 영 기가 죽었던 것이다. 어른들은 혼자서는 아무것도 이해하지 못한다. 그러니 매번, 정말로 매번 설명을 해 주어야 하니, 어린애들로서는 맥이 빠지는 것이다. 그래서 다른 직업을 선택하지 않을 수 없었고, 그래서 나는 비행기 모는 것을 배웠다.

나는 여기저기 거의 안 다녀 본 데가 없었다. 지리가 나에게 많은 도움을 준 것은 사실이다. 나는 단번에 중국과 애리조나를 구분할 줄 알았다. 밤에 길을 잃었을 때 그것은 아주 쓸모가 있다.

이렇게 해서 나는 살아 나가면서 상당한 수의 성실한 사람들과 상당한 양의 교제를 하였다. 나는 그들을 아주 가까이에서 보았다. 그러나 그게 내 생각을 많이 고쳐 놓지는 못했다.

조금이라도 머리가 좋아 보이는 사람을 만날 때마다 나는 내가 계속 가지고 다니던 제1호 그림을 가지고 부딪쳐 보았다. 그가 정말 사리에 밝은지 어쩐지 알고 싶었던 것이다. 그러나 항상 어른들은 '모자로구먼'이라고 대답했다. 그럴 때 나는 보아뱀이니 원시림이니 별이니 하는 얘기는 꺼내지도 않았다. 그러곤 그가 알아들을 수 있게 브리지니 골프니 정치니 넥타이니 하는 이야기를 하였다. 그러면 어른들은 아주 사리 밝은 사람을 알게 되었노라고 아주 만족해했다.

정언삼단논법

간접추리는 앞에서 잠깐 살핀 것처럼 두 개 이상의 명제(전제)로부터 새로운 명제(결론)를 이끌어 내는 추리로서 삼단논법syllogism에 해당합니다.

삼단논법에는 정언삼단논법, 가언삼단논법, 선언삼단논법, 양도논법 등이 있습니다. 삼단논법의 가장 대표적인 형태는 정언삼단논법입니다. 이곳에서는 정언삼단논법만을 살펴보기로 하고 정언삼단논법 이외의 간접추리들에 관해서는 〈경험편〉에서 다루기로 하겠습니다.

1. 정언삼단논법의 구조

다음의 예를 봅시다.

- 모든 동물은 생물이다. (대전제)
  모든 뱀은 동물이다. (소전제)
  ∴ 모든 뱀은 생물이다. (결론)

이 예는 정언삼단논법categorical syllogism의 예입니다. 정언삼단논법은 세 개의 명제로 구성됩니다. 세 개의 명제는 구체적으로 두 개의 전제와 한 개의 결론입니다.

세 개의 명제 각각은 주개념과 빈개념을 가집니다. 그리고 세 개의 명제(삼단논법에서)는 세 개의 명사term를 가집니다. '모든 동물은 생물이다. 모든 뱀은 동물이다. 그러므로 모든 뱀은 생물이다'에서 명사는 '동물', '생물', '뱀'입니다.

대전제와 소전제 모두에서 '동물'이 한 번씩 나타납니다. 이와 같은 명사를 중명사middle term라고 부릅니다. 전제에 있는 '생물'은 결론에서는 빈개념으로 나타납니다. 이러한 명사를 대명사major term라고 합니다. 정언삼단논법에서 대명사(생물)를 포함하는 전제는 대전제major premise입니다. 전제 중의 '뱀'은 결론에서 주개념이 됩니다. 이와 같이 결론에서 주개념이 되는 명사를 소명사minor term라고 하며 소명사를 포함하는 전제를 소전제minor premise라고 합니다.

다시 한 번 예를 살펴보면서 정언삼단논법의 구조와 그 구성요소들을 알아보기로 합시다.

- ■ 모든 **동물**은 **생물**이다. (대전제)
  모든 **구렁이**는 **동물**이다. (소전제)
  ∴ 모든 **구렁이**는 **생물**이다. (결론)

2. 정언삼단논법의 역할

정언삼단논법이 대전제, 소전제, 결론 등 세 가지 명제로 구성된다는 것 그리고 대명사를 포함하는 명제가 대전제이고, 소명사를 포함하는 명제는 소전제이며, 두 전제 모두에 한 번씩 나타나는 명사가 중명사라는 것을 살펴보았습니다.

보통 소명사를 S, 대명사를 P 그리고 중명사를 M으로 표시합니다. 그러면 앞의 예에 등장하는 대명사 '생물', 중명사 '동물' 그리고 소명사 '구렁이'의 양적 범위의 관계(외연관계)는 어떻게 될까요?

정언삼단논법은 대명사와 소명사의 포함관계를 중명사에 의해서 추리해 내는 추리방법이라는 사실을 아래 그림에 의해서 분명하게 알 수 있습니다.

정언삼단논법의 식과 격

정언삼단논법은 정언명제로 구성됩니다. 정언명제는 네 종류가 있습니다.

- **모든 보아뱀은 모자이다.** (전칭긍정명제: A명제)
- **모든 보아뱀은 모자가 아니다.** (전칭부정명제: E명제)
- **약간의 보아뱀은 모자이다.** (특칭긍정명제: I명제)
- **약간의 보아뱀은 모자가 아니다.** (특칭부정명제: O명제)

위 예를 보아 알 수 있는 것처럼 대전제가 될 수 있는 명제는 A명제, E명제, I명제, O명제 등 네 종류입니다. 물론 소전제가 될 수 있는 명제도 대전제와 마찬가지로 네 종류입니다.

정언삼단논법의 식mood은 정언삼단논법을 구성하는 명제들이(대전제, 소전제, 결론) A명제, E명제, I명제, O명제 가운데 어떤 것이냐에 따라서 결정됩니다.

대전제는 네 가지 종류의 명제가 가능하며 그리고 소전제와 결론도 각각 네 가지 종류의 명제가 가능하므로 정언삼단논법에서 가능한 전체의 식은 4×4×4=64가 되니까 모두 64개가 됩니다. 아래 그림에서 우리는 대전제가 A명제일 경우, E명제일 경우, I명제일 경우 그리고 O명제일 경우 정언삼단논법의 모든 가능한 식이 어떻게 나타나는지 그림을 통해 알아보기로 합시다.

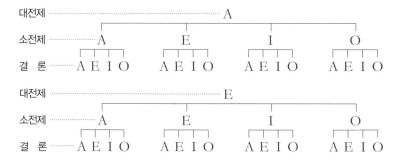

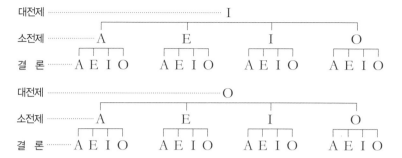

그러면 이제 이 그림을 이용해서 한두 가지 예를 들고 그것이 정언삼단논법의 어떤 식에 해당하는지 살펴보기로 합시다.

- **모든 동물은 생물이다.** A(전칭긍정명제)
  모든 뱀은 동물이다. A(전칭긍정명제)
  ∴ **모든 뱀은 생물이다.** A(전칭긍정명제)

위의 정언삼단논법은 AAA식을 가집니다.

- **모든 동물은 모자가 아니다.** E(전칭부정명제)
  모든 동물은 생물이다. A(전칭긍정명제)
  ∴ **약간의 생물은 모자가 아니다.** O(특칭부정명제)

위의 정언삼단논법은 EAO식을 가집니다.

그러면 이제 정언삼단논법의 격figure은 어떤 것인지 알아보기로 합시다.

① **모든 동물은 생물이다.**
  모든 뱀은 동물이다.
  모든 뱀은 생물이다.
② **모든 동물은 모자가 아니다.**
  모든 동물은 생물이다.
  약간의 생물은 모자가 아니다.

위의 예 중 ①에서 중명사는 대전제의 주개념의 위치에 그리고 소전제의 빈개념의 위치에 있습니다. ②에서 중명사는 대전제의 주개념의 위치에 그리고 소전제의 주개념의 위치에 있습니다.

우리가 전제를 대전제 그리고 다음으로 소전제의 차례로 배열하였을 경우 중명사(M)가 어떤 위치를 차지하는가에 따라서 정언삼단논법의 형식이 다르게 됩니다. 정언삼단논법에서 중명사는 대전제에서 한 번 그리고 소전제에서 한 번, 모두 두 번 사용됩니다. 중명사(M)는 대전제와 소전제에서 각각 주개념으로 사용될 수도 있고 빈개념으로 사용될 수도 있습니다. 따라서 중명사가 전제에서 주개념이나 빈개념으로 쓰일 수 있는 확률은 모두 4가지가 됩니다.

대명사를 P, 소명사를 S, 중명사를 M이라고 할 때 정언삼단논법의 격은 모두 네 가지가 되는데 이것을 그림으로 나타내면 아래와 같습니다.

도움말

1격	2격	3격	4격
M—P	P—M	M—P	P—M
S—M	S—M	M—S	M—S
∴ S—P	∴ S—P	∴ S—P	∴ S—P

이상의 정언삼단논법의 네 종류의 격을 앞에서 살펴본 64개의 식에 적용하면 정언삼단논법의 형식은 모두 256가지가 된다는 것을 알 수 있습니다. 네 가지 격을 64개의 식에 곱하면 256가지의 형식이 나오기 때문입니다.

정언삼단논법의 격을 창안한 사람은 희랍의 아리스토텔레스입니다. 아리스토텔레스는 중명사의 위치에 따라서 세 가지 서로 다른 추리 형태들이 있다고 보았습니다. 네 가지 정언삼단논법의 격 가운데서 아리스토텔레스가 창안한 것들은 1격에서 3격까지 모두 세 가지 추리 형태이고 4격은 훨씬 뒤 갈레노스(Galenos, AD

131~201)에 의해서 만들어졌습니다.

네 가지 격들에 관한 예를 들면 아래와 같습니다.

① M-P   모든 인간은 죽는다.

   S-M   모든 왕들은 인간이다.

  ∴ S-P   ∴모든 왕들은 죽는다.

② P-M   정서는 의지를 기초로 삼지 않는다

   S-M   덕은 의지를 기초로 삼는다.

  ∴ S-P   ∴덕은 정서가 아니다.

③ M-P   모든 고래는 포유동물이다.

   M-S   모든 고래는 수서동물이다.

  ∴ S-P   ∴약간의 수서동물은 포유동물이다.

④ P-M   신의 모상은 인간이다.

   M-S   인간은 이성적 동물이다.

  ∴ S-P   ∴이성적 동물은 신의 모상이다.

정언삼단논법의 규칙

정언삼단논법의 규칙들에는 어떤 것들이 있는지 살펴보고, 그러한 규칙을 어길 때 어떤 오류를 범하는지 알아보기로 하겠습니다.

앞에서 살펴본 정언삼단논법의 256가지의 형식이 모두 논리적으로 타당하지는 않습니다. 왜냐하면 단지 형식만 성립하고 논리적으로는 부당한 것들이 있기 때문입니다. 다음에 제시되는 정언삼단논법의 규칙들을 하나하나 살펴보면 논리적으로 타당치 못한 식들이 어떤 이유로 인하여 타당치 못한지 잘 알 수 있습니다.

〈규칙 1〉 정언삼단논법에서는 명사의 수가 3개여야 하고 명제의 수 또한 3개여야 한다.

이 법칙은 정언삼단논법의 가장 기본적인 것입니다. 예컨대 '보아뱀은 동물이다'와 '어른들은 아주 사리 밝은 사람을 알게 되었다'를 두 명제(전제가 되는)로 삼을 경우 이들로부터는 아무런 명제도 이끌어 낼 수 없습니다. 왜냐하면 이들 명제는 명사의 수를 3개로 제한하지 않고 4개의 명사('보아뱀', '동물', '어른들', '사리 밝은 사람')를 가지고 있기 때문입니다.

4개의 명사를 가진 두 명제들로부터 억지로 결론을 도출해 낸다면 당연히 오류를 범합니다.

■ 보아뱀은 동물이다.
　어른들은 아주 사리 밝은 사람을 알게 되었다.
　∴ 어른들은 동물이다. (거짓)

위의 추리는 말도 안 되는 억지입니다. 4개의 명사를 사용하기 때문에 생기는 오류를 일컬어 네 개 명사의 오류fallacy of four terms라고 합니다.

〈규칙 2〉 중명사는 두 전제 중에서 최소한 한 번은 주연되지 않으면 안 된다.

만일 중명사가 두 전제 중에서 한 번도 주연되지 않을 경우 대전제에서 대명사와 비교되는 부분과 소전제에서 소명사와 비교되는 부분이 서로 다를 수 있기 때문에 중명사의 역할을 제대로 할 수 없습니다. 이때에는 대명사와 소명사가 일치하는지 아니면 일치하지 않는지를 결정할 수 없습니다. 이 말은 대명사와 소명사

사이에서 중명사가 매개역할을 하지 못한다는 것을 의미합니다.

> ■ 모든 뱀은 생물이다. (A명제)
> 모든 어른들은 생물이다. (A명제)
> ∴ 모든 어른들은 뱀이다. (A명제)

위 예는 2격의 AAA식의 정언삼단논법입니다. 〈규칙 2〉에 따르면 중명사 '생물'은 두 전제 중에서 최소한 한 번은 '모든'으로 주연되지 않으면 안 됩니다. 그러나 위의 예에서 '생물'은 '약간의'의 뜻을 가지므로 부주연되고 있습니다. 위의 예를 보다 더 정확히 표현하면 다음처럼 됩니다.

> ■ 모든 뱀은 약간의 생물이다.
> 모든 어린이는 약간의 생물이다.
> ∴ 모든 어린이는 뱀이다. (오류)

이처럼 중명사가 두 전제 중에서 한 번도 주연되지 않을 경우('모든'으로 표시되지 않을 때)생기는 오류를 일컬어 중명사부주연의 오류fallacy of the undistributed middle term이라고 부릅니다.

〈규칙 3〉 전제에서 일단 부주연된 명사를 결론에서 주연시켜서는 안 된다.

전제에서 부주연된 명사를 결론에서 주연시키면 부당주연의 오류를 범합니다.

> ■ 모든 뱀은 동물이다.
> 모든 여우는 뱀이 아니다.
> ∴ 모든 여우는 동물이 아니다. (오류)

전제에서 부주연된 대명사를 결론에서 주연시키면 '대명사부당주연의 오류'를 범하게 됩니다. 위의 예에서 '모든 뱀은 동물이다'라는 대전제의 대명사는 '동물'

입니다. 대전제를 정확히 나타내면 '모든 뱀은 약간의 동물이다'입니다. 여기에서 '동물'은 '약간의'이므로 부주연되었습니다. 그럼에도 불구하고 결론 '모든 여우는 동물이 아니다'에서 '동물'을 주연시키고 있으므로 오류를 범합니다. 결론의 정확한 표현은 '모든 여우는 모든 동물이 아니다'인데 여기에서 대명사 '동물'은 '모든'으로 주연되고 있습니다.

그런가 하면 전제에서 주연되지 않은 소명사를 결론에서 주연시키면 '소명사부당주연의 오류'를 범하게 됩니다.

> ■ 모든 뱀은 두 눈을 가졌다.
> 모든 뱀은 동물이다.
> ∴ 모든 동물은 두 눈을 가졌다. (오류)

위의 예에서 소전제 '모든 뱀은 동물이다'의 소명사는 '동물'입니다. 이 동물은 '약간의 동물'로서 부주연되어 있음에도 불구하고 결론에서 '모든 동물'이라고 주연하면 결론은 오류를 범하게 됩니다. '약간의 동물'이라고 해 놓고 그것을 '모든 동물'로 확장시키는 것은 부분이 참이면 전체도 참이라고 하는 것과 마찬가지로 당연히 오류가 됩니다.

〈규칙 4〉 두 전제 중 적어도 하나는 긍정이지 않으면 안 된다.

두 전제가 모두 부정일 경우 중명사는 매개역할을 전혀 할 수 없습니다. 이때 대명사와 소명사가 서로 일치하는지, 일치하지 않는지 결정할 수 없습니다. 왜냐하면 부정명제란 배제적 관계를 뜻하기 때문입니다.

> ■ 모든 포유동물은 식물이 아니다.
> 모든 구렁이는 식물이 아니다.
> ∴ 모든 구렁이는 포유동물이 아니다. (오류)

■모든 어른들은 모자가 아니다.
　모든 보아뱀은 모자가 아니다.
　∴ 모든 보아뱀은 어른들이 아니다. (오류)

위의 예는 추리형식만 보면 그럴듯하지만 두 전제가 모두 부정명제이므로 중명사 '모자'가 대명사와 소명사를 매개할 수 없고 따라서 결론을 추리할 수 없습니다. 만일 두 전제가 모두 부정임에도 불구하고 어떤 결론을 이끌어 낸다면 그것은 억지입니다. 이 경우의 오류를 양부정전제의 오류fallacy of two negative premises라고 부릅니다.

〈규칙 5〉 두 전제 중에서 한 전제가 부정이면 결론도 부정이어야 한다.

■모든 뱀은 광물이 아니다.
　모든 뱀은 생물이다.
　∴ 약간의 생물은 광물이다. (오류)

위 예에서 보는 것처럼 전제 중 하나가 부정명제일 때 중명사는 대명사나 소명사 가운데 하나를 배제하게 됩니다. 그러므로 대명사와 소명사는 일치하지 않게 되고 결론은 자연적으로 부정명제가 되어야 합니다. 따라서 앞의 예가 정당한 정언삼단논법이려면 다음처럼 되어야 합니다.

■모든 뱀은 광물이 아니다.
　모든 뱀은 생물이다.
　∴ 약간의 생물은 광물이 아니다.

이렇게 전제 중 하나가 부정명제면 결론도 부정명제이어야 함에도 불구하고 긍정명제의 결론을 이끌어 낸다면 그것은 오류를 범합니다. 이러한 오류를 부당긍정의 오류fallacy of illicit affirmation라고 합니다.

〈규칙 6〉 두 전제가 모두 특칭명제이면 결론을 도출하는 것은 불가능하다.

두 전제가 모두 특칭명제일 경우 ①두 전제 다 부정명제일 때, ②두 전제 모두 긍정일 때, ③한 전제만이 긍정일 때를 생각할 수 있습니다. 세 가지의 예를 들어 보면서 각각 논리적으로 타당한지 아닌지를 살펴보기로 합시다.

> ① 약간의 동물은 식물이 아니다.
>   약간의 뱀은 식물이 아니다.
>   ∴ 약간의 뱀은 동물이 아니다. (오류)

위의 예에서 알 수 있는 것처럼 두 전제가 특칭명제일 경우 두 전제가 부정이면 〈규칙 4〉에 따라서 결론의 도출이 불가능합니다. 그럼에도 불구하고 결론을 이끌어 내면 억지 결론이 되어 오류를 범합니다.

> ② 약간의 뱀은 생물이다.
>   약간의 장미는 생물이다.
>   ∴ 약간의 장미는 뱀이다. (오류)

위에서 알 수 있듯이 두 전제가 모두 특칭이면서 긍정이면 주연되는 ('모든…'으로 되는)명사가 하나도 없으므로 중명사부주연의 오류를 범하게 됩니다(〈규칙 2〉참조).

> ③ 약간의 뱀은 동물이다.
>   약간의 여우는 뱀이 아니다.
>   ∴ 약간의 여우는 동물이 아니다. (오류)

이 예에서 우리는 대전제의 대명사 '동물'이 부주연되었음에도 불구하고('약간의 동물'임에도 불구하고) 결론에서 주연된 것을 알 수 있습니다. 이것은 〈규칙 3〉에 따라서 대명사부당주연의 오류를 범합니다.

두 전제가 모두 특칭명제로 되어 있는 정언삼단논법은 어떤 경우라도 오류를 범하므로 논리적으로 정당한 결론이 도출될 수 없습니다. 이 경우의 오류를 양특칭전제의 오류fallacy of two particular premises라고 부릅니다.

〈규칙 7〉 두 전제 가운데 하나가 특칭명제일 경우 결론도 특칭명제이어야 한다.

이 규칙에 해당하는 경우로는 ①두 전제가 모두 긍정인 경우와 ②한 전제가 긍정이고 다른 전제는 부정인 경우를 생각할 수 있습니다. 예를 보면서 두 가지 경우를 살펴보기로 합시다.

■ **약간의 동물은 구렁이이다.**
 모든 구렁이는 일종의 뱀이다.
  ∴ 약간의 뱀은 동물이다.

이 경우 전제에서 주연되는(모든…'로 되는) 명사는 전칭명제의 주개념 '구렁이', 즉 중명사입니다. 이 경우 전제에서 소명사 '일종의 뱀'은 부주연되며, 또한 소명사부당주연의 오류를 범하지 않으려면 결론에서도 역시 소명사는 부주연되어야 합니다. 물론 결론에서 소명사가 차지하는 위치는 주개념 '약간의' 뱀이기 때문에 당연히 결론은 특칭명제이어야 합니다.

■ **모든 시인은 바보가 아니다.**
 약간의 교수는 시인이다.
  ∴ 약간의 교수는 바보가 아니다.

위의 경우 두 전제에서 주연되는 명사는 전칭명제의 주개념 '시인'과 부정명제의 빈개념 '바보' 두 가지입니다. 이들 두 가지 중에서 한 가지는 중명사입니다('시인'). 그렇게 되면 주연된 것으로 남는 명사는 부정명제의 빈개념 '바보' 하나뿐입니다.

이 경우 두 전제 가운데서 한 전제가 부정명제이면 〈규칙 5〉에 따라서 결론도 당연히 부정이어야 합니다. 결론의 대명사 '바보'는 주연되어 있으며('모든…' 로 되어 있으며), 대명사부당주연의 오류를 범하지 않기 위해서는 전제에서 주연된 명사가 대명사이어야 합니다.

그러므로 전제에서 소명사 '교수'는 부주연된 것일 수밖에 없으며 결론에서도 부주연된 것일 수밖에 없습니다. 만일 결론에서 소명사가 주연된다면 그것은 소명사부당주연의 오류를 범합니다.

그러므로 두 전제 가운데 하나가 특칭이면 결론도 특칭이고, 이와 같은 규칙을 지키지 않을 경우 부당전칭의 오류fallacy of illicit universal를 범하게 됩니다.

〈규칙 8〉 두 전제가 다 긍정명제이면 결론이 부정명제일 수 없다.

■ **모든 뱀은 동물이다.**
 모든 구렁이는 동물이다.
 ∴ **모든 구렁이는 뱀이 아니다. (오류)**

위의 예를 통해서 알 수 있는 것처럼 대전제와 소전제가 다 긍정명제일 경우 대명사 '뱀'과 소명사 '구렁이'는 중명사 '동물'에 일치하게 됩니다. 똑같은 중명사에 일치하는 대명사와 소명사는 일치합니다. 따라서 결론은 반드시 긍정명제가 됩니다.

위의 예에서 〈규칙 8〉에 알맞은 결론은 '모든 구렁이는 뱀이다'입니다. 이처럼 두 전제가 다 긍정명제이면 결론도 긍정명제이어야 함에도 불구하고 부정명제를 이끌어 낼 경우 부당부정의 오류fallacy of illicit negation를 범하게 됩니다.

정언삼단논법의 가능한 형식적 식이 256가지라는 것은 앞에서 살펴보았습니다. 그러나 정언삼단논법의 규칙 8가지를 256가지의 형식에 적용하면 논리적으로 타당한 식(오류를 범하지 않는 식)은 모두 19가지뿐입니다.

　다시 말해서 정언삼단논법 256가지 형식 중에서 정언삼단논법의 규칙을 어기는 것들을 제외하면 논리적으로 타당한 정언삼단논법의 형식이 19종만 남게 됩니다. 논리적으로 타당한 정언삼단논법의 형식 19종을 나열하고 각각의 형식에 대하여 간단한 예를 들어보기로 합시다. 그리고 1격에 6종류, 2격에 6종류, 3격에 6종류, 4격에 6종류의 정언삼단논법 형식이 논리적으로 타당하다는 것을 염두에 둡시다.

1격

① AAA식

　모든 동물은 죽는다.

　모든 인간은 동물이다.

　그러므로 모든 인간은 죽는다.

② AAI식

　모든 뱀은 동물이다.

　모든 구렁이는 뱀이다.

　그러므로 약간의 구렁이는 동물이다.

③ EAE식

　어떤 모자도 뱀이 아니다.

　모든 중절모는 모자이다.

　그러므로 어떤 중절모도 뱀이 아니다.

④ EAO식

　어떤 남자도 여자가 아니다.

　모든 할아버지는 남자이다.

　그러므로 약간의 할아버지는 여자가 아니다.

⑤ AII식

　모든 처녀는 여자이다.

　약간의 여직원은 처녀이다.

　그러므로 약간의 여직원은 여자이다.

⑥ EIO식

어떤 뱀도 여우가 아니다.

약간의 구렁이는 뱀이다.

그러므로 약간의 구렁이는 여우가 아니다.

2격

① EAE식

어떤 모자도 뱀이 아니다.

모든 구렁이는 뱀이다.

그러므로 어떤 구렁이도 모자가 아니다.

② EAO식

어떤 비행기도 벌레가 아니다.

모든 곤충은 벌레이다.

그러므로 약간의 곤충은 비행기가 아니다.

③ AEE식

모든 비행기는 기계이다.

어떤 인간도 기계가 아니다.

그러므로 어떤 인간도 비행기가 아니다.

④ AEO식

모든 비행기는 기계이다.

어떤 인간도 기계가 아니다.

그러므로 약간의 인간은 비행기가 아니다.

⑤ EIO식

어떤 여우도 인간이 아니다.

약간의 시인은 인간이다.

그러므로 약간의 시인은 여우가 아니다.

⑥ AOO식

모든 짐승은 동물이다.

약간의 꽃은 동물이 아니다.

그러므로 약간의 꽃은 짐승이 아니다.

3격

① **AAI식**

모든 꽃은 생물이다.

모든 꽃은 식물이다.

그러므로 약간의 식물은 생물이다.

② **AII식**

모든 장미는 생물이다.

약간의 장미는 식물이다.

그러므로 약간의 식물은 생물이다.

③ **IAI식**

약간의 남자는 생물이다.

모든 남자는 동물이다.

그러므로 약간의 동물은 생물이다.

④ **EAO식**

어떤 남자도 여자가 아니다.

모든 남자는 동물이다.

그러므로 약간의 동물은 여자가 아니다.

⑤ **EIO식**

어떤 여자도 남자가 아니다.

약간의 여자는 할머니이다.

그러므로 약간의 할머니는 남자가 아니다.

⑥ **OAO식**

약간의 인간은 벌레가 아니다.

모든 인간은 동물이다.

그러므로 약간의 동물은 벌레가 아니다.

4격

① AAI식

모든 처녀는 여자이다.

모든 여자는 동물이다.

그러므로 약간의 동물은 처녀이다.

② AEE식

모든 구렁이는 뱀이다.

어떤 뱀도 새가 아니다.

그러므로 어떤 새도 구렁이가 아니다.

③ AEO식

모든 남자는 동물이다.

어떤 동물도 식물이 아니다.

그러므로 약간의 식물은 남자가 아니다.

④ IAI식

약간의 노가리는 물고기이다.

모든 물고기는 동물이다.

그러므로 약간의 동물은 노가리이다.

⑤ EAO식

어떤 대머리도 풀이 아니다.

모든 풀은 식물이다.

그러므로 약간의 식물은 대머리가 아니다.

⑥ EIO식

어떤 대통령도 바보가 아니다.

약간의 바보는 멍청이이다.

그러므로 약간의 멍청이는 대통령이 아니다.

이상에서 열거하면서 예를 든 정언삼단논법의 타당한 식은 모두 24개입니다.

그런데 1격의 ②AAI식과 ④EAO식, 2격의 ②EAO식과 ④AEO식, 4격의 ③

AEO식은 논리적으로 타당한 24개 형식들 중 중복되는 것이므로 제외됩니다. 이

식들의 특징은 이들과 전제가 같은 식이 동일한 격 안에 있다는 것입니다. 예를 들어 1격에는 AA를 전제로 하는 AAA식과 AAI식이 있습니다. 이 두 가지 정언삼단논법의 형식을 비교해 보면,

① AAA식
　모든 동물은 죽는다.
　모든 인간은 동물이다.
　그러므로 모든 인간은 죽는다.
② AAI식
　모든 동물은 죽는다.
　모든 인간은 동물이다.
　그러므로 약간의 인간은 죽는다.

AAI식에서 '약간의 인간은 죽는다.'라는 결론을 얻게 되는 것은 '모든 인간은 죽는다.'가 참이라는 것을 가정하고 있기 때문입니다. 즉, A명제와 I명제 간의 관계(명제의 대당관계)에 관한 법칙들을 가정하기 때문입니다. 즉, 전칭긍정명제(A)와 특칭긍정명제(I) 간의 대소대당에서 전칭명제(A, E)가 참이면 특칭명제(I, O)는 반드시 참이라는 것을 대당관계에 의한 직접추리에서 살펴보았습니다. 다시 말해, 1격의 ②AAI식은 동일한 격의 ①AAA식에서 얻을 수 있는 결론이므로 제외시키게 됩니다. 4격에서 제외된 ③AEO식도 4격의 ②AEE식과 전제를 같이하고 있으면서 결론만 전칭부정명제(E) 대신 특칭부정명제(O) 명제로 하고 있습니다. 여기서도 전체에 대해서 참인 것은 부분에 대해서도 참이라는 법칙에 의존하여 ③AEO식의 타당함을 이끌어내게 됩니다.

이렇듯 1격의 ②AAI식과 ④EAO식, 2격의 ②EAO식과 ④AEO식, 4격의 ③AEO식 등 다섯 가지 정언삼단논법 형식들을 제외하고 나면 타당한 정언삼단논법의 형식은 모두 19개가 됩니다.

되돌아 보아야 할 문제들

다음의 정언삼단논법들이 타당한지 아닌지 검토해 보십시오. 그리고 만일 타당하지 않을 경우 어떤 오류를 범하고 있는지 지적해 보십시오(본문에 있는 8가지 정언삼단 논법의 규칙을 참조하시오).

1. 모든 뱀은 동물이다.
   모든 동물은 생물이다.
   ∴ 모든 생물은 뱀이다.

2. 약간의 대학생은 시인이다.
   모든 시인은 예술가이다.
   ∴ 약간의 예술가는 대학생이 아니다.

3. 약간의 주부는 비싼 옷을 좋아하는 사람이다.
   모든 의상 수집가는 비싼 옷을 좋아하는 사람이다.
   ∴ 약간의 주부는 비싼 옷을 좋아하는 사람이다.

4. 모든 장군은 검소한 사람이다.
   모든 사병은 장군이 아니다.
   ∴ 모든 사병은 검소한 사람이 아니다.

5. 모든 구렁이는 찬피 동물이다.
   모든 구렁이는 기어가는 동물이다.
   ∴ 모든 기어가는 동물은 찬피 동물이다.

6. 모든 목포 시민은 부산 시민이 아니다.
   약간의 한국인은 부산 시민이 아니다.
   ∴ 약간의 한국인은 목포 시민이 아니다.

7. 약간의 음식은 맛이 담백한 음식이다.
   약간의 맛이 담백한 음식은 알칼리성이다.
   ∴ 약간의 음식은 알칼리성이다.

8. 약간의 부산 시민은 범일동 거주자이다.
   모든 범일동 거주자는 인천 시민이 아니다.
   ∴ 모든 인천 시민은 부산 시민이 아니다.

9. 모든 문어는 연체동물이다.
   모든 연체동물은 뼈 없는 동물이다.
   ∴ 뼈 없는 약간의 동물은 문어이다.

10. 약간의 식물은 노란색이다.
    모든 노란 해바라기는 식물이다.
    ∴ 모든 노란 해바라기는 노란색이다.

※ 답은 137쪽에 있습니다.

여덟 번째 여행_ 벤 도형에 의한 정언삼단논법의
타당성에 대한 검토

메밀꽃 필 무렵

우선 다음 글을 읽고 벤 도형에 의한 정언삼단논법의 타당성 검토에 관해서 알아
보기로 합시다. 아래의 글은 이효석의 〈메밀꽃 필 무렵〉에 나오는 구절들입니다.

허생원은 계집과 연분이 멀었다. 얼금뱅이 상판을 쳐들고 대어 설 숫기도 없었으
나 계집 편에서 정을 보낸 적도 없었고 쓸쓸하고 뒤틀린 반생이었다. 충줏집을 생각
만 하여도 철없이 얼굴이 붉어지고 발밑이 떨리고 그 자리에 소스라쳐 버린다. 충줏
집 문을 들어서 술좌석에서 짜장 동이를 만났을 때에는 어찌 된 서슬엔지 발끈 화가
나 버렸다. 상 위에 붉은 얼굴을 쳐들고 제법 계집과 농탕치는 것을 보고서야 견딜 수
없었던 것이다. 녀석이 제법 난질꾼인데 꼴사납다. 머리에 피도 안 마른 녀석이 낮부
터 술 처먹고 계집과 농탕이야. 장돌뱅이 망신만 시키고 돌아다니누나. 그 꼴에 우리
들과 한몫 보자는 셈이지. 동이 앞에 막아서면서부터 책망이었다. 걱정도 팔자요 하
는 듯이 빤히 쳐다보는 상기된 눈망울에 부딪칠 때, 따귀를 하나 갈겨 주지 않고는 배
길 수 없었다. 동이도 화를 쓰고 팩하게 일어서기는 하였으나, 허생원은 조금도 동색
하는 법 없이 마음먹은 대로 다 지껄였다. "어디서 주워 먹는 선머슴인지는 모르겠

으나, 네게도 아비 어미 있겠지. 그 사나운 꼴 보면 맘 좋겠다. 장사란 탐탁하게 해야 되지. 계집이 다 무어야. 나가거라. 냉큼 꼴 치워."

그러나 한 마디도 대거리하지 않고 하염없이 나가는 꼴을 보려니 도리어 측은히 여겨졌다. 아직도 서름서름한 사인데 너무 과하지 않았을까 하고 마음이 선득해졌다. 주제도 넘지, 같은 술손님이면서 아무리 젊다고 자식 낫세 된 것을 붙들고 치고 닦아 셀 것은 무엇이야 원. 충주집은 입술을 쭝긋하고 술 붓는 솜씨도 거칠었으나, 젊은 애들한테는 그것이 약이 된다고 하고 그 자리는 조선달이 얼버무려 넘겼다. 너, 녀석한테 반했지? 애송이를 빨문 죄 된다. 한참 법석을 친 후이다. 맘도 생긴 데다가 웬일인지 흠뻑 취해 보고 싶은 생각도 있어서 허생원은 주는 술잔이면 거의 다 들이켰다. 거나해짐을 따라 계집 생각보다도 동이의 뒷일이 한결같이 궁금해졌다. 내 꼴에 계집을 가로채서는 어떡할 작정이었누 하고 어리석은 꼬락서니를 모질게 책망하는 마음도 한편에 있었다. 그러기 때문에 얼마나 지난 뒤인지 동이가 헐레벌떡거리며 황급히 부르러 왔을 때에는 마시던 잔을 그 자리에 던지고 정신없이 허덕이며 충줏집을 뛰어나간 것이었다.

"생원 당나귀가 바를 끊구 야단이에요."

"각다귀들 장난이지 필연코."

짐승도 짐승이려니와 동이의 마음씨가 가슴을 울렸다. 뒤를 따라 장판을 달음질하려니 거슴츠레한 눈이 뜨거워질 것 같다.

"부락스런 녀석들이라 어쩌는 수 있어야죠."

"나귀를 몹시 구는 녀석들은 그냥 두지는 않는 걸."

반평생을 같이 지내온 짐승이었다. 같은 주막에서 잠자고 달빛에 젖으면서 장에서 장으로 걸어 다니는 동안에 이십 년의 세월이 사람과 짐승을 함께 늙게 하였다. 가스러진 목 뒤 털은 주인의 머리털과도 같이 바스러지고, 개진개진 젖은 눈은 주인의 눈과 같이 눈곱을 흘렸다. 몽당비처럼 짧게 쓸리운 꼬리는 파리를 쫓으려고 기껏 휘저어보아야 벌써 다리까지는 닿지 않았다. 닳아 없어진 굽을 몇 번이나 도려내고 새 철을 신겼는지 모른다. 굽은 벌써 더 자라나기는 틀렸고 닳아 버린 철 사이로는 피가 빼짓이 흘렀다. 냄새만 맡고도 주인을 분간하였다. 호소하는 목소리로 야단스럽게 울며 반겨한다.

벤 도형

우리는 '정언명제에 있어서의 주연관계'를 다루는 장에서 오일러 도식을 사용했습니다. 오일러의 도식은 정언명제에서의 주개념과 빈개념의 주연관계를 원 모양을 이용하여 알기 쉽게 표시한 것입니다. 우리는 오일러 도식을 통해서 주개념과 빈개념이 외연 전체에 해당하는지 아니면 외연의 일부에 해당하는지를 검토할 수 있습니다.

정언명제에서 주개념의 외연과 빈개념의 외연을 집합으로 나타내 보이고 이들 집합 사이의 관계를 밝히면 명사term의 주연관계를 집합관계로 재해석할 수 있고, 주개념과 빈개념의 주연관계를 명백하게 할 수 있습니다.

우리는 바로 앞 장에서 정언삼단논법이 논리적으로 타당하기 위해서는 8개의 규칙을 지켜야만 한다고 말하였습니다. 이제 우리는 벤 도형(벤다이어그램)에 의해서 이들 규칙을 그림으로 표현할 수 있습니다.

정언삼단논법과 벤 도형

정언삼단논법은 대명사(P), 소명사(S), 중명사(M) 등 세 개의 명사로 구성됩니다. 다시 한 번 예를 봅시다.

- **모든 나귀는 짐승이다.**
  모든 나귀는 짐 나르는 동물이다.
  ∴ 약간의 짐 나르는 동물은 짐승이다.

위의 예에서 '짐승'은 대명사(P), '동물'은 소명사(S), '나귀'는 중명사(M)입니다. 우리는 이들 세 가지 명사를 각각 집합으로 여길 수 있습니다. 따라서 벤 도형을 이용해서 우리는 세 명사들의 집합관계를 알아봄으로써 추리의 타당성, 곧 정언삼단논법의 타당성을 검토할 수 있습니다. 우선 정언삼단논법의 격과 식을 배제하고, 정언삼단논법을 구성하는 대명사(P), 소명사(S), 중명사(M)의 집합관계만을 벤 도형으로 표시하면 다음과 같습니다.

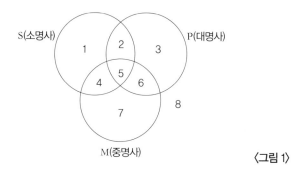

〈그림 1〉

위의 그림처럼 대명사(P), 소명사(S), 중명사(M) 각각에 해당하는 세 개의 원을 중복시킬 경우 8개의 서로 다른 부분들이 생깁니다. 우리는 이 8개의 서로 다른 부분에 1부터 8까지 번호를 붙여서, 세 원들의 집합관계를 따지고 정언삼단논법의 타당성을 검토하는 데 가장 기본적인 벤 도형으로 이용할 수 있습니다.

정언삼단논법의 1격의 AAA식

정언삼단논법의 형식은 모두 256개가 있지만 그중에서 타당한 형식은 모두 19개입니다. 여기에서는 이들 19개 중에서도 가장 대표적인 것 몇 가지만 벤 도형으로 타당성을 검토하기로 하겠습니다.

우선 정언삼단논법 1격의 AAA식을 검토하기 위해서 다음의 예를 봅시다.

■ 모든 장돌뱅이(M)는 남자(P)이다.
　모든 떠돌이(S)는 장돌뱅이(M)이다.
　∴ 모든 떠돌이(S)는 남자(P)이다.

　이 정언삼단논법 1격 AAA식에 있어서 대전제 '모든 장돌뱅이(M)는 남자(P)이다'를 〈그림 1〉의 벤 도형을 기초 삼아 새로 벤 도형을 그리면 다음처럼 됩니다.

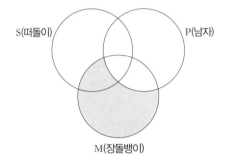

〈그림 2〉

　이 벤 도형에서 색칠된 부분은 공집합으로서 '장돌뱅이면서 남자인 것'은 있어도 '장돌뱅이이면서 남자 아닌 것은 하나도 없다'는 것을 뜻합니다.

　그러면 이번에는 앞의 정언삼단논법에서의 소전제 '모든 떠돌이(S)는 장돌뱅이(M)이다'를 벤 도형으로 나타내면 다음과 같이 됩니다.

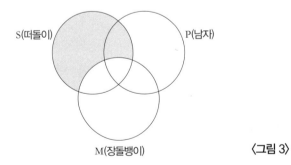

〈그림 3〉

이 그림에서 빗금 친 부분 역시 공집합으로서 '장돌뱅이면서 떠돌이인 것'은 있어도 '장돌뱅이가 아니면서 떠돌이인 것'은 하나도 없다는 것을 의미합니다.

그러면 이제 이 정언삼단논법 자체를 벤 도형으로 표시하기 위해서는 바로 앞의 두 가지 벤 도형을 종합하면 됩니다. '모든 장돌뱅이(M)는 남자(P)이다. 모든 떠돌이(S)는 장돌뱅이(M)이다. 그러므로 모든 떠돌이(S)는 남자(P)이다'를 벤 도형으로 그려보면 다음처럼 됩니다.

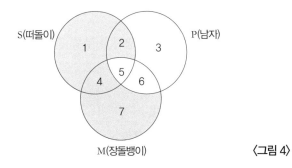

〈그림 4〉

그러면 이 정언삼단논법 '1격의 AAA식'이 타당한지 여부를 검토해보기로 합시다. 〈그림 4〉는 대전제와 소전제의 내용을 모두 가지고 있습니다. 그러므로 〈그림 4〉에 결론으로 나타낼 것이 포함되어 있는지 그렇지 않은지를 알면 이 삼단논법이 타당한지 아닌지를 알 수 있습니다.

두 전제들 안에 결론이 주장하는 내용이 포함되어 있으면 이 삼단논법은 타당할 것이고, 그렇지 않다면 이 삼단논법은 타당하지 않을 것입니다.

M(장돌뱅이) 집합이 대명사와 소명사를 매개하는 역할은 이미 전제에서 끝났습니다. 따라서 결론이 타당하게 도출되었는지 알기 위해서 S(떠돌이)집합과 P(남자)집합의 관계만을 알아보면 족합니다.

정언삼단논법 1격의 AAA식의 결론은 '모든 떠돌이(S)는 남자(P)이다'입니다.

이것을 그림으로 표시하기 위해서는 1과 4의 지역에 색칠해야 합니다(〈그림 1〉 참조). 〈그림 4〉를 보면 1과 4의 지역이 색칠되어 있습니다. 이와 같은 근거에서 우리는 정언삼단논법 1격의 AAA식은 논리적으로 타당한 식이라고 결론 내릴 수 있습니다.

정언삼단논법의 4격의 AEO식

정언삼단논법의 4격 AEO식의 타당성 여부를 검토하기 위해서 우선 이 식의 예를 살펴봅시다.

- 모든 나귀(P)는 동물(M)이다.
  모든 동물(M)은 장미(S)가 아니다.
  ∴ 약간의 장미(S)는 나귀(P)가 아니다.

우선 앞의 〈그림 1〉을 기초로 하여 대명제 '모든 나귀(P)는 동물(M)이다'를 벤 도형에 적용하여 보면 그림과 같이 나타납니다.

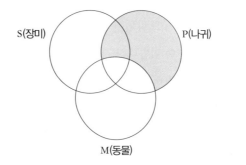

S(장미) P(나귀)

M(동물) 〈그림 5〉

다음으로 소전제 '모든 동물(M)은 장미(S)가 아니다'를 벤 도형에 의해서 나타내면 다음처럼 됩니다.

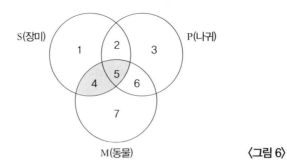

<그림 6>

이 그림에서 4와 5의 색칠된 지역은 장미(S)와 동물(M)의 공집합을, 즉 장미이면서 동물인 것은 하나도 없다는 것을 의미합니다.

이제 앞의 두 그림을 종합하여 대전제 '모든 나귀(P)는 동물(M)이다'와 소전제 '모든 동물(M)은 장미(S)가 아니다'를 그려보면 다음처럼 됩니다.

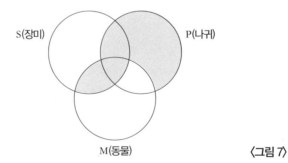

<그림 7>

<그림 7>에는 정언삼단논법 4격의 AEO식이 가지고 있는 대전제, 소전제의 내용이 모두 포함되어 있습니다.

그러면 이제 이 정언삼단논법의 결론을 그림으로 나타낼 것이 <그림 7>에 포함되어 있는가를 알아보아야만 합니다. 그러기 위해서는 결론 '약간의 장미(S)는 나귀(P)가 아니다'만을 벤 도형으로 그려볼 수 있습니다.

만일 〈그림 7〉의 S(장미)집합과 P(나귀)집합의 관계가 다음 그림의 S(장미)집합과 P(나귀)집합의 관계와 똑같으면 정언삼단논법 4격의 AEO식은 타당할 것이고 그렇지 않으면 이 식은 부당할 것입니다.

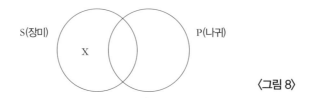

S(장미)   X   P(나귀)

〈그림 8〉

〈그림 8〉에서 X표는 그 지역의 구성요소가 적어도 하나 이상 있다는 것을 말합니다. 그렇다면 〈그림 7〉과 〈그림 8〉을 비교해 볼 때 정언삼단논법 4격의 AEO식은 논리적으로 타당한 식이라는 것이 드러납니다.

정언삼단논법 3격의 OAO식의 타당성 여부

다음 정언삼단논법 3격의 OAO식의 예를 보고 이 식이 과연 타당한지의 여부를 검토하여 봅시다.

■ 약간의 계집(M)은 장돌뱅이(P)가 아니다.
   모든 계집(M)은 여자(S)이다.
   ∴ 약간의 여자(S)는 장돌뱅이(P)가 아니다.

위의 예는 대전제가 특칭명제이며 소전제는 전칭명제입니다. 이와 같을 때는 전칭명제를 먼저 벤 도형으로 그리고 다음에 특칭명제를 벤 도형으로 그리는 것이 이 식(정언삼단논법 3격의 OAO식)의 타당성 여부를 검토하는 데 편리합니다. 두 가지 전제를 벤 도형으로 나타내 보면 다음과 같습니다.

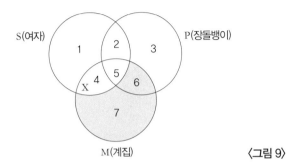

〈그림 9〉

무엇보다 먼저 전칭명제 '모든 계집(M)은 여자(S)이다'를 나타내려면 6, 7의 지역이 공집합이 되어야 하므로 6, 7지역은 색칠을 해서 배제해버립니다.

다음으로 특칭명제 '약간의 계집(M)은 장돌뱅이(P)가 아니다'를 나타내려면, 전칭명제를 그리는 과정에서 7지역을 배제했기 때문에, 4지역에 X표를 하여 4지역에 적어도 구성요소가 하나 이상 있다는 것을 나타냅니다. 왜냐하면 구성요소가 하나도 없는 공집합의 지역에 구성요소가 하나 이상 있다면 모순되기 때문입니다. 〈그림 9〉 안에 결론을 그림으로 나타낼 것이 포함되어 있는지 검토하면 이 식이 타당한지의 여부가 결정됩니다. 결론 '약간의 여자(S)는 장돌뱅이(P)가 아니다'를 그림으로 나타내기 위해서는 P(장돌뱅이)집합과 S(여자)집합이 중복되는 부분을 뺀 S(여자)집합의 지역에 X표(구성요소가 적어도 하나 이상 있다는 표시)가 나타나면 됩니다. 〈그림 9〉에서는 4지역에 X표가 있기 때문에 정언삼단논법 3격의 OAO식은 논리적으로 타당하다는 결론이 나옵니다.

정언삼단논법 2격의 AII식의 타당성 여부

다음의 예를 보고 정언삼단논법 2격의 AII식이 타당한지 여부를 검토해 보기로 합시다.

■ **모든 말(P)은 동물(M)이다.**
   약간의 나귀(S)는 동물(M)이다.
   ∴ 약간의 나귀(S)는 말(P)이다.

이 추리는 전칭명제와 특칭명제의 전제들로 구성되어 있기 때문에 우선 전칭명제를 벤 도형으로 그려봅니다. 전칭명제 '모든 말(P)은 동물(M)이다'를 그림으로 그리면 2, 3지역이 공집합이므로 색칠을 해서 배제시킵니다.

다음으로 특칭명제 '약간의 나귀(S)는 동물(M)이다'를 벤 도형으로 나타냅니다. 그러나 이 단계에서 문제가 발생합니다. 우선 〈그림 10〉을 보고 특칭명제를 벤 도형으로 나타내는 데 있어서의 난점을 알아봅시다.

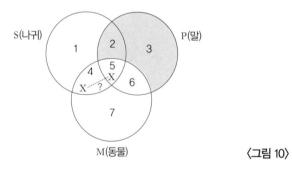

〈그림 10〉

'나귀'(S)와 '동물'(M)이 중복되는 부분은 〈그림 10〉에서 4, 5지역이지만 우리는 이들 두 지역 중 어디에 X표를 하여야 할지 결정할 수 없습니다. 왜냐하면 '약간의 나귀(S)는 동물(M)이다'라는 특칭명제는 오직 나귀(S)와 동물(M)의 관계만 말하는 것임에도 불구하고 5지역은 대명사 '말'(P)과도 관계하고 있기 때문입니다.

그러나 우리는 이 대명사 '말'(S)과의 관계가 어떤 것인지 '약간의 나귀(S)는 동물(M)이다'는 전제만 가지고는 전혀 알 수 없습니다. 따라서 4, 5지역 양쪽에 X표시(적어도 구성요소가 하나 이상 있다는 표시)하고 어떤 쪽에 표시를 하여야 할지를 결정할 수 없다는 의미에서 물음표(?)를 표시합니다.

그러면 남은 문제는 〈그림 10〉에 있는 나귀(S)와 말(P)과의 관계가 결론과 일치하는지 안 하는지 살피는 일입니다.

결론 '약간의 나귀(S)는 말(P)이다'를 벤 도형으로 나타내기 위해서는 2지역은 배제하고 5지역을 X표시하여야 하지만, X표시를 4지역에 해야 할지 5지역에 해야 할지 결정할 수 없습니다. 그렇다면 결국 '약간의 나귀(S)는 말(P)이다'가 〈그림 10〉에 일치하는지 하지 않는지를 명료하게 알 수 없으므로 정언삼단논법 2격의 AII식은 논리적으로 타당하지 않습니다.

되돌아 보아야 할 문제들

다음의 정언삼단논법의 타당성 여부를 벤 도형(벤다이어그램)을 그려서 검토해 보십시오.

1. 모든 TV는 전기에 의해서 작동한다.
   일부의 면도기는 전기에 의해서 작동한다.
   ∴ 일부의 면도기는 TV이다.

2. 일부의 장돌뱅이는 떠돌이다.
   일부의 여자는 떠돌이다.
   ∴ 일부의 장돌뱅이는 여자이다.

3. 모든 나귀는 고기를 안 먹는다.
   모든 사자는 고기를 먹는다.
   ∴ 모든 사자는 나귀가 아니다.

4. 모든 장돌뱅이는 사람이다.
   약간의 사람은 선하다.
   ∴ 약간의 장돌뱅이는 선하다.

5. 모든 젊은이는 사랑을 갈구한다.
   약간의 사람은 사랑을 갈구하지 않는다.
   ∴ 약간의 사람은 젊은이가 아니다.

6. 약간의 남자는 장돌뱅이다.

모든 장돌뱅이는 여자를 사랑한다.

∴ 약간의 남자는 여자를 사랑한다.

7. 약간의 여자는 수줍어한다.

모든 수줍어하는 사람은 여자이다.

∴ 모든 수줍어하는 사람은 수줍어한다.

8. 약간의 강원도민은 봉평 거주자이다.

모든 봉평 거주자는 평창 거주자가 아니다.

∴ 모든 평창 거주자는 강원도민이 아니다.

9. 모든 평창 사람은 착한 사람이다.

모든 봉평 사람은 평창 사람이 아니다.

∴ 모든 봉평 사람은 착한 사람이 아니다.

10. 약간의 멋쟁이는 외제 화장품을 쓴다.

모든 장터의 여자들은 외제 화장품을 쓴다.

∴ 그러므로 약간의 멋쟁이는 장터 여자이다.

※ 답은 138~140쪽에 있습니다.

아홉 번째 여행_ 여러 가지 변형된 형태의 정언삼단논법

지성과 사랑

우선 다음 글을 읽고 여러 가지 변형된 형태의 정언삼단논법에 관하여 살펴보기로 합시다. 다음 글은 헤르만 헤세의 《지성과 사랑》(이병찬 역)의 일부입니다.

그는 하루 종일을 가을색 짙은 언덕을 거닐면서 보내기도 하고, 휴식하면서 보내기도 하고, 빵을 먹으면서 보내기도 하고, 아그네스와의 저녁을 생각하면서 보내기도 하였다. 그는 땅거미가 질 무렵 다시 시내로 돌아와 성 가까이로 갔다. 밤은 싸늘했다. 집들이 고요하고 빨간 창살의 눈으로 그를 내려다보고 있었다. 그는 노래하며 가는 소년들의 조그만 행렬을 만났다. 그들은 홍당무에 칼로 얼굴을 새기고, 그 위에 켠 촛불을 꽂은 것을 막대기에 끼어서 메고 다녔다. 이 조그만 가장행렬은 겨울 냄새를 싣고 왔다. 골드문트는 눈가에 웃음을 띠고 그들을 바래다주었다. 그는 장시간 성 앞에 서성거렸다. 교구의 사신은 여전히 그대로 머물고 있었다. 그 근처 어느 창문 앞에 신부 같은 사람 하나가 서 있는 것이 보였다. 드디어 그는 성으로 기어들어 가서 시녀 베르타를 찾아내는 데 성공했다. 다시 의상실에 숨어 있으니, 아그네스가 나와 친절하게 그를 그녀의 방으로 인도하였다. 아름다운 그녀의 얼굴은 애정 어린 눈으로 그를 맞이했다. 그러나 애정은 있었지만 조금도 기쁨이 없었다. 그녀는 어쩐지 슬픈 얼굴이었다. 상심하고 있는 것 같기도 하고, 불안한 것 같기도 하였다. 그는 그녀를 약간 쾌활하게 하는 데 많은 애를 써야 했다. 그녀는 그의 키스와 사랑의 속삭임 속에서 서서히 얼마간의 자신감을 얻게 되었다.

"당신은 정말 사랑할 줄 아는 사람이군요."

그녀는 감사한 마음으로 말했다.

"당신이 사랑해 주시고, 비둘기처럼 울고, 이야기를 하여 주시면, 나의 새여! 당신의 목구멍에서 그윽한 소리가 울려 퍼집니다. 골드문트, 나는 당신을 사랑합니다. 여기서 멀리 도망칠 수 있다면! 나는 여기 있기가 싫어요. 그러지 않아도 곧 끝이 날 겁니다. 백작은 호출되었습니다. 이제 곧 바보 같은 주교가 돌아올 것입니다. 백작은 오늘 신부들에게 시달려서 화를 내고 있습니다. 아, 당신이 백작에게 들키지 말았으면, 만일 들키는 날이면 한 시간이라도 더는 살 수 없습니다. 나는 아무래도 당신이 걱정이에요."

그의 기억 속에서 거의 없어진 음향이 솟아올랐다. 이런 노래를 전에 언젠가 한번 들은 적이 있었던가? 그 옛날 리디아가 사랑과 불안에 차서, 그리고 애정과 슬픔에 차서 이렇게 말한 적이 있었다. 사랑으로 충만되고, 불안으로 충만되고, 근심으로 충만되고, 공포의 흉악스런 정경으로 충만되어 리디아는 밤에 이렇게 그의 방을 찾아왔던 것이다. 그는 그렇게 하는 말을 듣는 것이 좋았고, 애정과 불안의 노래를 듣는 것이 좋았다. 비밀 없는 사랑이라니 될 말인가?

그는 부드럽게 아그네스를 그의 가슴에 끌어안았다. 머리카락을 어루만지고 그녀의 손을 잡았다. 그녀의 귀에 대고 사랑을 구하는 속삭임을 외었다. 그리고 그녀의 눈썹에 키스를 했다. 그녀가 그를 위해 그렇게 걱정해 주고, 근심해 주는 것이 그의 마음을 울렁거리게 하고 가슴을 뛰게 했다. 그녀는 감사한 마음으로 거의 굴종하듯 그의 애무를 받아들였다. 그녀는 사랑에 몸부림치며, 그에게 몸을 송두리째 내밀었다. 하지만 그녀는 명랑해지지 않았다. 별안간 그녀는 격심하게 전신을 떨었다. 가까운 곳에서 문이 닫히는 소리가 들렸다. 급한 발자국 소리가 방에 가까워졌다.

"오, 맙소사! 남편이에요."

그녀는 절망적으로 소리쳤다.

"백작이에요. 얼른요. 의상실을 나가면 도망칠 수 있어요. 들키지 않도록 해요."

정언삼단논법의 기본형

앞에서 연역추리에 있어서 직접추리와 간접추리의 일부를 살펴보았습니다.

직접추리에는 대당관계에 의한 직접추리와 명제변형에 의한 직접추리가 있었습니다. 그리고 간접추리의 일부를 살피는 데 있어서는 정언삼단논법의 A, E, I, O 명제들을 대표적으로 선택하며 고찰하였습니다 .

지금까지 우리가 살핀 정언삼단논법의 기본형은 모두 대전제, 소전제, 결론의 구조를 가지고 있으며 또한 대명사(P), 소명사(S), 중명사(M)의 구성요소를 가지고 있습니다.

그러나 우리가 살아가면서 보통 사용하는 문장들은 대부분은 정언삼단논법의 기본형과 먼 것들입니다. 흔히 우리는 정언삼단논법이 복잡하게 변형된 문장들을 사용하면서도 그것이 논리적으로 타당한지의 여부에는 관심을 기울이지 않고 자신의 주장이 어떻든 참다운 것이라는 신념을 가지고 표현합니다. 그렇다면 실생활에서 쓰는 문장들도 그것들이 추론인 한에서는 정언삼단논법의 기본형으로 변형시킬 수 있고, 그렇게 함으로써 주장이 타당한 추리인지 검토해 볼 수 있다는 말이 성립됩니다.

일상적 표현을 기본형으로 만들기

일상적 표현을 기본형으로 만들기 위한 한 예입니다.

■ **모든 키스는 달콤하다.**
   모든 공포는 아늑한 맛이 없다.

이 예는 보기에 '키스', '달콤하다', '공포', '아늑한 맛' 등 네 개의 명사를 가지고 있는 것 같고 따라서 '네 개 명사의 오류'를 범하므로 추리가 불가능한 것처럼 보입니다. 그러나 자세히 살펴보면 '달콤함'과 '아늑함'은 동의어라고 말할 수 있습니다. 그렇다면 일상적 표현을 정언삼단논법의 기본형으로 만들기 위해서는 명사의 수를 셋으로 만들어야 합니다. 그러면 위의 예를 다음처럼 정리하여 정언삼단논법의 기본형으로 만들 수 있습니다.

> ■ 모든 키스는 달콤하다.
> 　모든 공포는 달콤하지 않다.
> 　∴ 모든 공포는 키스가 아니다.

일상생활의 표현에서는 술어(빈개념)가 형용사인 경우가 많습니다. 다음의 예를 봅시다.

> ■ 모든 백작은 무섭다.
> 　모든 연인은 은근하다.

위의 예에서 '무섭다', '은근하다'의 형용사를 '무서운 사람', '은근한 사람'으로 고치면 이 예를 정언삼단논법의 기본형으로 고치기가 편리합니다.

> ■ 모든 백작은 무서운 사람이다.
> 　모든 연인은 은근한 사람이다.

이렇게 고치면 '4개 명사의 오류'를 범하는 것 같지만 '은근한 사람'을 '무섭지 않은 사람'으로 고치면 명사의 수가 모두 세 개가 되어 다음처럼 정언삼단논법의 기본형으로 만들 수 있습니다.

> ■ 모든 백작은 무서운 사람이다.
> 　모든 연인은 무서운 사람이 아니다.
> 　∴ 모든 연인은 백작이 아니다.

정언삼단논법의 기본형에서는 '백작은 무서운 사람이다', '연인은 무서운 사람이 아니다'에서 볼 수 있는 것처럼 계사(연결사)copula를 언제나 '이다'와 '아니다'로 사용합니다. 그러나 일상의 표현에서는 '그는 그녀의 눈썹에 키스를 했다', '백작은 호출되었다' 등에서 볼 수 있는 것처럼 '이다', '아니다'의 기본형으로 바꾸어 주어야만 정언삼단논법의 기본형으로 만드는 것이 가능합니다. 예컨대 '그는 그녀의 눈썹에 키스를 했다'는 '그는 그녀의 눈썹에 키스한 사람이다'로, '백작은 호출되었다'는 '백작은 호출된 사람이다'로 고치면 됩니다.

일상의 표현에서는 명제의 양을 나타내는 표현이 불분명한 경우가 많습니다.

다음과 같은 예를 살펴보기로 합시다.

■ **상당히 많은 신부들이 성 앞에 서 있다.**
　연인은 모두 사랑스러운 사람이다.

위의 예에서 '신부들'과 '연인'에 관한 양이 전칭인지, 특칭인지 명확히 표현되어 있지 않습니다. 그러므로 '모든'과 '약간'의 전칭과 특칭을 사용하여 전칭명제와 특칭명제를 명확히 만들어야 합니다. 앞의 예를 기본형으로 고치면 다음처럼 됩니다.

■ **약간의 신부들이 성 앞에 서 있다. (특칭명제)**
　모든 여인은 사랑스러운 사람이다. (전칭명제)

그렇다면 '인간은 사랑하는 동물이다'는 '모든 인간은 사랑하는 동물이다'로, 그리고 '골드문트의 애인 중에는 결혼한 사람이 있다'는 '약간의 골드문트의 애인은 결혼한 사람이다'로 고치면 기본형이 성립합니다.

앞에서 살펴본 것으로부터 미루어 볼 때 일상의 표현을 정언삼단논법의 기본형으로 고치기 위해서는 다음과 같은 네 가지 원칙이 있다는 것을 알 수 있습니다.

① 명사(term)의 수를 셋으로 만들어야 한다.
② 빈개념(술어)이 형용사로 되어 있다면 그것을 명사형으로 고친다.
③ '이다', '아니다' 이외의 동사 표현은 모두 '이다', '아니다'의 계사(연결사)로 만든다.
④ 명제의 양은 모두 '모든', '약간의'라는 표현을 사용하여 전칭명제와 특칭명제로 명확하게 해 준다.

약식 삼단논법

우선 다음 글을 읽고 약식 삼단논법을 살펴봅시다. 아래의 글은 루소의 《에밀》(오증자 역)의 일부입니다.

다시 말하거니와, 인간의 교육은 출생과 더불어 시작된다. 말을 하고 들을 수 있기 전에 인간은 이미 배우고 있는 것이다. 경험은 교훈보다 앞선다. 유모의 얼굴을 알아볼 수 있을 때에는 이미 많은 것을 배운 뒤이다. 아무리 위대한 사람이라도, 그가 태어나서부터 성장하기까지의 지식의 진보의 자취를 더듬어 보면, 그 현저한 진보에 놀랄 것이다. 만일 인간의 전 지식을, 모든 사람에게 공통된 상식과 학자만이 가지는 지식들로 나눈다면 후자는 전자에 비해 극히 미미한 것이다. 그러나 우리는 일반적인 지식은 거의 고려에 넣지 않는다. 왜냐하면 그것은 자신도 모르는 사이에, 지각이 생길 나이 이전에 이미 습득되는 것이며, 또한 지식이란 일반의 지식과 비교해서 차이가 생길 때 비로소 눈에 띄게 되는 것이므로, 대수 방정식처럼 두 가지가 똑같은 양일 때에는 서로 상쇄되어 영으로 간주되기 때문이다.

동물조차도 많은 지식을 습득한다. 동물에게는 감각이 있으므로, 그 사용 방법을 배워야 하며, 욕구가 있으므로 그것을 충족시킬 기술을 배워야 한다. 즉, 동물은 먹는 법, 걷는 법, 나는 법을 배우지 않으면 안 된다. 나면서부터 발로 설 수 있는 네 발 짐승도 처음부터 걷지는 못한다. 그들이 처음으로 발을 내딛을 때의 모습은 불안한

시도에 불과하다. 새장에서 빠져 나온 카나리아는 날지 못한다. 날아 본 경험이 없기 때문이다. 생명을 가지고 감각이 있는 생물은 모든 것을 배우게 마련이다. 식물이 전진 운동을 할 수 있다면 식물에게도 감각과 지식의 습득이 필요할 것이다. 안 그러면 곧 멸망하고 말 것이다.

어린이의 최초의 감각은 순전히 감정적인 것이다. 그들은 쾌락과 고통밖에는 지각하지 못한다. 어린이가 사물을 구별하기 시작하면, 어린이에게 보이는 물건은 선택할 필요가 있다. 물론 새로운 사물은 모두 인간의 흥미를 끈다. 어린이는 자신을 몹시 약하게 생각하고 있기 때문에, 알지 못하는 사물은 모두 두려워한다. 새로운 것을 보아도 마음이 동요하지 않는 습관을 붙이면 그러한 공포는 없어진다. 거미줄이 없는 깨끗한 집에서 자란 어린이는 거미를 무서워하며, 그 공포심은 어른이 되어서도 없어지지 않는 경우가 종종 있다. 나는 시골 사람들은 남자건 여자건 어린이건, 거미를 무서워하는 사람을 본 일이 없다.

1. 약식 삼단논법의 특징

일상생활에서 모든 사람은 의식하든 의식하지 못하든 간에 삼단논법을 항상 사용합니다. 위의 예문 중 '새장에서 빠져 나온 카나리아는 날지 못한다. 날아 본 경험이 없기 때문이다', '생명을 가지고 감각이 있는 생물은 모든 것을 배우게 마련이다', '새로운 것을 보아도 마음이 동요하지 않는.습관을 붙이면 그러한 공포는 없어진다' 등은 모두 일종의 삼단논법입니다. 우리는 대전제, 소전제, 결론의 형식을 가지고 말하지는 않습니다. 때로는 대전제를, 때로는 소전제를 빼고 말합니다. 또 어떤 때는 결론이 너무나도 분명한 것이어서 결론을 생략해 버리기도 합니다.

이렇게 정언삼단논법의 대전제나 소전제 또는 결론 어느 하나를 생략하고 추리해 나가는 방법을 일컬어 약식 삼단논법enthymeme이라고 합니다. 약식 삼단논법에는 세 종류가 있는데 일급 약식 삼단논법, 이급 약식 삼단논법 그리고 삼급 약식 삼단논법입니다.

2. 일급 약식 삼단논법

다음의 예를 살펴봅시다.

> ■ 그 카나리아는 애완동물이다.
>   ∴ 그 카나리아는 힘차게 날지 못한다.

이 예에서는 대전제가 생략되어 있습니다. 이 예에서 적절한 대전제는 '애완용으로 키우는 새는 힘차게 날지 못한다'가 될 것입니다.

3. 이급 약식 삼단논법

다음 예를 살펴봅시다.

■ **모든 학자는 도덕적으로 문제가 있다.**
   ∴ **루소도 도덕적으로 문제가 있다.**

이 예에서는 '루소는 학자이다'라는 소전제가 생략되어 있습니다.

4. 삼급 약식 삼단논법

다음 예를 보고 이 삼단논법을 살펴보기로 합시다.

■ **모든 어린이는 거미를 무서워하지 않는다.**
   에밀도 어린이다.

이 예에서는 '그러므로 에밀은 거미를 무서워하지 않는다'라는 결론이 생략되었습니다.

약식 삼단논법이 타당한지 아닌지를 검토하려면 다음 세 가지를 지켜야 합니다.
① 정언삼단논법의 대전제, 소전제, 결론 가운데 어떤 것이 생략되었는지를 가려낸다.
② 생략된 명제를 해당되는 부분에 삽입한다.
③ 정언삼단논법 8가지 규칙에 어긋나는지 아닌지를 검토한다.

연쇄식

계속해서 루소의 《에밀》(오증자 역)의 일부를 읽으며 정언삼단논법의 변형인 연쇄식에 관해서 살펴보기로 합시다.

　지나치게 엄격한 것과 지나치게 관대한 것은, 양쪽 다 피해야 한다. 만일 여러분이 어린이가 고통받도록 내버려둔다면, 어린이의 건강과 생명을 위태롭게 하여 실제로 그를 불행하게 만드는 것이 된다. 반면에 만일 여러분이 어린이를 너무 보살펴서 그들에게 모든 불편을 제거해 준다면, 여러분은 그들에게 미래의 많은 불행을 준비해 주는 셈이 된다. 여러분은 그들을 허약하고 민감하게 만들며, 그들을 인간의 상태에서 끌어내는 셈이 되지만, 언젠가 그들은 여러분의 뜻을 어기고 다시 본연의 상태로 돌아가고야 말 것이다. 여러분은 어린이들에게 자연의 고통을 면하게 해주려다가 오히려 그들에게, 자연이 주지 않는 고통을 만들어 주는 셈이 된다. 여러분은 이렇게 말할 것이다. 장차 오지도 않을 먼 미래만 생각하며 어린이의 미래만 희생시킨다고, 내가 비난한 그 못된 아버지들의 오류에 나 자신이 빠지고 있다고.

　그러나 그렇지는 않다. 왜냐하면, 나는 내 제자에게 자유를 줌으로써, 내가 그에게 주는 가벼운 불편쯤은 충분히 보상할 수 있기 때문이다. 나는 장난꾸러기 꼬마 녀석들이 눈 위에서 노는 것을 볼 수 있다. 그들은 새파랗게 얼어서 손가락도 제대로 움직이지 못할 때가 있다. 그들은 불에만 가면 몸을 녹일 수 있겠지만, 불가로 가지 않는다. 만일 그럴 때 누가 억지로 그들을 끌고 가면, 그들은 추위의 혹심함보다 속박의 무서움을 백 배는 더 느낄 것이다. 그런데 여러분은 도대체 무엇 때문에 그들을 동정하는 것인가? (중략)

여러분은 자식을 불행하게 만드는 가장 확실한 방법을 알고 있는가? 그것은 그가 원하는 것이면 무엇이든지 손에 넣을 수 있도록 습관을 붙여주는 일이다. 왜냐하면, 그의 욕망은 쉽사리 충족될 수 있으므로 끝없이 커져만 가는데, 여러분의 능력은 조만간 그 욕망을 충족시켜 주려 해도 힘이 모자라기 때문에 결국은 거절하는 날이 오고야 말 것이기 때문이다. 그렇게 되면 어린이에게는 이 뜻밖의 거절이, 원하는 것을 얻지 못하는 아쉬움보다 훨씬 더 고통스럽게 느껴질 것이다. 어린이는 처음에는 당신이 들고 있는 지팡이를 달라고 할지 모르지만 다음에는 시계를, 그 다음에는 날아가는 새를, 그러다가 마침내는 하늘에 빛나는 별을 달라고 할 것이다. 눈에 보이는 것은 모조리 갖고 싶어할 것이다. 그러면 신이 아닌 이상, 어찌 그 욕구를 다 만족시킬 수 있겠는가?

연쇄식의 특징

　연쇄식은 일종의 약식 삼단논법이지만, 약식 삼단논법을 두 개 이상 연결시켜서 마지막 부분에서 결론을 이끌어 내는 추리방식입니다. 이와 같은 연쇄식(sorites)에는 아리스토텔레스의 연쇄식이 대표적입니다.

1. 아리스토텔레스의 연쇄식

다음의 예를 먼저 살펴봅시다.

- 자유롭게 자라면 강해진다.
  강해지면 자신을 책임진다.
  자신을 책임지면 좋은 습관을 가진다.
  좋은 습관을 가지면 건강한 아이가 된다.
  ∴ 자유롭게 자라면 건강한 아이가 된다.

위의 연쇄식은 루소의 《에밀》로부터의 인용문 일부를 뜻에 따라서 임의적으로 재구성해 본 것입니다. 위의 연쇄식을 순서에 따라서 형식화해 보겠습니다.

① 모든 A는 B이다.
② 모든 B는 C이다.
③ 모든 C는 D이다.
④ 모든 D는 E이다.
⑤ ∴모든 A는 E이다.

이 형식을 잘 살펴보면 약식 삼단논법 세 개가 연결되어 '자유롭게 자라면 건강한 아이가 된다'라는 결론이 도출되는 것을 알 수 있습니다. 세 개의 연쇄식을 정확히 표현하면 다음과 같이 됩니다.

① 자유롭게 자라면 강해진다.
　강해지면 자신을 책임진다.
　∴ (결론 생략)

이 약식 삼단논법에서 생략된 결론은 '자유롭게 자라면 자신을 책임진다'입니다.

② 강해지면 자신을 책임진다.
　자신을 책임지면 좋은 습관을 가진다.
　∴ (결론 생략)

이 약식 삼단논법에서 생략된 결론은 '강해지면 좋은 습관을 가진다'입니다.

③ 자신을 책임지면 좋은 습관을 가진다.
　좋은 습관을 가지면 건강한 아이가 된다.
　∴ (결론 생략)

이 약식 삼단논법에서 생략된 결론은 물론 '자신을 책임지면 건강한 아이가 된다'입니다.

도움말

앞의 예에서처럼 처음 전제의 빈개념 B를 두 번째 전제의 주개념으로 삼고, 두 번째 전제의 빈개념 C를 세 번째 전제의 주개념으로 삼고…… 이처럼 계속하여 최후 결론의 주개념은 처음 전제의 주개념에서 그리고 결론의 빈개념은 결론 바로 앞 전제의 빈개념에서 이끌어 오는 연쇄식이 아리스토텔레스의 연쇄식입니다.

아리스토텔레스의 연쇄식(정언삼단논법의 변형된 형태로서 일종의 복합삼단논법)을 사용하는 데 지켜야 할 규칙으로 두 가지가 있는데, 각각 아래와 같습니다.

① 여러 전제들 중 오직 하나의 전제만 부정명제일 수 있고 그것의 위치는 최후의 전제이어야 한다. 만일 부정명제가 둘 있으면 양부정전제의 오류를 범하여 추리가 부당하게 됩니다. 또한 하나의 부정명제가 있을 경우 그것이 최후의 전제가 아닐 경우 대명사부당주연의 오류를 범합니다. 전제에서 부주연된 명사를 결론에서 주연시키면 부당주연의 오류를 범하므로 추리가 역시 부당하게 됩니다.

② 최초의 전제만이 특칭명제일 수 있다. 만일 전제에 특칭명제가 두 가지 있을 경우 양특칭전제의 오류를 범하므로 추리가 부당하게 됩니다. 만일 특칭명제가 최초의 전제에 있지 않고 그 다음의 전제에 있다면 중명사부주연의 오류를 범하여 추리가 부당하게 됩니다.

위의 두 가지 규칙을 제대로 지키면 아리스토텔레스의 연쇄식은 타당한 것으로 성립할 수 있습니다.

되돌아 보아야 할 문제들

1. 다음의 명제들을 정언삼단논법의 기본형으로 고쳐 보십시오.
    ① 아주 많은 장난꾸러기들이 모임에 참석하였다.
    ② 장터 계집은 키가 매우 작았다.
    ③ 거의 모든 장돌뱅이가 지각했다.
    ④ 나귀 모두는 여름에 힘들어한다.
    ⑤ 장터 계집은 장터 계집답게 행동한다.
    ⑥ 자연의 가르침은 끝이 없다.
    ⑦ 생물이라면 물 없이 살 수 없다.
    ⑧ 어떤 어린이도 타고난 멍청이는 아니다.
    ⑨ 길 가는 나귀마다 힘든 표정이다.
    ⑩ 학자 중 서너 사람은 말을 잘 못한다.

2. 다음 약식 삼단논법들에서 대전제, 소전제, 결론 중 어떤 것이 생략되었는지 가려
   내고 생략된 부분을 보충하십시오.
    ① 모든 어린이는 자연을 배워야 한다. 너도 어린이다.
    ② 에밀도 어린이다. 그러므로 에밀도 배웠다.
    ③ 도시인은 거미를 무서워한다. 따라서 시골이 아닌 곳에서는 거미에 친숙해야
      한다.
    ④ 미성년자는 선거권이 없다고 판정된다. 나는 미성년자에 해당되는 학생이다.

※ 답은 141쪽에 있습니다.

되돌아보아야 할
문제들의 해답

첫 번째
여행

1. 언어로 표현된 판단만이 명제입니다. 판단과 명제의 내용은 같을 수 있으나 판단은 생각 속에만 있을 수도 있습니다. 감탄문, 명령문, 의문문을 제외한 서술문, 곧 언어로 표현된 판단만이 명제입니다.

2. 의문문, 감탄문, 명령문, 기원문 등에서는 참과 거짓을 가릴 수 없습니다. 오직 서술문에서만 참과 거짓을 가릴 수 있습니다. 왜냐하면 서술문만 논리적이고 합리적인 문장이기 때문입니다.

3. 제 곡조를 못 이기는 사랑의 노래 : 주개념(주사),

   님의 침묵을 휩싸고 도는 노래 : 빈개념(빈사),

   …는 …이다 : 계사(연결사)

4. '제 곡조를 못 이기는 노래'에서 '제', '곡조를', '못 이기는', '노래' 등은 모두 낱말들입니다. 그러나 '제 곡조를 못 이기는 노래'는 하나의 개념이자 명사term입니다.

5. 가언명제

6. 선언명제

7. 정언명제

두 번째 여행

1. 전칭긍정명제, 전칭부정명제, 특칭긍정명제, 특칭부정명제. 명제의 양quantity과 명제의 질quality이 네 종류의 정언명제를 결정합니다.

2. 전칭

3. 특칭

4. 부정명제. 'B여사가… 미워하는 것'은 S, 그리고 '러브레터가 아니다'는 'P가 아니다'이기 때문입니다.

5. 전칭긍정명제

6. 전칭부정명제

7. 특칭긍정명제

8. 특칭부정명제

세 번째 여행

1. 어떤 명제의 명사의 외연 전체에 해당하는 것이 언급될 때 주연되었다고 합니다.

2. 어떤 명제에서 명사의 외연 일부분에만 해당되는 것이 언급되었을 때 이 명제를 부주연되었다고 합니다.

3. 전칭긍정명제. 주개념(진정한 사랑) : 주연, 빈개념(곳과 때가 없는 사랑) : 주연

4. 전칭긍정명제. 이 명제를 '약간의 간사한 동물은 사람이다'의 특칭긍정명제로 바꾸어야만 부당주연의 오류를 피할 수 있습니다.

5. 전칭부정명제. 주개념(모든 사랑) : 주연, 빈개념(죽음) : 주연

6. 특칭긍정명제. 주개념(약간의 사람) : 부주연, 빈개념(약하고 여리며 간사한 동물) : 부주연

7. 특칭부정명제. 주개념(약간의 이별의 눈물) : 부주연, 빈개념(죽음) : 주연

1.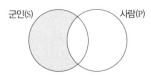

   집합 S는 집합 P의 부분집합이 됩니다.

2. 모든 병사는 여인이 아니다(모든 S는 P가 아니다).

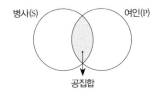

3. 특칭긍정명제

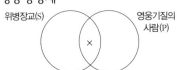

4.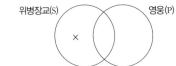

5. 정언명제에 포함되어 있는 명사들, 곧 주개념과 빈개념의 집합관계를 분석하여 추리의 논리적 타당성을 검토하기 위해서입니다.

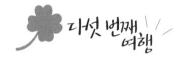

1. 우리는 하나 또는 그 이상의 판단을 바탕 삼아 어떤 판단을 새롭게 내리는데 그와 같은 과정이 추리입니다.

2. '모든 산 것은 다른 것과 마찬가지로 여러 가지 요소의 혼합체이다. 그러므로 산 것은 조만간 해체되고 만다.'

   전제 : '모든 산 것은… 혼합체이다.'

   결론 : '산 것은 조만간 해체되고 만다.'

   연결어 : '그러므로'

3. 'X는 Y의 스승이다'는 'Y는 X의 제자이다'를 포함하고 그 반대도 가능합니다. 이러한 포함관계를 논리적 동치라고 합니다.

4. 직접추리

5. 간접추리

6. 직접추리 : 하나의 전제로부터 직접 새로운 판단이 되는 결론을 이끌어 내는 추리.

   간접추리 : 두 개 이상의 전제들로부터 간접적으로 결론을 이끌어 내는 추리.

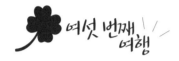

1. ① 참, 대소대당

　② 참, 대소대당

　③ 거짓, 모순대당

　④ 거짓, 대소대당 – 제시된 전칭긍정명제(A)는 거짓이지만, 이러한 직접추리
　　에는 참, 거짓이 불확실함.(68쪽)

　⑤ 거짓, 반대대당

　⑥ 거짓, 모순대당

　⑦ 참, 소반대대당 – 제시된 특칭긍정명제(I)는 참이지만, 이러한 직접추리에는
　　참, 거짓이 불확실함.(71쪽)

　⑧ 거짓, 대소대당

2. ① 모든 벌레는 동물이다. A

　　(가) 모든 벌레는 非동물이 아니다. E(환질)

　　(나) 모든 非동물은 벌레가 아니다. E(환위)

　　(다) 모든 非동물은 非벌레이다. A(환질)

　② 모든 직사각형은 사각형이다. 이 명제의 환질환위는 앞의 ①번 명제와 동
　　일하게 가능합니다.

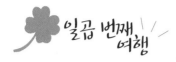
일곱 번째 여행

1. 소명사부당주연의 오류(규칙 3)

2. 부당부정의 오류(규칙 8)

3. 부당(중명사는 결론의 빈개념이 될 수 없음)

4. 대명사부당주연의 오류(규칙 3)

5. 소명사부당주연의 오류(규칙 3)

6. 양부정전제의 오류(규칙 4)

7. 양특칭전제의 오류(규칙 6)

8. 부당전칭의 오류(규칙 7)

9. 타당

10. 부당전칭의 오류(규칙 7)

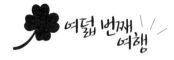

1. 이 추리는 정언삼단논법 2격의 AII식에 해당합니다. 따라서 이 추리는 112~
113쪽에서 보는 것처럼 논리적으로 부당합니다.

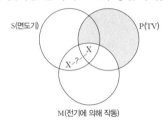

2. 이 추론은 아래 그림과 결론이 일치하지 않으므로 부당합니다.(정언삼단논법
〈규칙 6〉 양특칭전제의 오류)

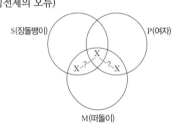

3. 아래 그림은 결론을 포함하므로 이 추리는 타당합니다.

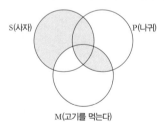

4. 이 추리는 앞의 문제 1과 마찬가지로 부당합니다. (아래 그림 참조)

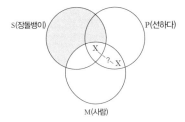

5. 아래 그림은 결론에 일치하지 않으므로 부당합니다.

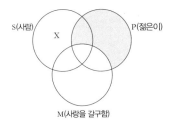

6. 이 추리는 그림에 결론이 일치하므로 타당합니다.

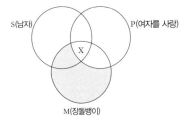

7. 이 추리는 그림에 결론이 일치하지 않으므로 부당합니다.

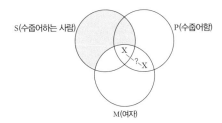

8. 아래 그림은 결론에 일치하지 않으므로 이 추리는 부당합니다.

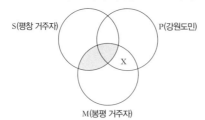

9. 아래 그림은 결론에 일치하지 않으므로 이 추리는 부당합니다.

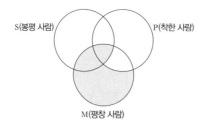

10. 이 추리는 아래 그림과 결론이 일치하지 않으므로 부당합니다.

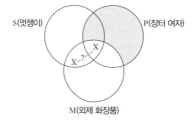

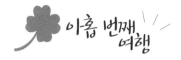

1. ① 약간의 장난꾸러기들은 모임에 참석한 사람이다.

   ② 모든 장터 계집은 키가 매우 작은 여자였다.

   ③ 일부의 장돌뱅이는 지각한 사람들이다.

   ④ 모든 나귀는 여름에 힘들어하는 동물이다.

   ⑤ 모든 장터 계집은 장터 계집답게 행동하는 여자이다.

   ⑥ 모든 자연의 가르침은 끝이 없는 교훈이다.

   ⑦ 모든 생물은 물 없이 살 수 없는 존재이다.

   ⑧ 모든 어린이는 타고난 멍청이가 아니다.

   ⑨ 모든 길 가는 나귀는 힘든 표정을 하는 짐승이다.

   ⑩ 약간의 학자는 말을 잘 못하는 사람이다.

2. ① 결론. 따라서 너도 자연을 배워야 한다.

   ② 대전제. 모든 어린이는 배워야 한다.

   ③ 소전제. 시골에서는 거미에 친숙하고 거미를 무서워하지 않는다.

   ④ 결론. 그러므로 나는 선거권이 없다.

PART 2

경험편

논리는 경험적이다

경험론의 기본논리인 귀납추리를 중심으로

논리에 관하여 지금까지 차근차근 걸어온 길을 되돌아보는 것이 앞으로 갈 길을 탄탄히 하는 데 도움이 될 것입니다.

우선 논리학은 모든 학문 중의 예비학으로서 생각의 내용이 아니라 형식을 다루며, 언어라는 매개체를 통해서 표현되는 말과 글의 형식과 법칙을 문제로 삼습니다.

무엇보다도 논리학은 명제들로 구성되는 추리가 타당한지 아닌지를 가장 중요한 과제로 삼습니다. 감탄문, 의문문, 명령문, 기원문 등은 논리적 명제가 되지 못하고 오직 서술문만이 논리적 명제가 되며, 논리적 명제들에 의해서 추리가 구성됩니다.

명사(또는 개념)들이 모여서 명제(또는 판단)가 되고 명제들이 모여서 추리가 됩니다. 명제는 양과 질에 따라서 전칭긍정명제(A명제), 전칭부정명제(E명제), 특칭긍정명제(I명제), 특칭부정명제(O명제)의 넷으로 구분됩니다.

우리는 오일러 도식과 아울러 벤 도형을 적용하여 정언명제의 주연관계를 상세히 살펴보았습니다. 그 결과 어떤 경우에 어떤 오류가 발생하는지도 알아보았습니다.

　　이와 같은 논리에 대한 기초지식을 바탕 삼아 우리는 연역추리에 관하여 살펴보았습니다. 추리는 알려진 판단을 근거 삼아 새 판단을 도출해 내는 일이기 때문에 최소한 두 개 이상의 명제가 있어야 합니다. 또한 이 명제들은 일정 방식으로 연결되지 않으면 안 됩니다. 추리는 전제(대전제-P, 소전제-S)들과 결론으로 구성됩니다.

　　추리에는 직접추리와 간접추리 두 종류가 있고 직접추리에는 대당관계에 의한 직접추리와 명제변형에 의한 직접추리가 있는데, 이러한 내용들이 〈합리편〉의 중심을 이룹니다.

　　간접추리는 우리가 잘 아는 삼단논법에 해당되며, 삼단논법에는 정언삼단논법, 가언삼단논법, 선언삼단논법, 양도논법 등이 있습니다. 〈합리편〉에서 우리는 간접추리의 정언삼단논법까지 살펴보았습니다.

　　정언삼단논법의 타당한 형식 19개는 모든 정언삼단논법의 8가지 규칙에 어긋나지 않습니다. 정언삼단논법의 규칙 8가지에 어긋나는 추리는 타당한 추리가 되지 못합니다. 우리는 또한 벤 도형을 적용하여 정언삼단논법의 예들이 8개의 규칙에 어긋나는지의 여부도 검토함으로써 그것들이 타당한지 아니면 오류추리인지도 검토하여 보았습니다.

　　〈경험편〉에서는 연역추리의 나머지 부분, 가언삼단논법, 선언삼단논법, 양도논법 등을 살펴보고 연역추리와 쌍벽을 이루는 귀납추리의 모든 것에 대해서 자세하게 생각해 보겠습니다.

첫 번째 여행_ 가언삼단논법

청포도

가언삼단논법의 특징

다음 글을 읽고 가언삼단논법이 어떤 성격의 간접추리인지 알아보기로 합시다.

그때서야 담 밑을 내려다보다가 나는 펄쩍 뛰었다. 30초에 사람을 죽여 버리는 그 노란 뱀 하나가 어린 왕자 쪽으로 머리를 들고 있었던 것이다.

나는 주머니를 뒤져 권총을 찾으며 뛰어갔다. 그러나 내가 낸 소리를 듣고 뱀은 마치 잦아들어 가는 분수처럼 조용히 모래 속으로 기어들더니, 서두르는 기색도 없이 가벼운 쉿 소리를 내며 돌 틈으로 교묘히 사라졌다.

내가 담 밑에 이르는 바로 그 순간 눈처럼 창백해진 나의 꼬마 왕자를 나는 품 안에 안아들었다.

"어떻게 된 거야? 이젠 뱀하고 이야길 하구!"

나는 그가 끌러 본 적이 없는 금빛 머플러를 풀었다. 나는 그의 관자놀이를 적셔주고 물을 먹였다. 그러나 이제는 그에게 무엇을 물어 볼 엄두도 못 냈다.

그는 나를 엄숙하게 바라보더니 양팔로 내 목을 껴안았다. 카빈 총을 맞고

죽어가는 새처럼 그의 가슴이 뛰는 걸 느낄 수 있었다. (중략)

"얘야, 무서웠던 모양이구나……."

"물론 무서웠지!"

그는 상냥하게 웃었다.

"오늘 저녁이 훨씬 무서워……."

어떻게 고칠 도리가 없으리라는 생각에 다시 얼어붙는 것 같았다. 이 웃음소리를 다시는 듣지 못하리라는 생각이 견딜 수 없는 것임을 나는 깨달았다.

그 웃음은 나에게는 사막에 있는 샘 같은 것이었다.

"얘야, 네 웃음소리를 더 듣고 싶구나……."

그러자 그가 말했다.

"오늘 밤이면 일 년이 돼. 내 별이 내가 작년에 떨어진 그 장소 바로 위에 오게 돼……."

"얘야, 뱀이니, 약속이니, 별이니 하는 이야기는 모두 못된 꿈 아니니?"

그는 내 질문에 대답을 하지 않았다. 그는 말했다.

"중요한 건 보이지 않아."

"물론이지……."

"꽃도 마찬가지야. 어떤 별에 있는 꽃을 사랑하게 되면, 밤에 하늘을 바라보는 게 참 아늑하지. 모든 별에 다 꽃이 피어 있으니까."

"물론이지……."

"물도 마찬가지야. 아저씨가 마시라고 준 물은 도르래와 줄 때문에 음악 같았어…… 기억나지? …… 참 좋은 물이었어."

"물론이지……."

"밤에 별을 쳐다봐. 내 별은 너무 작아서 어디 있는지 보여줄 수가 없지. 그게 더 나아. 내 별은 아저씨에겐 여러 별 중의 하나가 될 거야. 그러면 온갖 별을 바라보는 게 좋아질 거야. 전부 아저씨 친구가 되겠지. 그리고 아저씨에게 내가 선물을 하나 줄게."

그는 다시 웃었다. (중략)

"언제나 마음은 가라앉게 마련이니까 마음이 가라앉으면 나를 안 것이 기쁘게 생각될 거야. 아저씬 언제나 내 친구일 거구. 나하고 웃고 싶어지겠지. 그러면 이처럼 괜히 창문을 열 게구…… 그러면 아저씨 친구들이 하늘을 쳐다보며 아저씨가 웃는 걸 보고 깜짝 놀랄 거야. 그러면 아저씨는, '그래 별을 보면 항상 웃음이 나네'라고 말하겠지. 그러면 아저씰 미쳤다고 할 거야. 난 그럼 아저씨에게 아주 못할 일을 한 게 되겠는데……."

그리고 그는 또 웃었다.

– 생텍쥐페리, 김현 옮김, 《어린 왕자》 중에서

위의 글에서 생텍쥐페리와 어린 왕자가 대화하고 있습니다. 어린 왕자는 생텍쥐페리의 영혼 깊숙한 곳에 있는 가장 순수한 자신의 모습일 것입니다.

앞에서 연역추리에는 직접추리와 간접추리가 있으며, 간접추리는 삼단논법에 해당한다는 것을 살펴보았습니다. 삼단논법에는 정언삼단논법, 가언삼단논법, 선언삼단논법 그리고 양도논법 등이 있습니다. 물론 삼단논법에서 가장 기본적인 것은 정언삼단논법인데 이에 관해서 〈합리편〉에서 충분히 검토해 보았습니다.

가언명제로 구성된 삼단논법을 일컬어 가언삼단논법hypothetical syllogism이라고 합니다. 가언명제란 두 개의 정언명제가 '만일…… 이면'이라는 접속사에 의해서 결합된 복합명제입니다. 《어린 왕자》의 인용문을 사용하여 가언명제의 예를 살펴봅시다.

- 내가 소리를 내면 뱀은 조용히 모래 속으로 기어든다.
- 어떤 별에 있는 꽃을 사랑하게 되면 밤에 하늘을 바라보는 게 참 아늑하지.
- 마음이 가라앉으면 나를 안 것이 기쁘게 생각될 거야.

위의 세 명제들은 모두 가언명제입니다. 어떤 것은 두 개의 명제로 구성되어 있는가 하면 어떤 것은 세 개 이상의 명제들로 복합되어 있습니다. 그러나 두 개 또는 세 개의 명제들은 모두 '만일 ……이면'의 접속사에 의해서 결합되어 하나의 복합명제를 구성하고 있습니다.

- 내가 소리를 낸다. (그러면) 뱀은 조용히 모래 속으로 기어든다.
- 어떤 별에 꽃이 있다. 그 꽃을 사랑하게 된다. (그러면) 밤에 하늘을 바라본다. 하늘을 바라보는 것이 아늑하다.
- 마음이 가라앉는다. 나를 안다. (그러면) 나를 안 것이 기쁘게 생각될 것이다.

가언명제는 전건과 후건으로 구성된다고도 말할 수 있습니다. 가언명제의 완전한 형태는 '만일 …이면 …이다'로 나타납니다. 이 경우 '만일 …이면'에 해당하는 명제는 그것이 하나이든 그 이상이든 간에 전건antecedent이라고 하고, '…이다'에 해당하는 명제는 그것이 하나이든 그 이상이든 간에 후건consequent이라고 합니다. 따라서 '내가 소리를 내면 뱀은 모래 속으로 기어든다'에서 '내가 소리를 낸다'는 전건에, 그리고 '뱀은 모래 속으로 기어든다'는 후건에 해당되는 명제입니다. 가언삼단논법은 크게 혼합가언삼단논법과 순수가언삼단논법의 두 종류로 나눌 수 있습니다. 먼저 혼합가언삼단논법을 살펴보기로 하겠습니다.

혼합가언삼단논법

우선 다음 글을 읽은 후 혼합가언삼단논법에 관하여 알아보기로 합시다. 이 글은 이육사의 시 〈청포도〉입니다.

내 고장 칠월은
청포도가 익어가는 시절
이 마을 전설이 주저리주저리 열리고
먼 데 하늘이 꿈꾸며 알알이 들어와 박혀

하늘 밑 푸른 바다가 가슴을 열고

흰 돛단배가 곱게 밀려서 오면

내가 바라는 손님은 고달픈 몸으로
청포를 입고 찾아온다고 했으니

내 그를 맞아 이 포도를 따 먹으면
두 손을 함뿍 적셔도 좋으련

아이야 우리 식탁엔 은쟁반에
하이얀 모시 수건을 마련해 두렴

이 시에는 시인의 정갈한 마음이 한 점 티 없이 표현되어 있습니다. 계절과 바닷가 시골 마을과 소중한 손님 그리고 그 모든 것들을 포용하는 시인의 관조하는 자세가 조용한 선율을 이루며 시 전체를 흐르고 있습니다.

이제 혼합가언삼단논법으로 돌아가 그것의 특징과 종류를 살펴봅시다. 혼합가언삼단논법mixed hypothetical syllogism이란 대전제가 가언명제이고 소전제와 결론이 정언명제인 삼단논법을 말합니다.

■ **돛단배가 밀려 오면 손님이 온다**
   돛단배가 밀려 왔다.
   ∴ 손님이 왔다.

이 예에서 보듯이 대전제가 가언명제이고 소전제와 결론이 정언명제이면 그러한 삼단논법은 혼합가언삼단논법입니다. 그러나 혼합가언삼단논법에는 구성적 가언삼단논법과 파괴적 가언삼단논법 두 가지가 있습니다.

T.I.P 구성적 가언삼단논법은 다른 말로 긍정식(affirmative mood;modus ponens)이라고도 합니다.

① **구성적 가언삼단논법**constructive hypothetical syllogism : 대전제의 전건을 긍정하여 그 후건을 결론에서 긍정하는 가언삼단논법.

구성적 가언삼단논법의 예는 아래와 같습니다.

> ■ **이 포도를 따 먹으면 두 손을 함뿍 적셔도 좋다.**
> **이 포도를 따 먹었다. (전건긍정)**
> **∴ 두 손이 함뿍 젖었다. (후건긍정)**

② **파괴적 가언삼단논법**destructive hypothetical syllogism ∶ 대전제의 후건을 부정하여 그 전건을 결론에서 부정하는 삼단논법.

파괴적 가언삼단논법의 예는 다음과 같습니다.

> ■ **이 포도를 따 먹으면 두 손을 함뿍 적셔도 좋다.**
> **두 손이 함뿍 젖지 않았다. (후건부정)**
> **∴ 이 포도를 따 먹지 않았다. (전건부정)**

T.I.P 파괴적 가언삼단논법을 또 다른 말로는 부정식(negative mood;modus tollens)이라고도 합니다.

바로 위의 예에서 살펴본 긍정식과 부정식의 두 예는 논리적으로 타당한 삼단논법입니다. 그러나 대전제의 전건을 긍정하고 그 후건을 결론에서 긍정하는 삼단논법(긍정식)과 달리 대전제의 후건을 긍정하고 그 전건을 결론에서 긍정하는 식은 오류를 범하기 때문에 타당한 추론이 될 수 없습니다.

이와 마찬가지로 대전제의 후건을 부정하고 그 전건을 결론에서 부정하는 부정식과 달리 대전제의 전건을 부정하고 결론에서 그 후건을 부정하는 삼단논법도 오류를 범하기 때문에 타당한 추론이 될 수 없습니다.

다음에서 잘못된 혼합가언삼단논법에 관한 두 가지 예를 살펴봅시다.

T.I.P 왼쪽 예처럼 후건을 긍정하여 전건을 긍정하는 데서 생기는 오류를 일컬어 후건긍정의 오류(fallacy of affirming the consequent)라고 부릅니다. 만일 이 추리를 정언삼단논법의 형식으로 바꾸어 '두 손이 함뿍 젖는 것'을 중명사로 여기면 '중명사부주연'의 오류를 범합니다.

> ■ **이 포도를 따 먹으면 두 손이 함뿍 젖는다.**
> **두 손이 함뿍 젖었다. (후건긍정)**
> **∴ 이 포도를 따 먹었다. (전건긍정)**

이 예를 자세히 살펴보면, 두 손이 함뽁 젖었다고 해서 반드시 포도를 따 먹었다고는 말할 수 없습니다. 포도를 따 먹지 않았어도 세수를 하거나, 머리를 감거나, 목욕을 하면 두 손은 함뽁 젖을 수 있습니다.

다음은 두 번째 예로 대전제의 전건을 부정하여 결론에서 그 후건을 부정하는 혼합가언삼단논법의 예를 살펴봅시다.

> ■ **이 포도를 따 먹으면 두 손이 함뽁 젖는다.**
> **이 포도를 따 먹지 않았다. (전건부정)**
> **∴ 두 손이 함뽁 젖지 않았다. (후건부정)**

이 예에서 우리는 포도를 따 먹지 않았다고 해서 반드시 두 손이 함뽁 젖지 않았다고 말할 수는 없습니다. 이 예에서 알 수 있듯이 대전제의 전건을 부정하여 그 후건을 결론에서 부정함으로써 생기는 오류를 전건부정의 오류fallacy of denying the antecedent라고 부릅니다.

이 추리를 정언삼단논법의 형식으로 고칠 경우 '포도 따 먹는 것'을 중명사로 여길 때 위의 추론은 대명사부당주연의 오류를 범합니다. 전제에서 부주연된 '두 손이 함뽁 젖는 것'이 결론에서 주연될 경우에 생기는 오류가 바로 대명사부당주연의 오류입니다. 따라서 혼합가언삼단논법이 논리적으로 타당하기 위해서는 전건긍정에서 후건긍정이 이루어져야 하며(규칙 1), 다음으로 후건부정에서 전건부정이 이루어져야 한다(규칙 2)는 두 가지 규칙을 반드시 지켜야 합니다.

순수가언삼단논법

다음의 시를 읽은 후 순수가언삼단논법에 관해서 알아보기로 합시다. 아래 시는 신석정의 〈아직 촛불을 켤 때가 아닙니다〉 전문입니다.

저 재를 넘어가는 저녁 해의 엷은 광선들이 섭섭해합니다.

어머니, 아직 촛불을 켜지 말으셔요.

그리고 나의 작은 명상의 새 새끼들이

지금도 저 푸른 하늘에서 날고 있지 않습니까?

이윽고 하늘이 능금처럼 붉어질 때

그 새 새끼들은 어둠과 함께 돌아온다 합니다.

언덕에서는 우리의 어린 양들이 낡은 녹색 침대에 누워서

남은 햇볕을 즐기느라고 돌아오지 않고

조용한 호수 우에는 인제야 저녁 안개가 자욱히 내려오기 시작하였습니다.

그러나 어머니, 아직 촛불을 켤 때가 아닙니다.

늙은 산의 고요히 명상하는 얼굴이 멀어 가지 않고

머언 숲에서는 밤이 끌고 오는 그 검은 치맛자락이

발길에 스치는 발자욱 소리도 들려오지 않습니다.

멀리 있는 기인 둑을 거쳐서 들려 오던 물결 소리도 차츰차츰 멀어 갑니다.

그것은 늦은 가을부터 우리 전원을 방문하는 까마귀들이
바람을 데리고 멀리 가 버린 까닭이겠습니다.
시방 어머니의 등에서는 어머니의 콧노래 섞인
자장가를 듣고 싶어하는 애기의 잠덧이 있습니다.
어머니, 아직 촛불을 켜지 말으셔요
인제야 저 숲 너머 하늘에 작은 별이 하나 나오지 않았습니까?

이 시에서 시인은 해 질 녘의 아늑함과 찬란함을, 그리고 또한 저녁 나절의 아쉬움을 잔잔한 시심으로 읊조리고 있습니다.

바로 앞에서 우리는 혼합가언삼단논법을 살펴보았습니다. 혼합가언삼단논법이란 대전제가 가언명제이고, 소전제와 결론이 정언명제인 삼단논법이었습니다. 반면 대전제, 소전제, 결론 모두 가언명제로 되어 있는 삼단논법은 순수가언삼단논법pure hypothetical syllogism이라고 일컬어집니다. 또는 전가언삼단논법이라 부르기도 합니다.

위의 시 〈아직 촛불을 켤 때가 아닙니다〉 중의 구절을 이용하여 순수가언삼단논법을 만들어 보면 다음과 같습니다.

■ 저녁 해가 재를 넘어가면 광선들이 섭섭해한다.
촛불을 켜면 저녁 해가 재를 넘어간다.
∴ 촛불을 켜면 광선들이 섭섭해한다.

이것을 내용을 배제하고 형식만 남기면 아래처럼 됩니다.

■ A이면 B이다.
C이면 A이다.
∴ C이면 B이다.

위의 예에서 '저녁 해가 재를 넘어간다'는 정언삼단논법에서의 중명사 역할을 하고, '촛불을 켠다'는 소명사의 역할을 하며, '광선들이 섭섭해하다'는 대명사의 역할을 담당합니다. 이와 같은 예를 일컬어 '긍정적 긍정식'이라고 하는데 이것은 정언삼단논법의 1격에 해당합니다.

도움말

정언삼단논법의 네 가지 격들을 참고 삼아 나열하면 다음과 같습니다.

1격	2격	3격	4격
M-P	P-M	M-P	P-M
S-M	S-M	M-S	M-S
∴ S-P	∴ S-P	∴ S-P	∴ S-P

(P : 대명사, S : 소명사, M : 중명사)

정언삼단논법의 2격에 해당하는 순수가언삼단논법의 예를 들기에 앞서 다음 글을 읽어봅시다. 김춘수의 〈부재〉라는 시입니다.

어쩌다 바람이라도 와 흔들면
울타리는
슬픈 소리로 울었다.

맨드라미 나팔꽃 봉숭아 같은 것
철마다 피곤
소리 없이 져 버렸다.

차운 한겨울에도
외롭게 햇살은
청석 섬돌 위에서
낮잠을 졸다 갔다.
할 일 없이 세월은 흘러만 가고

꿈결같이 사람들은
살다 죽었다.

이 시에서 시인은 세월의 무상함을 그리고 삶의 무상함을 한 걸음 떨어져서 바라보고 있습니다. '울타리는 슬픈 소리로' 울고 꽃들이 '철마다 피곤 소리 없이' 죽어가는 정경은 일종의 서글픔마저 가져다 줍니다.

그러면 이제 김춘수의 시 〈부재〉를 이용해서 정언삼단논법의 2격에 해당하는 순수가언삼단논법의 예를 들어보기로 합시다.

■바람이 흔들면 울타리는 운다.
꽃들이 피면 울타리는 울지 않는다.
∴ 꽃들이 피면 바람이 흔들지 않는다.

위의 예처럼 정언삼단논법의 2격에 해당하는 형식을 '긍정적 부정식'이라고 하는데, 위의 순수가언삼단논법의 예에서 내용을 생략하고 단지 형식만 남기면 다음과 같이 됩니다.

■A이면 B이다.
C이면 B가 아니다.
∴ C이면 A가 아니다.

다음으로 정언삼단논법의 3격에 해당하는 순수가언삼단논법을 살펴보기로 합시다. 이에 앞서서 우선 다음 글을 잠시 읽어봅시다. 이 글은 윤동주의 〈서시〉 전문입니다.

죽는 날까지 하늘을 우러러
한 점 부끄럼이 없기를,
잎새에 이는 바람에도

나는 괴로워했다.
별을 노래하는 마음으로
모든 죽어 가는 것을 사랑해야지.
그리고 나한테 주어진 길을
걸어가야겠다.

오늘 밤에도 별이 바람에 스치운다.

이 시는 더 이상의 설명이 필요 없을 정도로 우리 모두가 다 알고 있는 고전입니다. '별을 노래하는 마음'이 바로 이 시의 주제라고 할 수 있습니다. '나한테 주어진 길'을 맑은 마음으로 변함없이 걸어가고자 하는 시인의 마음은 어쩌면 경건함마저 느끼게 합니다.

정언삼단논법의 3격에 해당하는 순수가언삼단논법은 '부정적 긍정식'이라 부르기도 합니다. 〈서시〉를 이용해서 '부정적 긍정식'의 예를 들면 아래와 같습니다.

■ 잎새에 바람이 일지 않으면 나는 즐거웠다.
잎새에 바람이 일면 나는 괴로웠다.
∴ 나는 괴롭지 않으면 나는 즐거웠다.

위의 순수가언삼단논법의 형식만을 살펴보면 다음과 같이 됩니다.

■ B가 아니면 A이다.
B이면 C이다
∴ C가 아니면 A이다.

다음에는 순수가언삼단논법의 마지막 형식을 살펴보겠습니다. 이것은 정언삼단논법의 4격에 해당하는 것으로 '부정적 부정식'이라고도 합니다.

다음 글은 김소월의 〈진달래꽃〉입니다. 이 시를 읽은 후 순수가언삼단논법의 네 번째 형식을 알아보기로 합시다.

나 보기가 역겨워

가실 때에는

말없이 고이 보내드리오리다

영변에 약산

진달래꽃

아름따다 가실 길에 뿌리오리다

가시는 걸음 걸음

놓인 그 꽃을

사뿐히 즈려밟고 가시옵소서

나 보기가 역겨워

가실 때에는

죽어도 아니 눈물 흘리오리다

이 시는 님을 보내기 싫으면서도 님을 보내는 마음, 님을 보내면서도 님을 간직하려고 하는 마음을 처절하리 만큼 잔잔하게 그리고 있습니다.

〈진달래꽃〉의 한 구절을 이용해서 순수가언삼단논법의 네 번째 형식에 관한 예를 들면 다음과 같습니다.

■ 나 보기가 역겨워 가신다면 말없이 고이 보내드린다.

말없이 고이 보내드리면 진달래꽃을 사뿐히 즈려밟고 간다.

∴ 진달래꽃을 사뿐히 즈려밟고 가지 않는다면 나 보기가 역겨워 가시지 않는다.

이 순수가언삼단논법의 내용을 빼고 단지 형식만을 열거하면 다음과 같이 됩니다.

■ A이면 B이다.

B이면 C이다.

∴ C가 아니면 A가 아니다.

되돌아 보아야 할 문제들

다음 가언삼단논법들의 타당성을 검토하고 오류가 있으면 구체적으로 어떤 오류인지 지적해 보십시오.

1. 봄이 오면 꽃이 핀다.
   꽃이 핀다.
   ∴ 봄이 왔다.

2. 날씨가 0℃ 이상으로 올라가면 얼음이 녹는다.
   날씨가 0℃ 이상으로 올라갔다.
   ∴ 얼음이 녹았다.

3. 여행을 많이 하면 식견이 넓어진다.
   그는 여행을 거의 가지 않았다.
   ∴ 그는 세상을 보는 식견이 매우 좁다.

4. 몸매가 아름다우면 마음도 아름답다.
   그녀는 마음이 아름답다.
   ∴ 그녀는 몸매도 아름답다.

5. 북반구 고위도 한대기후 지역에서는 여름철에 백야현상을 볼 수 있다.
   우리나라 여름철에는 백야현상을 전혀 볼 수 없다.
   ∴ 우리나라는 북반구 고위도 한대기후 지역이 아니다.

※ 답은 260쪽에 있습니다.

 두 번째 여행_ 선언삼단논법

딸기

선언삼단논법의 특징

다음 글을 읽은 후 선언삼단논법의 특징에 관하여 살펴보기로 합시다. 다음 글은 한용운의 〈논개의 애인이 되어 그의 묘(廟)에〉라는 시의 전문입니다.

날과 밤으로 흐르고 흐르는 남강은 가지 않습니다.
바람과 비에 우두커니 섰는 촉석루는 살 같은 광음을 따라서 달음질칩니다.
논개여, 나에게 울음과 웃음을 동시에 주는 사랑하는 논개여.
그대는 조선의 무덤 가운데 피었던 좋은 꽃의 하나이다. 그래서 그 향기는 썩지 않는다.
나는 시인으로 그대의 애인이 되었노라.

그대는 어디 있느뇨. 죽지 않는 그대가 이 세상에는 없구나.
나는 황금의 칼에 베어진 꽃과 같이 향기롭고 애처로운 그대의 당년(當年)을 회상한다.

술 향기에 목맺힌 고요한 노래는 옥(獄)에 묻힌 썩은 칼을 울렸다.

춤추는 소매를 안고 도는 무서운 찬바람은 귀신 나라의 꽃수풀을 거쳐서 떨어지는 해를 얼렸다.

가냘픈 그대의 마음은 비록 침착하였지만 떨리는 것보다도 더욱 무서웠다.

아름답고 무독(無毒)한 그대의 눈은 비록 웃었지만 우는 것보다도 더욱 슬펐다.

붉은 듯하다가 푸르고 푸른 듯하다가 희어지며 가늘게 떨리는 그대의 입술은 웃음의 조운(朝雲)이냐, 울음의 모우(暮雨)이냐, 새벽달의 비밀이냐, 이슬꽃의 상징이냐.

삐비 같은 그대의 손에 꺾이우지 못한 낙화대의 남은 꽃은 부끄럼에 취하여 얼굴이 붉었다.

옥 같은 그대의 발꿈치에 밟히운 강 언덕의 묵은 이끼는 교긍(驕矜)에 넘쳐서 푸른 사롱(紗籠)으로 자기의 제명(題名)을 가리었다.

아아, 나는 그대도 없는 빈 무덤 같은 집을 그대의 집이라고 부릅니다.

만일 이름뿐이나마 그대의 집도 없으면 그대의 이름을 불러 볼 기회가 없는 까닭입니다.

나는 꽃을 사랑합니다마는 그대의 집에 피어 있는 꽃을 꺾을 수는 없습니다.

그대의 집에 피어 있는 꽃을 꺾으려면 나의 창자가 먼저 꺾어지는 까닭입니다.

나는 꽃을 사랑합니다마는 그대의 집에 꽃을 심을 수는 없습니다.

그대의 집에 꽃을 심으려면 나의 가슴에 가시가 먼저 심어지는 까닭입니다.

용서하셔요 논개여, 금석 같은 굳은 언약을 저버린 것은 그대가 아니요 나입니다.

용서하셔요 논개여, 쓸쓸하고 호젓한 잠자리에 외로이 누워서 끼친 한에 울고 있는 것은 내가 아니요 그대입니다.

나의 가슴에 '사랑'의 글자를 황금으로 새겨서 그대의 사당(祠堂)에 기념비를 세운들 그대에게 무슨 위로가 되오리까.

나의 노래에 '눈물'의 곡조를 낙인으로 찍어서 그대의 사당에 제종을 울린대도 나에게 무슨 속죄(贖罪)가 되오리까.

나는 다만 그대의 유언대로 그대에게 다하지 못한 사랑을 영원히 다른 여자에게 주지 아니할 뿐입니다. 그것은 그대의 얼굴과 같이 잊을 수가 없는 맹세입니다.

용서하셔요 논개여, 그대가 용서하면, 나의 죄는 신에게 참회를 아니한대도 사라지겠습니다.

천추에 죽지 않는 논개여.
하루도 살 수 없는 논개여.
그대를 사랑하는 나의 마음이 얼마나 즐거우며 얼마나 슬프겠는가.
나의 웃음이 겨워서 눈물이 되고, 눈물이 겨워서 웃음이 됩니다.
용서하여요, 사랑하는 오오 논개여.

한용운의 〈논개의 애인이 되어서 그의 묘에〉는 시인의 한결같은 핵심적인 시심이 〈님의 침묵〉과 같은 곳에 있다는 것을 잘 알게 해 주는 한 편의 시입니다.

이제 선언삼단논법으로 돌아가서 그것의 특징과 구조를 살펴보기로 하겠습니다.

전제들 중 하나로 선언명제를 택하여 성립하는 삼단논법이 바로 선언삼단논법 disjunctive syllogism이라고 합니다. 선언삼단논법은 정언삼단논법, 가언삼단논법, 양도논법 등과 아울러 간접추리에 해당합니다.

우선 다음의 예를 봅시다.

■ **논개의 입술은 웃음의 입술이거나 울음의 입술이거나 이슬꽃의 입술이다.**

위의 명제는 선언명제입니다. 두 개 이상의 정언명제가 '혹은'(또는 '이거나')이라는 접속사에 의하여 연결된 복합명제를 일컬어 선언명제라고 합니다. 위의 선언명제는 '논개의 입술은 웃음의 입술이다', '논개의 입술은 울음의 입술이다', '논개의 입술은 이슬꽃의 입술이다' 등의 세 개의 정언명제로 되어 있습니다. 이들 세 개의 정언명제를 연결하는 것은 접속사 '이거나'(혹은)인데, 이 접속사 '이거나'에

의하여 연결된 각 부분(세 개의 정언명제가 이에 해당함)을 선언지disjunctive member라
고 합니다.

선언삼단논법은 선언명제를 대전제로 삼습니다. 다음으로 대전제의 선언지들
가운데 어떤 것을 긍정하거나 아니면 부정하는 정언명제를 소전제로 삼고 이로
부터 결론을 이끌어 내는 것이 선언삼단논법입니다.

앞의 예를 근거 삼아 선언삼단논법을 만들어 보면 다음과 같습니다.

> ■ **논개의 입술은 웃음의 입술이거나 울음의 입술이거나 이슬꽃의 입술이다.**
> **논개의 입술은 이슬꽃의 입술이다.**
> ∴ **논개의 입술은 웃음의 입술과 울음의 입술이 아니다.**

이 선언삼단논법에서 선언지의 수는 '웃음의 입술', '울음의
입술', '이슬꽃의 입술' 등 세 개이므로 소전제에서 '이슬꽃의 입
술'이라는 선언지가 빈개념으로 선택되었으므로 결론에서는
'웃음의 입술'과 '울음의 입술' 두 선언지는 당연히 제외됩니다.

선언지의 수가 둘이냐 또는 그 이상이냐에 따라서 여러 가
지 형태의 선언삼단논법이 가능합니다. 여기서는 가장 대표
적 선언삼단논법으로 선언지가 두 개인 선언삼단논법을 예
로 택하여 살펴보겠습니다. 선언지가 두 개인 선언삼단논법
의 가능한 식은 두 가지의 긍정적 부정식과 두 가지의 부정
적 긍정식 등 모두 네 개입니다. 앞으로 네 개의 선언삼단논
법을 하나하나 함께 살펴보기로 합시다.

T.I.P

긍정적 부정식

대전제의 선언
지 중에서 어떤 하나를 소전
제에서 긍정하고 여타의 선
언지들을 결론에서 부정하
는 선언삼단논법을 긍정적
부정식(modus ponendo
tollens)이라고 합니다.

부정적 긍정식

대전제의 선언지들 가운
데서 어떤 것을 소전제에서
부정하고 여타의 선언지들
을 결론에서 긍정하는 선언
삼단논법을 가리켜서 부정
적 긍정식(modus tollendo
ponens)이라고 합니다.

긍정적 부정식의 선언삼단논법 (1)

다음 글을 읽은 후 긍정적 부정식의 삼단논법에 관하여 알아봅시다. 이 글은 김춘수의 〈딸기〉라는 시 전문입니다.

오전 열한 시의 다방에는 아무도 없었다.

칠한 지 얼마 안 된 말끔한 엷은 연둣빛 벽면에 햇발이 부딪쳐 이따금 거기서 은어의 비늘 같은 것이 반짝이곤 하였다. 나는 눈을 가늘게 감아 보았다.

점점점 포실한 가슴 속에 안기어 가는 듯한 그러한 느낌인데, 나의 귓전에는 찌, 찌, 찌 …… 무슨 벌레 같은 것이 우는 소리가 선연히 들려왔다.

그것은 정적의 소린지도 몰랐다.

나는 어디 밝은 그늘 밑에서 졸고 있는 듯도 하였다.

내가 다시 눈을 떴을 때, 그때 나는 나의 왼쪽 뺨에 불같이 달은 시선을 느꼈다. 나는 처음에 그것이 꽃인가 하였다.

그것은 딸기였다. 쟁반에 담긴 일군의 딸기는 곱게 피어오른 숯불같이 그 벌겋게 달은 체온이 그대로 나에게까지 스며올 듯, 진열장의 유리를 뚫고 그것은 연신 풋풋한 향기를 발하고 있는 것만 같았다. 손님이라고는 나 한 사람뿐인 다방의 오전의 해이해진 공기를 그것들이 혼자서만 빨아들이고 토하고 있는 상보였다. 진열장 근처의 공기는 그만큼 긴장해 보였다.

조금 전의 벌레 우는 것 같은 소리는 어쩌면 그것들이 쉬는 숨소리인지도 모를 일이었다.

나는 딸기를 딸기밭에서 본 일이 있다. 가늘고 키가 작은 줄기에 어울리지 않는 보기 흉한 큰 이파리를 달고, 그 위에 더 무거운 열매가 고개도 들지 못하고 있었다. 뿐 아니라 보오얗게 먼지를 쓰고 있는 양이 몹시 더러워 보였다. 그렇던 것이 어찌도 그리 싱싱하고 풋풋하였을까?

나는 열심히 딸기를 보았다. 그 솜솜이 얽은 구멍이 구멍마다 숨을 쉬고 있는 듯 쟁반 위의 딸기는 생동하고 있었을 뿐 아니라, 그 근처를 완전히 제압하고 있었다. 온 방 안의 공기가 유리 안의 한 개 쟁반 위에 모조리 흡수되었다.

딸기는 그날 누구보다도 비장하였다.

이 시에서 시인은 보통 사람이면 하찮게 여기고 지나갈 극히 사소한 '딸기'에 대하여 예리함의 극치라고 할 만큼 날카로운 통찰력을 동원하고 있습니다.

이제 김춘수의 〈딸기〉를 이용해서 긍정적 부정식의 예를 들어보기로 합시다.

■ **이 딸기는 다방의 딸기이든지 딸기밭의 딸기이다.**
  이 딸기는 다방의 딸기이다.
  ∴ **이 딸기는 딸기밭의 딸기가 아니다.**

이 예에서 내용을 배제하고 단지 논리적 형식만을 표현하면 다음과 같이 됩니다.

■ **A는 B이든지 C이다.**
  A는 B이다.
  ∴ **A는 C가 아니다.**

긍정적 부정식의 선언삼단논법 (2)

먼저 다음 시를 읽은 후 두 번째 긍정적 부정식의 선언삼단논법에 관해서 살펴보겠습니다. 이 시는 윤동주의 〈별 헤는 밤〉 전문입니다.

계절이 지나가는 하늘에는
가을로 가득 차 있습니다.

나는 아무 걱정도 없이
가을 속의 별들을 다 헤일 듯합니다.

가슴속에 하나 둘 새겨지는 별을
이제 다 못 헤는 것은
쉬이 아침이 오는 까닭이요
내일 밤이 남은 까닭이요
아직 나의 청춘이 다하지 않은 까닭입니다.

별 하나에 추억과
별 하나에 사랑과
별 하나에 쓸쓸함과
별 하나에 동경과
별 하나에 시와
별 하나에 어머니, 어머니

어머님, 나는 별 하나에 아름다운 말 한마디씩 불러봅니다. 소학교 때 책상을 같이했던 아이들의 이름과 패(佩), 경(鏡), 옥(玉) 이런 이국 소녀들의 이름과, 벌써 애기 어머니 된 계집애들의 이름과 가난한 이웃 사람들의 이름과 비둘기, 강아지, 토끼, 노새, 노루, '프랑시스 잠', '라이너 마리아 릴케' 이런 시인의 이름을 불러봅니다.

이네들은 너무나 멀리 있습니다.
별이 아슬히 멀듯이,

어머님,
그리고 당신은 멀리 북간도에 계십니다.

나는 무엇인지 그리워
이 많은 별빛이 나린 언덕 위에
내 이름자를 써보고
흙으로 덮어 버리었습니다.

딴은 밤을 새워 우는 벌레는

부끄러운 이름을 슬퍼하는 까닭입니다.

그러나 겨울이 지나고 나의 별에도 봄이 오면
무덤 위에 파란 잔디가 피어나듯이
내 이름자 묻힌 언덕 위에도
자랑처럼 풀이 무성할 거외다.

암울한 시대를 살아가면서도 '겨울이 지나고 나의 별에도 봄이' 오기를 고대하
는 시인의 심정은 영혼을 순수하고도 겸허하게 만듭니다.

그러면 〈별 헤는 밤〉의 구절을 이용해서 선언삼단논법의 두 번째 긍정적 부정
식의 예를 살펴보기로 합시다.

■ 별 하나는 추억이든지 사랑이다.
　별 하나는 사랑이다.
　∴ 별 하나는 추억이 아니다.

■ 가슴속에 하나 둘 새겨지는 별을 이제 다 못 헤는 것은 쉬이 아침이 오는
　까닭이든지 내일 밤이 남은 까닭이든지이다.
　가슴속에 하나 둘 새겨지는 별을 이제 다 못 헤는 것은 내일 밤이 남은 까
　닭이다.
　∴ 가슴속에 하나 둘 새겨지는 별을 이제 다 못 헤는 것은 쉬이 아침이 오
　　는 까닭이 아니다.

위의 두 예의 형식은 모두 똑같이 선언삼단논법의 긍정적 부정식입니다. 명제
들이 간단하든 아니면 복잡하든 간에 형식은 마찬가지이므로 내용은 제외하고
논리적 형식만 남기면 아래와 같이 됩니다.

■ A는 B이든지 C이다.
　A는 C이다.
　∴ A는 B가 아니다.

부정적 긍정식의 선언삼단논법 (1)

다음 시는 김소월의 〈금잔디〉입니다. 이 시를 읽은 후 선언삼단논법의 첫 번째 부정적 긍정식에 관해서 살펴보기로 합시다.

> 잔디
> 잔디
> 금잔디
> 심심산천에 붙는 불은
> 가신 님 무덤가에 금잔디
> 봄이 왔네, 봄빛이 왔네.
> 버드나무 끝에도 실가지에
> 봄빛이 왔네, 봄날이 왔네.
> 심심산천에도 금잔디에.

김소월의 〈금잔디〉의 구절을 이용해서 선언삼단논법의 첫 번째 부정적 긍정식의 예를 만들면 다음처럼 됩니다.

> ■ 금잔디는 심심산천에 붙는 불이든지 가신 님 무덤가의 봄빛이다.
> 금잔디는 심심산천에 붙는 불이 아니다.
> ∴ 금잔디는 가신 님 무덤가의 봄빛이다.

이 선언삼단논법의 내용은 제외하고 논리적 형식만 남기면 다음과 같이 됩니다.

> ■ A는 B이든지 C이다.
> A는 B가 아니다.
> ∴ A는 C이다.

부정적 긍정식의 선언삼단논법 (2)

다음은 윤동주의 〈슬픈 족속〉이라는 시입니다.

> 흰 수건이 검은 머리를 두르고
> 흰 고무신이 거친 발에 걸리우다.
>
> 흰 저고리 치마가 슬픈 몸집을 가리고
> 흰 띠가 가는 허리를 질끈 동이다.

〈슬픈 족속〉에 나오는 단어나 구절을 이용해서 선언삼단논법의 두 번째 부정적 긍정식을 만들어보면 다음과 같이 됩니다.

> ■ 슬픈 족속은 흰 수건으로 검은 머리를 두르거나 흰 저고리 치마로 슬픈 몸집을 가린 인간이다.
> 슬픈 족속은 흰 저고리 치마로 슬픈 몸집을 가린 인간이 아니다.
> ∴ 슬픈 족속은 흰 수건으로 검은 머리를 두른 인간이다.

위의 예에서 내용을 배제하고 단지 논리적 형식만 남기면 다음과 같이 됩니다.

> ■ A는 B이든지 C이다.
> A는 C가 아니다.
> ∴ A는 B이다.

 도움말

선언삼단논법에 의해서 추론할 때 오류를 범하지 않으려면 대전제가 되는 선언명제가 완전해야 합니다. 그러므로 선언삼단논법은 다음의 두 가지 규칙을 반드시 지켜야 합니다. 그렇지 않으면 오류를 범합니다.
〈규칙 1〉 선언지들은 양립불가능한 것들이어야 한다.
〈규칙 2〉 선언지는 그것의 주어에 대하여 있을 수 있는 모든 경우를 모두 열거하여야 한다.

다음의 예를 살펴봅시다.

■ **이 나귀는 수놈이든지 암놈이다.**
　이 나귀는 수놈이다.
　∴ **이 나귀는 암놈이 아니다.**

이 예에서 대전제의 선언지 '수놈'과 '암놈'은 서로 양립불가능합니다. 그리고 '이 나귀는 수놈이든지 암놈이다'에서 '이 나귀'라는 주어에 대한 모든 성의 경우는 '수놈'과 '암놈' 두 가지밖에 없으므로 주어에 대한 가능한 모든 경우가 제시되었으므로 이 선언삼단논법은 오류를 범하지 않습니다. 그러나 다음의 예를 봅시다.

■ **한용운은 시인이든지 스님이다.**
　한용운은 시인이다.
　∴ **한용운은 스님이 아니다.**

위의 예는 형식상으로는 타당한 것처럼 보이지만 오류를 범하고 있습니다. 왜냐하면 한용운은 시인이면서 스님일 수 있기 때문입니다. 이 추리는 선언삼단논법의 〈규칙 1〉을 어기기 때문에 부당합니다. '시인'과 '스님'은 양립불가능한 선언지가 아니라 양립가능한 것들입니다. 또 다음 예를 봅시다.

■ **별을 헤는 밤은 여름밤이든지 가을밤이든지 겨울밤이다.**
　별을 헤는 밤은 여름밤도 아니고 가을밤도 아니다.
　∴ **별을 헤는 밤은 겨울밤이다.**

위의 예는 선언삼단논법의 〈규칙 2〉를 어기므로 오류를 범합니다. 왜냐하면 '별을 헤는 밤'은 여름밤, 가을밤, 겨울밤 이외에도 봄밤이 있을 수 있는데 그것을 대전제에서 제시하지 않았기 때문입니다. 이처럼 선언삼단논법의 〈규칙 1〉과 〈규칙 2〉를 어길 경우 생기는 오류를 일컬어 선언불완전의 오류fallacy of imperfect disjunction라고 합니다.

되돌아 보아야 할 문제들

아래 선언삼단논법들의 타당성을 밝히고, 만일 타당할 경우 어떤 식인지 지적해 보십시오.

1. 논개는 평양 기생이거나, 개성 기생이거나, 진주 기생이다.
   논개는 진주 기생이다.
   ∴ 논개는 평양 기생도 아니고 개성 기생도 아니다.

2. 논개의 입술은 웃음의 입술이거나 울음의 입술이다.
   논개의 입술은 울음의 입술이 아니다.
   ∴ 논개의 입술은 웃음의 입술이다.

3. 금잔디는 심심산천에 붙는 불이거나 가신 님 무덤가의 봄빛이다.
   금잔디는 가신 님 무덤가의 봄빛이다.
   ∴ 금잔디는 심심산천에 붙는 불이 아니다.

4. 김영삼 전 대통령은 조깅 애호가이거나 정치가이다.
   김영삼 전 대통령은 조깅 애호가이다.
   ∴ 김영삼 전 대통령은 정치가가 아니다.

※ 답은 260쪽에 있습니다.

세 번째 여행_ 양도논법

결혼하여 보라

추리는 크게 연역추리와 귀납추리 두 가지로 구분됩니다. 그리고 연역추리는 다시 직접추리와 간접추리로 나뉩니다. 간접추리에는 정언삼단논법, 가언삼단논법, 선언삼단논법 등과 아울러 양도논법이 있습니다.

이제 우리는 간접적 연역추리의 마지막 부분인 양도논법을 살펴볼 단계에 와 있습니다. 가언명제와 선언명제가 함께 섞여 있는 삼단논법을 가리켜서 양도논법dilemma이라고 합니다.

우선 다음 글을 읽은 후 양도논법에 관하여 상세히 알아보기로 합시다. 이 글은 정운용의 〈각자의 코란〉이란 글의 일부입니다.

기원전 3세기 프롤레마이우스 왕조에 의해 건립된 알렉산드리아 도서관의 장서 70만 권이 신앙을 빙자한 광기로 무참하게 잿더미로 변했다. 기원후 7세기 이집트를 점령한 칼리프 오마르 1세의 호기로운 문서 명령은 이랬다.

"이 책들은 코란과 부합하거나 혹은 부합하지 않을 것이다. 만약 부합한다면 그것들은 달리 필요가 없고, 혹시 부합하지 않는다면 그것들은 매우 유해하다. 그러니 즉시 태워버리도록 하라."

이렇게 해서 인류 1천 년의 지혜가 시내 목욕탕의 땔감으로 사라지고 말았다. 실로 대단한 만용이었다. 그러나 정작 내가 놀라는 것은 그런 만용을 부추긴 사물에 대한 단순한 논리였다. 나는 코란의 어느 대목도 인류의 정신을 불살라 몸의 때를 벗기라고 가르치지는 않았으리라 확신한다.

제발 오해가 없기를 바란다. 지난 39일 동안 혼미와 진통을 거듭하던 현대자동차의 노동쟁의가 '극적으로' 타결된 사실에 대해 나 또한 국민의 한 사람으로 크게 반가워한다. 이런 전제는 이 글의 마지막 글자에 이르기까지 변함이 없다. 그러나 그 혼미와 진통의 협상 과정을 주시하면서 경제평론가로서 받은 감상은 다소 그 농도가 다를 수 있다. 노조와 회사와 정부가 모두 자신의 '코란' 만을 강조했고, 그 협상의 결말조차 각자의 코란을 상대에게 강요한 결과라는 느낌을 지울 수 없기 때문이다. 물론 도서관의 책을 불태워 목욕물을 데우는 독재가 제지된 것은 그나마 다행스런 일이다.

현대자동차를 비롯하여 현대 계열사의 노동쟁의는 어떤 특정 재벌기업의 분류를 넘어 노동운동 전반의 진로와 깊이 관련되어 있다. 현대그룹이 국민경제에서 차지하는 비중으로 보아도 그렇고, 현대그룹 노동조합이 노동계에 미치는 영향력으로 보아도 그렇다. 따라서 현대의 노조는 자신의 이해 관철에 못지 않게 현대 밖의 더 열악한 처지의 노동자를 기억하고 그들의 요구를 일정하게 대변해야 하는 책무를 지니고 있는 셈이다. 그것은 자본의 지배 아래 함께 노동하는 현장의 동료들에게 보내는 연대의 표시이기도 하고, 더 나은 삶과 사회를 만들기 위해 같이 투쟁하는 이 시대의 동지들과 나누는 유대의 확인이기도 하다. 그리고 그 연대와 유대는 거꾸로 자신의 힘을 충전하는 동력원이 된다.

협상의 막바지까지 이견을 빚었던 쟁점 가운데는 임금 인상, 해고자 복직, 무노동 무임금 철폐 등의 현안이 들어 있었다. 그런데 이번 협상은 어느 문제에도 제법 그럴듯한 해결의 돌파구를 열지 못했다. 이른바 '잠정 협의안' 자체가 어떤 의미로는 이런 기대를 근본적으로 외면한 것이었다. 현대그룹의 임금은 굳이 회사 쪽의 설명이 없더라도 그렇게 열악한 수준은 아니리라고 짐작된다. 협상을 통해 회사가 제시한 4.7% 인상의 마지노선을 뚫지는 못했지만 수당·상여금·주거지원금 명목으로 상당한 양보를 얻어 냈다. 행여나 그 수확이 노조의 코란이었다면, 그 대가는 너무 비싼 것이었다. 동료 노동자의 생존을 좌우하는 해고자 복직의 실현이나, 단체행동의 권리를 원천적으로 봉쇄해온 무노동 무임금의 위헌적 관행을 시정하기 위한 투쟁이 그 몇 장의 지폐로 인해 뒤로 밀려 났기 때문이다. ……

회사의 대응 자세에 대해서는 구태여 이를 필요가 없다. 해마다 치열하게 벌어지는 노사분규의 원인을 규명하고, 거기에 근본적인 대책을 강구하려는 노력보다는 쟁의로 잃은 손실 계산에만 분주했기 때문이다. 노조의 요구는 아랑곳없이 자동차 수출만이 그의 코란이었던 셈이다. ……

정부 역시 '법대로'라는 코란을 앞세웠지만, 그 논리도 몹시 궁색하다. 그 법대로의 요청인 무노동 부분임금의 이행을 거부한 처사는 고사하고라도, 무려 24년 전의 사례를 뒤져 긴급조정권을 발동함으로써 합법적 쟁의마저 억압하는 무력을 감행했다. 노동부는 노사의 자율해결이란 노사의 자율해결이란 장관의 공언에도 불구하고 현장에 공권력을 동원했다. 누가 무어라 해도 가재는 게 편이고, 정부는 사용자의 편임을 실증한 것이다. '고통분담'의 의미가 그런 것이고, 문민정부가 펼치려는 새로운 노동정책 내용이 정녕 그런 것이라면 우리는 다시 도서관을 불질러 목욕물을 데우는 그 암흑의 시대로 돌아가야 할지도 모른다.

양도논법의 특징

양도논법(dilemma)의 희랍어 원래 뜻은 이중가정입니다. 딜레마는 둘을 뜻하는 di와 가정을 뜻하는 lemma의 합성어입니다.

양도논법은 우선 두 개 이상의 가언명제를 대전제로 가지고, 소전제에서 대전제의 전건 전부를 선언적으로 긍정하거나 아니면 후건 전부를 선언적으로 부정하여 결론을 도출해 내는 삼단논법입니다.

앞의 예문 가운데서 양도논법의 예를 하나 골라봅시다.

> ■ 이 책들이 코란과 부합한다면 그것들은 달리 필요가 없고 혹시 부합하지
> 않는다면 그것들은 매우 유해하다.
> 이 책들은 코란과 부합하거나 부합하지 않는다.
> ∴ 이 책들은 달리 필요가 없으니 불태워버리도록 하라.

양도논법은 결론이 정언명제이면 단순한 것으로, 그리고 결론이 선언명제이면 복잡한 것으로 됩니다. 그리고 소전제가 긍정적이면 구성적인 것으로, 소전제가 부정적이면 파괴적인 양도논법으로 구분됩니다.

그러므로 양도논법에는 단순구성적 양도논법simple constructive dilemma, 단순파괴적 양도논법simple destructive dilemma, 복잡구성적 양도논법complex constructive dilemma, 복잡파괴적 양도논법complex destructive dilemma 등 네 종류가 있습니다.

양도논법의 종류

양도논법의 종류 네 가지를 하나하나씩 살펴보기로 하겠습니다.

1. 단순구성적 양도논법

단순구성적 양도논법은 우선 결론이 정언명제이고, 대전제는 두 개 이상의 가언명제로 되어 있으며, 소전제는 선언명제이며 긍정적인 추리형식입니다.

> ■ 노동자와 사용자가 협상하면 한 달 이상 걸린다. 노사와 정부가 협상해도
> 한 달 이상 걸린다.
> 노동자와 사용자가 협상하거나 노사와 정부가 협상한다.
> ∴ 어떻든 협상하는 데는 한 달 이상 걸린다.

위의 단순구성적 양도논법에서 구체적인 내용을 배제하고 단지 논리적 형식만을 남기면 아래와 같이 됩니다. 구체적으로 단순구성적 양도논법을 만들고자 할 경우 이 논리 형식에 내용을 삽입하면 됩니다.

> ■A이면 B이다. C이면 B이다.
> A이든지 C이다.
> ∴ B이다.

2. 단순파괴적 양도논법

우선 결론이 정언명제이고 다음으로 대전제가 가언명제이며 소전제가 선언명제이고 부정적인 양도논법을 일컬어 단순파괴적 양도논법이라고 합니다. 아래 예를 살펴보기로 합니다.

> ■노사가 협상에 성공하면 회사가 발전한다. 노사가 협상에 성공하면 임금이 인상된다.
> 회사가 발전하지 않든지 임금이 인상되지 않았다.
> ∴ 노사가 협상에 성공하지 못하였다.

단순구성적 양도논법과 마찬가지로 단순파괴적 양도논법을 내용을 제거하고 단지 논리 형식만 남기면 아래처럼 됩니다.

> ■A이면 B이다. A이면 C이다.
> B가 아니든지 C가 아니다.
> ∴ A가 아니다.

3. 복잡구성적 양도논법

우선 결론이 선언명제이고 다음으로 대전제가 두 개 이상의 가언명제이며 소전제는 선언명제이고 긍정적인 추리형식이 복잡구성적 양도논법입니다.

복잡구성적 양도논법의 예를 들면 다음과 같습니다.

> ■정부의 긴급조정권이 발효되면 정상 조업이 실현된다.
> 노사가 협상하면 회사 운영이 악화되기만 한다.
> 정부의 긴급조정권이 발효되거나 노사가 협상한다.
> ∴ 정상 조업이 실현되거나 회사 운영이 악화된다.

이 복잡구성적 양도논법을 논리 형식으로만 표현하면 아래처럼 됩니다.

> ■A이면 B이다. C이면 D이다.
> A이든지 C이다.
> ∴ B이든지 D이다.

4. 복잡파괴적 양도논법

결론이 선언명제이고, 대전제가 두 개 이상의 가언명제로 되어 있으며 소전제
는 선언명제이면서 부정적인 추리형식을 가리켜서 복잡파괴적 양도논법이라고
합니다. 복잡파괴적 양도논법의 예는 다음과 같습니다.

> ■임금을 인상하려면 노사협상을 하여야 할 것이고 회사가 안정하려면 공권
> 력이 투입되어야 할 것이다.
> 노사협상을 하지 않든지 공권력이 투입되지 않는다.
> ∴ 임금을 인상하려고 하지 않든지 회사가 안정하려고 하지 않는다.

이 예를 단순하게 논리 형식에만 의존하여 나타내면 다음과 같습니다.

> ■A이면 B이다. C이면 D이다.
> B가 아니거나 D가 아니다.
> ∴ A가 아니거나 C가 아니다.

뿔 사이로 피하는 방법

고대 희랍 시대부터 논쟁 시 상대방을 꼼짝 못 하게 하고 진퇴양난의 막다른 골목에 몰아넣는 방법으로 많이 사용된 것이 바로 양도논법입니다. 한 칼도 아니고 두 개의 칼로 찔러 궁지에 몰아넣는다는 뜻입니다.

양도논법에 의해서 논리적으로 타당하게 논증하기는 어렵습니다. 특히 복잡구성적 양도논법과 복잡파괴적 양도논법에 의존하여 논리적으로 타당한 논증이나 추리를 한다는 것은 매우 어렵습니다. 대부분의 경우 양도논법은 논쟁 상대방을 궁지에 몰아넣기 위한 수단으로 이용되어 왔습니다. 따라서 많은 경우의 양도논법은 일종의 궤변에 속합니다. 그러면 이제 궤변을 반박할 수 있는 방법이 없을까 생각해 보지 않을 수 없습니다. 궤변을 저지하는 방법에는 두 가지가 있습니다. 하나는 뿔 사이로 피하는 방법이고 또 하나는 뿔로 잡는 방법입니다.

다음의 예는 고대 희랍의 엘레아학파에 속하는 제논의 운동을 부정하는 역설입니다.

> ■만일 어떤 물체가 움직이려면 그것은 자신이 있는 장소에서도 움직일 수 없고 없었던 장소에서도 움직일 수 없다. 왜냐하면 있는 장소에서는 물체만 한 공간을 차지하므로 그 공간이 움직이지 않기 때문이고, 없었던 장소에서는 원래 아무것도 없기 때문이다. 그러므로 물체는 운동할 수 없다.

이와 같은 추리는 양도논법의 일종으로서 궤변에 속합니다. 좀 더 구체적으로 표현하면 제논의 역설은 다음과 같습니다.

① 한 물체는 움직이지 않는 무한한 공간을 점유하고 있기 때문에 결코 움직일 수 없다.

② 화살보다 빠른 아킬레스 신이라고 할지라도 만일 경주하기 전에 거북이가

그보다 약간 앞에 있으면 경주를 시작해도 결코 거북이를 따라잡을 수 없다. 왜냐하면 아킬레스와 거북이는 무한한 공간을 차지하고 있어서 서로 움직일 수 없기 때문이다.

③ 날아가는 화살은 정지하여 있다. 왜냐하면 날아가는 매 순간 화살은 움직이지 않는 일정한 공간에 머물고 있기 때문이다.

양도논법의 소전제는 선언명제이고 그 선언명제는 두 개의 선언지를 가집니다. 선언지는 다른 말로 뿔horn이라고도 하고 '도'(刀), 즉 칼이라고도 합니다.

선언지가 두 개일 경우 양도논법dilemma이라고 하고, 선언지가 세 개일 경우 삼도논법trilemma이라고 하며, 선언지가 네 개 이상일 경우 다도논법polylemma이라고 합니다. 그러면 이제 간단한 형태의 양도논법, 삼도논법 및 다도논법의 예를 들어보기로 하겠습니다.

양도논법 : 물체가 움직인다면 그것은 공간에서 움직이든지 아니면 허공에서 움직인다.

　　　　물체는 공간에서도 허공에서도 움직일 수 없다.

　　　　∴ 물체는 움직이지 않는다.

삼도논법 : 만일 그녀가 현모양처라면 그녀는 가정에 충실하거나 남편의 내조를 훌륭히 하거나 자식을 잘 돌볼 것이다. 그녀는 가정에 충실하지도 않고 남편의 내조에도 관심이 없으며 자식의 교육에도 등한하다.

　　　　∴ 그녀는 결코 현모양처일 수 없다.

다도논법 : 만일 네가 이탈리아 음식을 좋아하면 피자집으로 갈 것이고, 미국 음식을 좋아하면 햄버거집으로 갈 것이고 일식을 좋아하면 생선초밥집으로 갈 것이고 중국식을 좋아하면 자장면집으로 갈 것이다. 그런데

너는 피자집으로도, 햄버거집으로도, 초밥집으로도 그리고 자장면집으로도 가지 않는다.

∴ 너는 이탈리아, 미국, 일본, 중국의 모든 음식을 좋아하지 않는다.

위의 예들 모두에서 선언지들이 완전히 열거되지 못하였습니다. 따라서 위에서 예로 든 모든 추리는 오류를 범하였습니다.

우선 제논의 운동을 부정하는 논증들은 '시간'이라는 뿔(선언지)을 무시했습니다. 물체는 공간을 차지하고 있으면서도 시간으로 인해서 운동할 수 있습니다. 시간은 어떤 물체를 있던 곳에서 없던 곳으로 운동하게 해주는 요소입니다. 이처럼 새로운 선언지(뿔)가 있는 것을 지적함으로써 추리의 오류를 지적하는 것, 다시 말해서 그릇된 주장을 반박하는 것을 일컬어 뿔 사이로 피하기escaping between the horns라고 부릅니다.

'음식을 좋아하지 않는다'라는 예에서 '네가 피자집이나 햄버거집, 초밥집이나 자장면집으로 갈 것이지만, 너는 어느 집으로도 가지 않았으니 이탈리아, 미국, 일본, 중국의 음식을 모두 좋아하지 않는다'라는 주장 역시 선언지가 완전하지 못합니다. 이탈리아 음식은 피자 이외에 스파게티도 있고 미국 음식으로는 햄버거 이외에도 소시지라든가 비프 스테이크도 있으며 일식이나 중국식은 가짓수도 헤아릴 수 없이 많습니다. 그럼에도 불구하고 지극히 제한된 음식과 음식점의 종류를 들고 그곳으로 가지 않는다고 해서 모든 음식을 좋아하지 않는다고 주장하는 것은 억지이자 궤변입니다. 수많은 선언지들(음식들), 즉 뿔이나 칼이 많음을 지적함으로써 뿔 사이로 피할 수 있습니다.

뿔로 잡는 방법

실존철학의 선구자 키에르케고르는 청년 시절 아리따운 처녀 레기네 올센과 약혼하였으나, '자기 자신의 삶도 책임질 수 없는 처지에 어떻게 결혼하며 또 한 인생을 책임질 수 있겠는가'라는 회의에 빠져 약혼을 파기하고 말았습니다. 키에르케고르가 했다고 전해지는 다음과 같은 말이 있습니다.

> ■ 결혼하여 보라. 그러면 그대는 불행할 것이다.
> 결혼하지 않고 혼자 살아 보라. 그래도 역시 그대는 불행할 것이다.
> 그대는 결혼하거나 아니면 홀로 살 것이다.
> ∴ 그대는 결혼하든 홀로 살든 불행할 것이다.

이 예에서 '결혼하여도 불행하고 결혼하지 않아도 불행하다'라는 것은 하나의 뿔만을 잡은 것이고, 이 내용을 주장하는 논증자는 이 명제와 모순되는 경우가 가능함을 보지 못하고 있습니다. 따라서 이 명제와 모순되는 뿔을 무기로 삼아 논박하는 방법이 바로 뿔로 잡기taking the dilemma by the horns입니다.

위에서 든 예를 뿔로 잡아 논박하면 다음처럼 됩니다.

> ■ 결혼하여 보라. 그러면 그대는 행복할 것이다.
> 결혼하지 말고 홀로 살아 보아라. 그래도 그대는 행복할 것이다.
> 그대는 결혼하거나 홀로 살 것이다.
> ∴ 그대는 결혼하여도 행복할 것이고 홀로 살아도 행복할 것이다.

고대 희랍의 수도 아테네에 청년과 어머니 두 사람이 있었습니다. 청년은 수사학, 웅변술, 대화법 등을 배우고 정치적 야망에 불타서 직접 정치계에 뛰쳐나가 활동하고자 하였습니다. 그러나 어머니는 이 사실을 알고 험악한 사회에 나가 아들이 파멸할까 봐 걱정이 태산 같았습니다.

"애야, 이 에미는 너의 능력도 알고 또 네 꿈도 잘 알고 있단다. 그렇지만 사회가 이렇게 혼란할 때는 몸조심이 제일이란다. 신중히 생각해 보렴. 살벌한 정치판에 뛰어들어 만일 네가 진실을 열변으로 토해내면 세상의 뭇사람들이 너를 미워할 것이다. 그렇다고 해서 네가 사회와 결탁해서 거짓말하기를 일삼는다면 신이 너를 증오할 것이다. 그렇지만 네가 웅변할 경우 너는 진실을 말하든지 아니면 허위를 그럴듯하게 꾸며대지 않으면 안 될 것이야. 그렇게 된다면 너는 세상 사람들로부터 미움의 대상이 되든지 아니면 신으로부터 버림을 받든지 할 수밖에 없어."

아직 인생의 쓴맛, 단맛을 다 보지 못하고 혈기에 찬 청년은 지금이야말로 자신이 배운 대화술을 이용해서 어머니를 꼼짝 못 하게 설득시킬 절호의 기회라고 생각하고 사뭇 여유 있게 입을 열었습니다.

"어머니, 저도 이제 나이 스무 살이 넘었고 배울 만큼 배워서 알 만한 것은 어느 정도 압니다. 만일 제가 오직 진실만을 토로한다면 정녕 신이 저를 사랑할 것입니다. 그러나 어쩔 수 없이 제가 사회와 타협해서 거짓을 말할 경우 세상 사람들이 저를 사랑하고 아낄 것입니다. 그런데 어머니 말씀대로 제가 말할 때 저는 진실을 말하든지 아니면 거짓을 말하지 않으면 안 됩니다. 그렇다면 저는 신의 사랑을 흠뻑 받든지 아니면 세상 사람들로부터 충분한 사랑을 받을 것입니다."

가언명제는 전건 '만일 …이면'과 후건 '…이다'로 되어 있습니다. 앞의 예에서 두 개의 전건 '네가 진실을 말하면'과 '네가 허위를 말하면'에 대해서 어머니는 두 개의 후건 '세상 사람들이 너를 증오한다'와 '신이 너를 증오한다'를 주장했습니다. 그러나 아들이 주장한 것처럼 어머니가 주장한 두 개의 후건에 모순되는 두 개의 후건이 가능합니다. 즉, '신이 나를 사랑할 것이다'와 '세상 사람들이 나를 사랑할 것이다'의 후건은 어머니가 주장한 후건과 모순되는 말입니다. 이렇게 논쟁 상대방이 주장하는 것과 모순되는 후건을 뿔로 잡아 상대방의 주장을 논파하는 추리형식이 바로 뿔로 잡는 방법입니다.

뿔로 잡는 방법으로 어떤 주장을 논박하는 대표적인 예는 프로타고라스와 그의 제자 사이에 벌어진 논쟁에서 찾을 수 있습니다.

프로타고라스는 초기 궤변철학자(소피스트) 중에서 가장 대표적 인물입니다. 그는 어떤 사물을 한 눈만 뜨고 볼 때, 두 눈 다 뜨고 볼 때 그리고 두 눈을 다 감고 그 사물을 대할 때 똑같은 한 사물이라도 서로 다를 수밖에 없다고 주장했습니다. 따라서 이성에 의한 객관적 지식은 불가능하고 오직 감각에 의한 주관적 지식밖에 있을 수 없다고 하였습니다.

철학의 문제를 자연으로부터 인간의 본성으로 전환시키고 정치, 사회문제를 논하고 또한 인간의 교육문제를 취급한 점에서 프로타고라스는 초기 궤변철학자들과 함께 인류의 사상사에 긍정적인 역할을 행한 점도 있습니다.

그렇지만 궤변론자들은 청년들에게 지식을 판 대가를 받았고 따라서 그들이 당시에 비록 아는 자sophos로 일컬어졌다고 할지라도 '참다운 지식'이 아니라 출세의 수단인 지식을 팔고 아울러 궤변을 일삼게 되었으므로 이들은 후일 궤변철학자로 일컬어지게 되었습니다.

다음 예는 프로타고라스와 그의 제자 유아틸로스 사이의 수업료에 관한 논쟁으로 전해지는 내용입니다. 프로타고라스는 아테네에서 논쟁술의 대가였으므로 유아틸로스는 그에게서 유창한 논쟁술을 배우려고 했습니다.

프로타고라스와 유아틸로스는 수업하기 전에 수업료의 절반은 선불로 지급하기로 약속했습니다. 수업료의 나머지 절반은 유아틸로스가 논쟁술을 다 배우고 나서 법률가로 개업하여 첫 소송에 이길 경우 갚기로 했습니다.

유아틸로스는 훌륭한 성적으로 프로타고라스로부터 논쟁술을 모두 배우고 수료했습니다. 그럼에도 불구하고 유아틸로스는 수업료의 절반을 지불할 생각을 꿈에도 하지 않았습니다.

프로타고라스는 '유아틸로스 네 놈이 아무리 논쟁을 잘한다고 해도 풋내기 애송이에 지나지 않아'라고 생각하여 유아틸로스를 법정에 고소했습니다. 법정에서 프로타고라스는 위엄있게 유아튈로스를 향해서 말했습니다.

"유아튈로스, 만일 자네가 이 소송에 질 경우 자네는 법의 판결에 따라서 수업료를 지불하여야 할 것이다. 그러나 만일 자네가 이 소송을 이긴다면 애초에 우리가 약속한 대로 자네가 첫 번째 소송을 이기는 것이니 역시 수업료의 나머지 절반을 반드시 지불하여야 한다. 자네는 이 소송을 지든 아니면 이기든 할 것이다. 그러니까 자네는 어떤 경우에든 수업료의 나머지 절반을 나에게 지불하여야 한다."

이러한 프로타고라스의 주장에 대해서 젊은 유아튈로스는 기세당당하게 다음처럼 맞섰다고 합니다.

"만일 제가 이 소송에서 지게 된다면 첫 번째 소송에 이길 경우에 지불한다는 우리의 약속에 따라서 저는 수업료를 지불할 필요가 없습니다. 만일 제가 이 소송에 이긴다면 법의 판결에 따라 저는 수업료의 나머지 절반을 지불하지 않아도 됩니다. 저는 분명히 이 소송에 지지 않으면 이깁니다. 따라서 저는 어떤 경우에든 수업료를 지불할 필요가 없습니다."

위의 예에서 유아튈로스는 프로타고라스가 주장한 대전제의 후건에 모순된 경우를 뿔로 잡아서 스승 프로타고라스의 주장을 논박하였습니다. 그러나 앞에서도 잠깐 밝혔거니와 양도논법, 삼도논법, 다도논법 등은 논쟁 상대방을 꼼짝 못하도록 궁지에 몰아넣기 위해서 흔히 사용하는 추리형식으로서 논리적 타당성을 밝히는 것이 매우 어렵습니다. 왜냐하면 이와 같은 간접추리의 명제들은 가언명제와 선언명제가 섞인 것들이기 때문입니다.

그리고 특히 궤변을 논파하는 데 사용되는 양도논법, 삼도논법 등은 역시 상대 주장의 그릇됨을 논박하는 데 주로 사용되기는 해도 논리적 타당성을 밝히기는 힘듭니다. 왜냐하면 뿔 사이로 피하는 방법이나 또는 뿔로 잡는 방법도 역시 양도논법, 삼도논법 등의 추리형식을 가지기 때문입니다.

되돌아 보아야 할 문제들

다음의 양도논법에 대하여 반론을 전개해 보십시오.

1. 아기를 납치해 간 유괴범이 아기의 어머니에게 전화를 걸었다.

   "내가 아기의 몸값을 받은 후 내가 당신에게 아기를 돌려줄 마음이 있는지 당신이 알아맞힌다면 아이를 돌려주겠소."

   아기 어머니는 울면서 전화기에 대고 답했다.

   "당신이 원하는 대로 가지고 있는 돈은 다 주겠어요. 그러나 당신의 음성을 들으니 아기를 돌려줄 마음이 없는 것 같군요."

   유괴범은 기분 나쁘게 웃으면서 계속해서 말했다.

   "당신 말대로 나는 아기를 당신에게 돌려줄 수 없소. 만일 당신이 내 마음을 알아맞혔다면 내가 돌려줄 마음이 없다는 것이 사실이므로 돌려줄 수 없소. 그러나 만일 당신이 내 마음을 알아맞히지 못했다면 처음 약속대로 아기를 돌려줄 필요가 없소. 어떻든 나는 당신에게 아기를 돌려줄 필요가 없는 것이오."

2. 만일 우리 집 개가 죽었다면 그것은 살아 있을 때 죽었거나 죽었을 때 죽었거나 둘 중의 하나이다. 우리 집 개는 살아 있는 동안에는 죽지 않았다. 왜냐하면 우리 집 개가 살아 있는 동안 그것은 분명히 살아 있었고 아직 죽지 않았기 때문이다. 그리고 죽어 있을 때는 죽지 못한다. 왜냐하면 죽은 것이 또 죽는 것은 불가능하기 때문이다. 그렇기 때문에 우리 집 개는 죽지 않는다.

3. 이 책은 코란과 부합하거나 혹은 부합하지 않을 것이다. 만일 부합한다면 그것들은 달리 필요가 없고, 혹시 부합하지 않는다면 그것들은 매우 유해하다. 그러니 이 책들을 즉시 태워버리도록 하라.

※ 답은 260~261쪽에 있습니다.

네 번째 여행_ 귀납추리란 어떤 것인가

제갈량의 출사표

귀납추리와 연역추리

우리는 지금까지 주로 연역추리의 성질과 종류 그리고 다양한 연역추리의 형식들에 있어서 어떻게 하면 논리적 오류를 피하고 타당한 추리를 할 수 있는가 등에 관해서 비교적 상세히 검토해 보았습니다. 〈경험편〉의 마지막 부분을 장식하는 것은 귀납추리입니다.

지금까지 살펴본 연역추리는 일반적 원리를 개별 사실들에 적용하는 방법이었습니다. 이에 반하여 귀납추리는 특수한 사실들을 바탕으로 삼아 그것들로부터 일반 원리(보편 원리)를 도출해 내는 방법입니다.

연역법deduction 또는 연역추리deductive inference를 최초로 체계화하고 완성시킨 사람은 희랍 철학자 아리스토텔레스입니다. 물론 아리스토텔레스는 연역추리와 아울러 귀납추리의 중요성도 역설하였지만 주로 연역추리의 체계화에 심혈을 기울였습니다. 아리스토텔레스의 연역추리는 중세를 거쳐 근대까지 논리학의 세계를 지배하였습니다.

그러나 영국의 경험론과 함께 연역법에 반기를 든 귀납추리가 학문의 새로운 방법으로 등장하였습니다. 다음 글을 읽어보면 귀납법induction 또는 귀납추리inductive inference가 어떤 것인지 윤곽을 잡을 수 있을 것입니다.

포퍼의 과학적 이론은 과학 방법론을 근거로 삼는 이론으로서, 그것은 시험 가능한 한에 있어서만 타당성을 갖는다. "상상으로라도 그 이론이 반증될 수 있는 과학적 증거가 어떤 것인가를 알 수 있을 때만 그 이론은 시험 가능한 것이다. 그리고 시험 가능한 때만 그 이론은 과학적인 이론이다." 포퍼는 시험 가능한 이론을 과학에, 그리고 시험 불가능한 이론을 비과학(또는 사이비 과학)에 해당하는 것으로 본다. 따라서 포퍼가 과학과 비과학의 구획설정의 기준으로서 제시하는 반증가능성과 논리 실증주의자들이 의미와 무의미 사이를 구분하는 기준으로 주장하는 검증가능성 간의 차이점이 무엇인지가 밝혀져야 할 것이다.

논리실증주의자들은 유의미한 명제의 종류를 두 가지로 보고 있다. (가)논리학과 수학의 명제는 경험과 무관하게 그 자체로 참과 거짓이 드러난다. 논리학과 수학에서 참인 명제는 동어반복이고 거짓인 명제는 모순명제이다. (나)관찰에 의해서 참이나 거짓이 결정되는 경험명제는 유의미하며 그렇지 못한 모든 명제는 무의미하다.

포퍼는 여기에서 말하는 관찰의 기준인 검증가능성의 원리가 근본적으로 그릇된다는 것을 지적한다. "과학적 법칙의 전칭명제는 확실히 검증할 수 없는 것이다. 따라서 검증 원리는 형이상학뿐 아니라 자연과학 전체를 송두리째 제거한다. 둘째로 검증 원리는 모든 형이상학이 의미 없는 것이라고 선언하였다. 그러나 역사적으로 볼 때 세계에 대한 미신적이고 신비적이며 종교적인 관념이 형이상학에서 싹터 나왔다." 논리실증주의자들에 의하면 검증 가능한 명제는 검증의 단계에 있어서 무한순환에 빠지며, 또한 동어반복적인 것으로 그 자체로 참이라기보다 오히려 가설(추측)을 근거로 삼기 때문에 이들 양자는 모두 무의미한 것이 되고 만다.

특히 포퍼는 형이상학의 문장이 검증의 대상이 될 수 없으므로 무의미하다는 견해에 반대하는데, 그 이유는 형이상학적 명제 역시 인간 활동의 산물로서 참답고 유의미할 수 있기 때문이다. 단지 그것은 시험의 대상이 될 수 없으므로 과학적 명제가 될 수 없을 뿐이다.

포퍼는 과학과 비과학을 구분하는 데 있어서 논리실증주의자들이 채택한 의미 있는 문장과 무의미한 문장의 구분을 배격하고 반증 가능한 명제와 그렇지 않은 명제를 구분함으로써 구획설정의 기준을 제공하고자 한다. 포퍼는 지식이 고정된 것이라고 믿지 않고, 지식은 증가하며 진화한다고 믿는다. 지식과 아울러 무지도 증대되며 끊임없이 반증에 의하여 무지로부터 지식의 증대를 추구하려고 하는 것이 포퍼의 과학적 노력이다. "과학적 지식의 성장은 가장 중요하고도 흥미로운 지식 성장의 경우이다." 포퍼는 반증이론에 의해서 과학적 지식, 곧 경험적 지식의 성장이 가능하다고 믿는다.

포퍼에 의하면 과학적 지식, 다시 말해서 경험적 체계는 일관성 있는 체계를 충족시킬 뿐만 아니라 반증이 가능해야 한다. 논리실증주의자들의 검증가능성의 원리가 폐쇄적이라면 포퍼의 반증가능성의 원리는 개방적이라고 할 수 있다.

칼 포퍼는 원래 오스트리아 태생이지만 청년 시절부터 영국에서 활동한 대표적 현대 철학자 중 한 사람으로서 《과학적 발견의 논리》, 《객관적 지식》, 《열린사회와 그 적들》 등을 저술하였습니다.

위 예문에서 볼 수 있듯이 포퍼가 주장하는 반증가능성의 원리 역시 넓은 의미의 귀납법에 속합니다. 대상을 하나하나 관찰하거나 이론을 차근차근히 살핌으로써 일반적인 지식에 접근하고자 하는 것이 반증가능성의 원리가 지니고 있는 의미입니다.

간단히 말해서 '백조는 희다'가 참인 것으로 알려져 있지만 가능한 한 모든 백조를 관찰하여 검은 백조도 있다는 것이 밝혀진다면, '백조는 희다'라는 명제는 반증이 가능하고 백조에 관한 지식은 '백조는 보통 희지만 간혹가다가 검은 것도 있다'라는 것으로 확장됩니다. 이와 같이 개별 사실을 출발점으로 삼아서 일반 원리(보편 원리)를 이끌어 내는 학문의 방법이 바로 귀납법 또는 귀납추리입니다.

이러한 귀납추리는 아리스토텔레스가 언급하긴 했지만, 그 이전의 소피스트들(궤변철학자들)에게서 싹이 보이고 중세를 통해서 유명론nominalismus에서 어느 정도 언급됩니다.

귀납추리가 본격적으로 제시되고 체계화된 것은 영국 경험론의 시조인 베이컨에 이르러서입니다. 베이컨 이후 로크, 흄 등에 의해서 귀납추리가 정착되지만, 귀납추리를 체계적으로 완성한 것은 영국의 공리주의 철학자 밀J.S.Mill입니다. 일반적으로 연역추리는 신학, 철학, 역사학, 수학 등에서 주로 사용되고 있으며 귀납추리는 자연과학에서 주로 채택되고 있습니다.

귀납추리의 특징

우선 다음 글을 읽은 후 귀납추리의 특징에 관해서 살펴보기로 합시다.

또 한 가지 빼놓을 수 없는 명문장으로 제갈량이 남긴 전·후 두 편의 출사표가 있다. 출사표는 출진할 때 임금에게 올리는 표문을 말하는 바, 남만 정벌을 끝낸 제갈량이 위나라 정벌을 단행할 것을 결심하고 그 뜻을 적어 후주 유선에게 올린 글이다.

제갈량은 출사표에서 후주 유선이 유념해야 할 일을 마치 자애로운 아버지처럼 하나하나 일깨워주고 있다. 먼저 천하의 현실과 촉이 처한 상황을 설파한 다음, 충량한 신하에게 신임을 더할 것을 권하고, 마지막으로 선제 유비와 자신과의 만남을 회고하면서 아울러 자신의 확고한 결심을 밝히고 있다.

신 양 아뢰옵니다.

선제께서는 창업이 다 이루어지기 전에 중도에서 돌아가셨습니다. 이제 천하는 셋으로 나뉘어 있고 그중에서 우리 촉이 가장 피폐합니다. 참으로 나라가 흥하느냐, 망하느냐가 달린 위급한 때입니다. 그러하되, 모든 신하가 안에서 게으르지 않고 충성스런 무사가 밖에서 제 몸을 돌보지 않는 것은 모두 선제에게서 입은 은혜를 폐하께 갚으려 함인 줄 압니다.

마땅히 귀를 넓게 여시어 선제의 유덕을 밝히시며 뜻 있는 선비들의 의기를 더욱 넓히고 북돋아야 할 것입니다. 스스로 덕이 없고 재주가 모자란다고 함부로 단정해서는 결코 안 되며, 헛되이 의를 잃고 덕을 잃음으로써 충간의 길을 막아서도 아니 됩니다. 궁중과 조정은 하나가 되어야 하며, 벼슬을 올리거나 벌을 주는 일, 옳고 그름을 구별하는 일은 일관성을 유지해야 합니다.(중략)

현신을 가까이하고 소인을 멀리했기 때문에 전한은 훌륭했고, 소인을 가까이하고 현인을 멀리했기 때문에 후한은 쇠퇴했습니다. 선제께서는 살아계실 때 항상 이 일을 신과 이야기하면서 일찍이 환제와 영제 시절의 어지러움에 탄식하고 통한하셨습니다.

신은 원래 아무 벼슬도 없이 남양에서 밭을 갈며 어지러운 세상에 한 목숨이나 지키며 지낼 뿐 조금이라도 제 이름이 제후의 뒤에 들어가는 것은 바라지 않았습니다. 그런데 선제께서는 신의 비천함을 돌보지 않으시고 귀하신 몸을 굽혀 친히 세 번이나 신의 초려를 찾아와 세상의 일을 의논하셨습니다. 신은 이에 감격하여 마침내 선제를 따르게 되었습니다. 그 후에 선제의 세력이 뒤엎어지려 할 때 신은 싸움에 진 군사들 틈에서 소임을 맡았으며, 그 어려움 속에서 명을 받들어 이제 21년이 지났습니다. 선제께서는 신의 근신을 아시고 돌아가실 때 신에게 나라의 큰일을 맡기셨습니다. 명을 받은 이래, 신은 아침부터 밤까지 그 당부를 들어드리지 못하여 선제의 밝으심을 그르칠까 봐 늘 두려워했습니다. 그리하여 지난 5월에는 노수를 건너 거친 오랑캐의 땅에 깊숙이 들어갔습니다. 이제 다행히 남방은 평정되었고 싸움에 쓸 무기며 군마도 이로써 넉넉합니다. 이제 3군을 인솔하여 북으로 중원을 평정하고자 합니다. 느리고 무딘 재주나마 힘을 다하여 간사하고 흉악한 무리를 쳐 없애고 한실을 부흥

시킴으로써 옛 서울을 되돌려 놓겠습니다. 이는 신이 선제의 뜻을 받드는 길일 뿐만 아니라 폐하께 충성을 다하기 위해서도 마땅히 해야 할 일입니다.

– 최용현 지음, 《삼국지 인물 소프트》 중에서

이제 제갈량의 전 출사표의 구절들을 이용해서 귀납추리의 예를 한 가지 만들어 보면 다음과 같습니다.

> ■ 귀를 넓게 열고 선제의 유덕을 밝히고 뜻 있는 선비를 북돋는 사람은 훌륭한 임금이다.
> 귀를 넓게 열고 선제의 유덕을 밝히고 뜻 있는 선비를 북돋는 사람은 탁월한 제후이다.
> ∴ 모든 탁월한 제후는 훌륭한 임금이다.

위의 귀납추리를 논리적으로 형식화하면 다음처럼 됩니다.

> ■ A·B·C·D …… 는 P이다.
> A·B·C·D …… 는 S이다.
> ∴ 모든 S는 P이다.

T.I.P 왼쪽 귀납추리의 형식에서 A·B·C·D 는 A 그리고 B 그리고 C 그리고 D 등을 말합니다.

이 귀납추리의 형식을 삼단논법의 격에 알맞게 표현하려면 A·B·C·D ……를 중명사(M)로 나타내면 됩니다. 그러면 위의 추리는 정언삼단논법의 3격에 해당하는 식으로 변형될 수 있습니다. 정언삼단논법 3격의 식은 다음과 같습니다.

> ■ M—P
> M—S
> ∴ S—P

그러면 귀납추리의 일반형식이 정언삼단논법의 3격과 일치하느냐하는 물음이 제기될 수 있습니다. 귀납추리의 일반형식은 정언삼단논법의 3격과 비슷하다고는 말할 수 있어도 두 가지가 서로 일치할 수 없습니다. 왜냐하면 귀납추리는 확률이나 통계의 성격이 있고, 정언삼단논법은 어디까지나 필연적인 추리 형식이기 때문입니다. 정언삼단논법의 3격은 결론이 특칭일 경우에만 타당한 식이 될 수 있습니다.

> ■ 제후(M)는 인간(P)이다.
> 제후(M)는 동물(S)이다.
> ∴ 약간의 동물(S)은 인간(P)이다.

이 예에서 보듯이 귀납추리는 정언삼단논법의 3격에 해당하므로 정언삼단논법의 3격과 마찬가지로 결론이 전칭이면 원칙적으로 오류를 범합니다.

그렇지만 소전제의 A·B·C·D…… 등의 개념의 범위(외연)가 소명사(S)의 범위(외연)와 완전히 일치한다면, 소명사(S)가 주연되기 때문에 전칭 결론을 도출해도 오류를 범하지 않습니다. 또 하나의 귀납추리의 예를 들어 봅시다.

> ■ 현신을 가까이하고 소인을 멀리하고 궁중과 조정이 하나가 되게 하고 옳고
> 그름을 구별하면 성군이 된다.
> 현신을 가까이하고 소인을 멀리하고 궁중과 조정이 하나가 되게 하고 옳고
> 그름을 구별하면 현군이 된다.
> ∴ 모든 현군은 성군이다.

정언삼단논법 3격의 식은 결론이 반드시 특칭이어야 합니다. 그러나 정언삼단논법 3격에 해당하는 위의 귀납추리의 결론 '모든 현군은 성군이다'는 전칭명제입니다. 이렇게 귀납추리에서 전칭명제가 가능하려면 개별적 사실들을 모두 완전하게 열거하여야 합니다. 그러므로 바로 앞에서의 귀납추리를 보다 더 결함 없이 나타내면 다음과 같이 됩니다.

■ 현신을 가까이하고 소인을 멀리하고 궁중과 조정이 하나가 되게 하고 옳고 그름을 구별하면 성군이 되는 임금이 많다.
현신을 가까이하고 소인을 멀리하고 궁중과 조정이 하나가 되게 하고 옳고 그름을 구별하여 현군이 되는 왕이 많다.
∴ 모든 현군은 아마도 성군일 것이다.

개별 사실들을 빠짐없이 완전히 열거할 수 있다면 귀납추리는 정언삼단논법의 3격에 일치할 수 있습니다. 따라서 그러한 경우의 귀납추리는 보편 법칙을 도출해낼 수 있습니다. 이러한 의미에서 정언삼단논법의 3격을 귀납격이라고도 부릅니다.

귀납추리의 한계

다음 글을 읽은 후 귀납추리의 한계에 관해서 알아보기로 합시다.

여섯 번째 별은 열 배나 더 넓은 별이었다. 거기에는 대단히 큰 책을 쓰고 있는 한 노신사가 살고 있었다.
"야! 탐험가가 하나 왔다!"
그는 어린 왕자를 보자 이렇게 소리 질렀다.
어린 왕자는 책상 위에 앉아서는 숨을 약간 헐떡였다. 벌써 얼마나 많이 여행을 했는가!
"어디서 오니?"
노신사가 물었다.
"이 커다란 책은 뭐예요?"
어린 왕자가 물었다.
"여기서 무얼 하세요?"
"난 지리학자야."

노신사가 말했다.

"지리학자가 뭔데요?"

"바다, 강, 도시, 산, 사막이 어디 있는가를 아는 학자지."

"이건 재미있군. 이제 직업다운 직업을 보게 되었군."

이렇게 말하고서 그는 지리학자의 별을 한 바퀴 훑어보았다.

그렇게 훌륭한 별을 이때까지 그는 본 적이 없었다.

"할아버지 별은 썩 아름답네요. 큰 바다도 있나요?"

"나야 알 수 없지."

지리학자가 말했다.

"그래요?(어린 왕자의 기대가 어그러졌다) 산은요?"

"나야 알 수 없지."

지리학자가 말했다.

"도시와 강과 사막은요?"

"그것도 알 수 없지."

지리학자가 말했다.

"할아버진 지리학자라면서요?"

"그렇지."

지리학자가 말했다.

"하지만 난 탐험가는 아니야. 나에겐 탐험가가 하나도 없단다. 도시나 강, 산, 바다, 대양, 사막을 세러 다니는 건 지리학자가 하는 일이 아니야. 지리학자는 아주 중요하니깐 돌아다닐 수가 없는 거야. 서재를 떠나지 못하는 거지. 하지만 탐험가들을 만나 보지. 그들에게 질문을 하고 그들이 여행에서 회상해 내는 것을 기록해 두는 거야. 그들 중의 어느 하나가 회상해 낸 게 흥미를 당기면, 지리학자는 그 탐험가의 인격을 조사시키지."

"왜요?"

"탐험가가 거짓말을 하면 지리책에 큰 난리가 나니까 그러는 거지. 그리고 탐험가가 술꾼인가 아닌가도 조사시키지."

"왜요?"

"술꾼들은 물건을 둘로 보니까 그러는 거지. 그렇게 되면 실제로 하나밖에 없는데 둘로 기록할 것 아니겠니?"

"좋지 못한 탐험가가 될 만한 사람을 전 알고 있어요."

어린 왕자가 말했다.

"그럴 수가 있지. 그래서 탐험가의 인격이 건전하면 그가 발견한 것을 조사시키는 거야."

"가 보나요?"

"아니야. 그건 너무 복잡해. 그래서 탐험가에게 증거를 내보이라고 요구하지. 예를 들어 큰 산을 발견했다고 하면, 큰 돌을 가져오라고 요구하는 거야."

지리학자가 갑자기 흥분을 했다.

"그런데 넌 멀리서 왔지? 탐험가지? 네 별 이야길 해 다오."

그리고는 지리학자는 장부를 펼쳐 놓고 연필을 깎는다. 우선 탐험가들의 이야기는 연필로 적어둔다. 탐험가가 증거를 제시하여야만 잉크로 적는 것이다.

"오, 제 별은 흥미 있는 게 못 돼요."

어린 왕자가 말했다.

"아주 작아요. 화산이 셋 있는데 둘은 활화산이고 하나는 사화산이에요. 하지만 알 수야 없죠."

"알 수야 없지."

지리학자가 말했다.

"꽃이 하나 있구요."

"꽃은 기록하지 않는단다."

지리학자가 말했다.

"왜요? 제일 예쁜 건데."

"꽃은 순간적이니까."

"순간적이라는 게 무슨 뜻이에요?"

- 생텍쥐페리, 김현 옮김, 《어린 왕자》 중에서

이 글 중에서 탐험가와 사화산을 선택해서 귀납추리를 만들어 보면

- 새로운 강, 산, 섬, 바다를 찾는 사람들은 모험심이 강한 이들이다.
  새로운 강, 산, 섬, 바다를 찾는 사람들은 탐험가이다.
  ∴ 모든 탐험가는 모험심이 강한 이들이다.

- 백두산, 지리산, 금강산, 한라산은 오래전에 화산 활동이 중지된 산이다.
  백두산, 지리산, 금강산, 한라산은 모두 사화산이다.
  ∴ 모든 사화산은 오래전에 화산 활동이 중지된 산이다.

이들 두 가지 귀납추리의 형식은 정언삼단논법의 3격의 식에 해당합니다. 그렇지만 이들 귀납추리는 엄밀히 말해서 정언삼단논법의 3격의 식과 똑같지는 않습니다.

물론 개별 사실들은 완전히 열거해서 일반 원리(보편 원리)로 이끌어 낼 수만 있다면 귀납추리의 결론도 전칭이 될 수 있습니다. 특히 감각 경험과 관찰의 대상이 되는 개별 사실들은 거의 무한합니다. 예컨대, '사화산'만 해도 오래전에 화산 활동이 끝난 무한한 수의 산들을 모두 열거하여 그것들이 사화산이라고 주장한다는 것은 불가능한 일입니다.

또는 '한국인의 평균수명이 81세이다'라든가 '한국 여성의 평균수명은 84세이고 남성의 평균수명은 77세이다'라고 할 경우 모든 사람들, 모든 여성과 남성이 죽는 나이를 일일이 조사할 수는 없습니다. 게다가 일반 법칙은 미래에도 타당하여야 하는데 사화산의 경우 어느 순간 갑자기 화산 활동을 재개하여 활화산이 될 수도 있습니다. 그러므로 귀납추리에서는 일부의 개별 사실만을 바탕으로 삼으면서도 마치 개별 사실 전체를 수집한 것처럼 정리하는 '논리적 비약'을 범하지 않을 수 없습니다.

논리적 비약과 인과율

귀납추리는 논리적 비약을 범한다는 사실을 앞에서 살펴보았습니다. 논리적 비약이 있음에도 불구하고 귀납추리의 정당함을 말할 수 있는 근거가 어디에 있는지를 알아보기 전에 우선 다음 글을 읽어봅시다. 이 글은 현진건의 〈고향〉이라는 단편소설의 일부입니다.

나는 무엇이라고 위로할 말을 몰랐다. 한동안 머뭇머뭇이 있다가 나는 차를 탈 때에 친구들이 사 준 정종병 마개를 빼었다. 찻잔에 부어서 그도 마시고 나도 마셨다.…… 그는 다시 말을 계속하였다. 그 후 그는 부모 잃은 땅에 오래 머물기 싫었다. 신의주로, 안동현으로 품을 팔다가 일본으로 또 벌이를 찾아가게 되었다. 규우슈우 탄광에 있어도 보고, 오오사까 철공장에도 몸을 담아 보았다.…… 화도 나고 고국산천이 그립기도 하여서 훌쩍 뛰어 나왔다가 오래간만에 고향을 둘러보고 벌이를 구할 겸 서울로 올라가는 길이라 한다.

"고향에 가시니 반가와 하는 사람이 있습디까?"

나는 탄식하였다.

"반가와 하는 사람이 다 뭔가요, 고향이 통 없어졌더마."

"그렇겠지요. 9년 동안이나 퍽 변했겠지요."

"변하고 뭐고 간에 아무것도 없더마. 집도 없고, 사람도 없고, 개 한 마리도 얼씬을 않더마."

"그러면 아주 폐농이 되었단 말씀이요?"

"흥, 그렇구마. 무너지다 만 담만 즐비하게 남았즈마. 우리 살던 집도 터야 안 남았는기오만 찾아도 못 찾겠더마. 사람 살던 동리가 그렇게 된 것을 혹 구경했는기오?" (중략)

"참! 가슴이 터지더마, 가슴이 터져."

하자마자 굵직한 눈물 두어 방울이 뚝뚝 떨어진다.

나는 그 눈물 가운데 음산하고 비참한 조선의 얼굴을 똑똑히 본 듯싶었다. 이윽고 나는 이런 말을 물었다.

"그래, 이번 길에 고향 사람은 하나도 못 만났습니까?"

"하나 만났구마, 단지 하나."

"친척되는 분이던가요?"

"아니구마, 한 이웃에 살던 사람이구마."

하고 그의 얼굴은 더욱 침울했다.

"여간 반갑지 않으셨겠지요."

"반갑다마다, 죽은 사람을 만난 것 같더마. 더구나 그 사람은 나와 까닭도 좀 있던 사람인데……."

"까닭이라니?"

"나와 혼인 말이 있던 여자구마."

"하아!"

나는 놀란 듯이 벌린 입이 닫혀지지 않았다.

"그 신세도 내 신세만이나 하구마."

하고 그는 또 이야기를 계속하였다. 그 여자는 자기보다 나이 두 살 위였는데, 한 이웃에 사는 탓으로 같이 놀기도 하고 싸우기도 하며 자라났다. 그가 열네 살 적부터 그들 부모들 사이에 혼인 말이 있었고 그도 어린 마음에 매우 탐탁하게 생각하였다. 그런데 그 처녀가 열일곱 살 된 겨울에 별안간 간 곳을 모르게 되었다. 알고 보니, 그 아비 되는 자가 이십 원을 받고 대구 유곽에 팔아먹은 것이었다. 그 소문이 퍼지자 그 처녀 가족은 그 동리에서 못 살고 멀리 이사를 갔는데, 그 후로는 물론 피차에 한번 만나지도 못하였다. 이번에야 빈터만 남은 고향을 구경하고 돌아오는 길에 읍내에서 그 아내 될 뻔한 댁과 마주치게 되었다.

처녀는 어떤 일본 사람 집에서 아이를 보고 있었다. 궐녀는 이십 원 몸값을 십 년을 두고 갚았건만 그래도 주인에게 빚이 육십 원이나 남았었는데, 몸에 몹쓸 병이 들어 나이 늙어져서 산송장이 되니까, 주인되는 자가 특별히 빚을 탕감해 주고, 작년 가을에야 놓아 준 것이었다.

궐녀도 자기와 같이 십 년 동안이나 그리던 고향에 찾아오니까 거기에는 집도 없고, 부모도 없고 쓸쓸한 돌무더기만 눈물을 자아낼 뿐이었다. 하루해를 울어 보내고 읍내로 돌아와서 돌아다니다가, 십 년 동안에 한 마디 두 마디 배워 두었던 일본말 덕택으로 그 일본집에 있게 되었던 것이었다.

"암만 사람이 변하기로 어째 그렇게도 변하는기오? 그 숱 많던 머리가 홀랑 다 벗겨졌더마. 눈은 푹 들어가고, 그 이들이들하던 얼굴빛도 마치 유산을 끼 없은 듯하더마."

"서로 붙잡고 많이 우셨겠지요."

"눈물도 안 나오더마. 일본 우동집에 들어가서 둘이서 정종만 열 병 따라 뉘고 헤어졌구마."

하고 가슴을 짜는 듯한 괴로운 한숨을 쉬더니만 그는 지난 슬픔을 새록새록이 자아내어 마음을 새기기에 지쳤음이더라.

현진건의 〈고향〉은 우리나라 사람들이 일본의 식민지 치하에서 얼마나 괴롭게 살았는지를 냉정하리만치 조용하게 그리고 있습니다. 〈고향〉에서 가난 때문에 딸을 유곽에 팔아먹는 아버지를 주제 삼아 다음처럼 귀납추리를 만들어 볼 수 있습니다.

> ■ 김씨, 이씨, 전씨, 노씨는 가난에 못 이겨 딸을 유곽에 팔아먹은 아비들이다.
> 김씨, 이씨, 전씨, 노씨는 가장 노릇을 제대로 하지 못하는 자들이다.
> ∴ 모든 가장 노릇을 제대로 못하는 자들은 딸을 유곽에 팔아먹은 자들이다.

이 예에서 대전제와 소전제의 개별 사실들이 완전하게 나열되지 못했습니다. 그럼에도 불구하고 결론에서 '모든 가장 노릇을 제대로 못하는 자들은……'이라고 하면 논리적 비약을 범합니다. 논리적 비약은 귀납추리의 경우 발생하기 때문에 귀납적 비약inductive leap이라고도 일컫습니다.

그러나 우리들은 귀납추리에 있어서 논리적 비약을 별 문제가 없는 것으로 또는 당연한 것으로 생각하는 경향이 있습니다. 예컨대 KTX를 타고 서울역에서 부산까지 가는 데 세 시간 걸린다는 것에 대해서 의심할 사람은 거의 없습니다.

■ 한 달 전에 KTX를 타고 서울역에서 부산까지 가는 데 세 시간 걸렸다.
오늘 KTX를 타고 서울역에서 부산까지 가는 데도 세 시간 걸렸다.
∴ KTX를 타고 서울역에서 부산까지 가는 데는 세 시간 걸린다.

우리는 이 세계에서 어떤 일정한 상황 안에서 참인 것은 똑같은 상황 안에서는 어느 경우든지 참이라고 믿습니다. 인공위성을 발사한다든지, 과학 실험을 하는 일에 있어서도 우리는 어떤 사건이 조건이나 상황이 같은 곳에서는 과거, 현재, 미래에 모두 똑같이 반복된다고 확신합니다.

자연에는 항상 일정한 법칙이 있으므로 자연과학이 가능하다고 여기는 것이 상식적인 태도입니다. 예컨대 수소분자 2개와 산소분자 1개가 결합하면 언제나 물이 됩니다. 자연의 개별 사실이 항상 일정한 법칙에 따르는 것을 일컬어 자연의 제일성uniformity of nature이라고 합니다. 자연의 제일성은 인과율(또는 인과 관계)과 밀접한 관계를 맺고 있습니다. 일정한 원인에서는 항상 일정한 결과가 생긴다는 법칙이 인과율causality 입니다.

그러나 자연의 제일성이나 인과율은 개별 사실과 밀접하게 연결되어 있으므로 필연적인 법칙이라고 할 수 없습니다. '두 달 전에 KTX로 서울에서 부산까지 가는 데 세 시간 걸렸다. 오늘 KTX를 타고 서울에서 부산까지 가는 데 세 시간 걸렸다. 그러므로 KTX로 서울에서 부산까지 가는 데는 세 시간이 걸린다'라는 귀납추리는 비록 정당하다고는 말할 수는 있어도 타당하다고는 말할 수 없습니다. 왜냐하면 귀납추리는 언제나 경험적, 상대적 요소를 가지고 있기 때문입니다.

예컨대 KTX를 타고 서울역에서 부산까지 가는 데 불의의 사고가 날 수도 있으며, 신호 체계의 고장으로 연착도 가능합니다. 귀납추리는 개별 사실들을 근거로 삼아서 전칭 결론을 내리는데, 바로 이것이 논리적 비약이고 논리적 비약이 너무 지나치면 귀납추리의 정당성이 덜 보장되고 논리적 비약이 약할 경우 귀납추리의 정당성이 더 보장됩니다.

간단히 말해서 귀납추리의 전제가 많으면 많을수록 결론의 정당성이 커지며, 전제들이 적을수록 결론의 정당성이 적어집니다.

다음 두 종류의 귀납추리를 비교하여 봅시다.

- 이번 시험에 당일치기 시험 준비를 했다. 그랬더니 성적이 좋아졌다.
  ∴ 당일치기 시험 준비는 성적을 좋게 한다.
- 중학교 때도, 고등학교 때도, 대학교 때도 당일치기 시험 준비를 했더니 성적이 좋아졌다.
  ∴ 당일치기 시험 준비는 성적을 좋게 한다.

위 두 가지 예의 경우 두 번째 귀납추리 쪽이 전제의 수가 많으므로 첫 번째보다 두 번째 귀납추리가 더 정당성이 많다고 할 수 있습니다.

일반적으로 자연과학이 의존하는 인과율이나 자연의 제일성에 대해서 처음으로 강한 의문을 제기한 철학자는 영국의 경험론 철학자 흄입니다. 흄은 우리의 모든 지식은 습관이나 관습에 바탕을 두고 생기는 것이지 어떤 법칙이라든지 또는 이성과 같은 불변하는 것에 의해서 생기는 것이 결코 아니라고 주장합니다. 예컨대 실체(다른 어떤 것에도 의존하지 않고 스스로 원인이 되어 있는 것)라든지, 근접성이라든지, 인과율 같은 것들 역시 습관과 아울러 우리가 가진 관념들이 연합해서 생길 뿐이라고 합니다.

만일 '영국의 런던, 프랑스의 파리, 일본의 동경'이라고 말하면서 '한국의 무엇?'이라고 물으면 누구나 '서울'이라고 대답할 것입니다. 흄에 의하면, 서로 가까이 연관된 것들은 근접성의 법칙에 따르는 것 같지만 근접성은 단지 우리의 경험적 습관에서 생긴다는 것입니다.

흄은 인과율 역시 불변하는 법칙이 아니라고 주장합니다. 우리는 B라는 당구공

이 움직이려면 A라는 당구공을 쳐서 B에 맞혀야 한다고 생각합니다. 그러나 당구공 치는 사람이 모르게 A와 B 당구공 밑에 못을 박아 놓아 A라는 공을 때려도 움직이지 못하게 하면 A를 때려서 B를 맞히는 것은 불가능합니다.

흄은 인과율을 부정하기 위해서 하나의 심리적 사실을 예로 듭니다. 손을 얻어맞으면 누구나 아프다고 소리 지릅니다. 손이 잘린 사람이 있다고 합시다. 이 사람의 손이 원래 있었다고 생각되는 부분을 칼로 내리칠 경우 이 사람은 통증을 느낀다고 합니다. 이와 같은 예를 듦으로써 흄은 원인이 없는데도 결과가 생길 수 있기 때문에 인과율은 불변하는 법칙일 수 없다고 합니다.

흄 이후 현대 과학 철학자들 역시 어떤 부분에서는 인과율이 불변하는 법칙으로 성립할 수 없다는 것을 역설하였습니다. 특히 하이젠베르크의 불확정성의 원리라든가 막스 플랑크의 양자역학 등은 인과율이 보편법칙일 수 없다는 것을 입증합니다.

이와 같은 사실들을 근거 삼아 현대의 과학 철학자 칼 포퍼는 모든 이론은 가설에 불과하다고 말합니다. 일단 어떤 사실에 관해서 이론을 만들면 그것은 단지 가설에 불과하므로 시행착오와 반증을 거쳐서 그것이 새로운 이론으로 되고 다시 그것은 가설이 된다는 것입니다.

앞에서 충분히 살펴본 것처럼 귀납추리는 연역추리처럼 필연적인 사고 형식을 따르는 것이 아니라 경험적인 개별 사실로부터 일반 원리를 도출해 내는 방법이기 때문에 논리적 비약을 시용하지 않을 수 없습니다. 논리적으로 비약하기 위해서 채용되는 방법들이 바로 통계, 유비, 인과, 가설 등입니다.

> **T.I.P** 귀납추리의 종류는 네 가지인데 그것들은 각각 통계적 귀납추리, 인과적 귀납추리, 유비추리 및 가설의 방법 등입니다.

되돌아 보아야 할 문제들

1. 검증가능성의 원리란 어떤 것입니까?

2. 반증가능성의 원리를 설명해 보십시오.

3. 다음의 예를 기호를 사용하여 귀납추리의 형식으로 변형하여 보십시오.

> ■ 귀를 넓게 열고 선제의 유덕을 밝히고 뜻 있는 선비를 북돋는 사람은 훌륭한 임금이다.
> 귀를 넓게 열고 선제의 유덕을 밝히고 뜻 있는 선비를 북돋는 사람은 탁월한 제후이다.
> ∴ 모든 탁월한 제후는 훌륭한 임금이다.

4. 일반적으로 귀납추리는 정언삼단논법의 몇 격의 식에 해당하는지 예를 들어 설명해 보십시오.

5. 귀납추리의 한계란 무엇을 말합니까?

6. 귀납추리에서 논리적 비약이 생길 수밖에 없는 이유를 설명해 보십시오.

※ 답은 261쪽에 있습니다.

 다섯 번째 여행_ 통계적 귀납추리

어린 왕자와 여우

지금까지 우리는 귀납추리의 성격이 어떤 것이고 연역추리와 다른 점은 무엇인지 비교적 자세히 살펴보았습니다. 이번에는 우선 열거적 귀납추리에 관해서 알아본 다음, 통계적 귀납추리에 대해서 살펴보기로 하겠습니다.

다음 글을 읽은 후 열거적 귀납추리에 관해서 알아보기로 합시다.

그때 여우가 나타났다.

"안녕"

여우가 말했다.

"안녕"

어린 왕자는 공손하게 대답하고 몸을 돌렸으나 아무것도 보이지 않았다.

"여기 사과나무 밑이야."라는 목소리가 들렸다.

"넌 누구니?"

어린 왕자가 물었다.

"정말 예쁜데……."

"난 여우야."

여우가 대답했다.

"이리 와. 나하고 놀자."

어린 왕자가 제안했다.

"난 정말 외롭단다……."

"난 너하고 놀 수 없단다……."

여우가 말했다.

"난 길들여지지 않았거든."

"그래? 미안해."

어린 왕자가 말했다. 그러나 조금 생각한 끝에 그가 덧붙여 말했다.

"길들인다는 게 무슨 뜻이니?"

"넌 여기 애가 아니구나."

여우가 말했다.

"뭘 찾고 있니?"

"사람을 찾고 있지."

어린 왕자가 말했다.

"길들인다는 게 무슨 뜻이니?"

"사람들은 총을 가지고 사냥을 하지."

여우가 말했다.

"대단히 불편한 일이야! 그들은 또 병아리도 키우지. 그게 그들의 유일한 낙이지. 병아리를 찾는 거니?"

"아니야."

어린 왕자가 말했다.

"난 친구들을 찾는 거야. 길들인다는 게 무슨 뜻이니?"

"그건 너무 잊혀져 있는 일이지. 그것은 '관계를 맺는다'는 뜻이란다."

여우가 말했다.

"관계를 맺는다?"

"그래."

여우가 말했다.

"넌 아직까지 나에게는 다른 수많은 꼬마들과 똑같은 꼬마에 불과해. 그러니 나에겐 네가 필요 없지. 물론 너에게도 내가 필요 없겠지. 네 입장에서는 내가 다른 수많은 여우와 똑같은 여우에 지나지 않을 테니까. 그러나 만일 네가 날 길들이면 우린 서로를 필요로 하게 돼. 나에게는 네가 세상에 하나밖에 없게 될 거구. 너에게는 내가 세상에 하나밖에 없게 될 거야⋯⋯."

"아, 이제 좀 알겠어."

어린 왕자가 말했다.

"나에겐 꽃이 하나 있는데⋯⋯. 그 꽃이 날 길들였던가 봐⋯⋯."

"그럴 수 있지."

여우가 말했다.

"지구에는 별의별 것이 다 있으니까⋯⋯."

"아니야! 지구에 있는 게 아니야."

어린 왕자가 말했다.

여우는 호기심이 꽤 당기는 모양이었다.

"다른 별에 있어?"

"그래."

"그 별엔 사냥꾼이 있니?"

"아니."

"그거 괜찮은데! 병아리는?"

"없어."

"완전한 건 하나도 없군."

여우가 한숨을 내쉬었다.

그리고 여우는 제 이야기로 말문을 돌렸다.

"내 생활은 단조로워. 난 병아리를 쫓고 사람들은 나를 쫓지. 병아리는 전부 비슷비슷하고 사람들도 전부 비슷비슷해. 그래서 약간 심심해. 하지만 네가 날 길들이면 내 생활은 환해질 거야⋯⋯."

그가 말했다.

"제발 날 길들여 다오."

"그러지 뭐."

어린 왕자가 답했다.

― 생텍쥐페리, 김현 옮김, 《어린 왕자》 중에서

생 떼쥐베리의 《어린 왕자》는 어른들을 위한 동화입니다. 작가는 이 작품에서 어른들이 자기도 모르는 자기 안의 일그러진 모습을 환히 들여다보게 함으로써 순수함과 참다움을 일깨워주고자 합니다.

이제 다시 열거적 귀납추리로 돌아와 그것을 알아보기로 하겠습니다. 개별 사실들을 열거하여 추리하는 형식은 가장 단순한 귀납추리의 형식입니다. 열거적 귀납추리에는 완전 열거적 귀납추리와 불완전 열거적 귀납추리 두 가지가 있습니다.

열거에 의한 귀납추리

앞에서 인용한 《어린 왕자》의 구절들 중 일부를 사용해서 완전 열거적 귀납추리의 예를 만들어 보기로 합시다. 전체를 구성하는 부분들이 완전하게 모두 열거되었을 경우의 귀납추리를 완전 열거적 귀납추리complete enumerative induction라고 합니다.

> ■사람, 길들임, 지구, 별, 사냥꾼은 어린 왕자와 여우의 대화에 나오는 중요
>   한 개념들이다.
>   사람, 길들임, 지구, 별, 사냥꾼은 어린 왕자와 여우가 이야기하는 가운데
>   등장하는 주제의 전부이다.
>   ∴ 어린 왕자와 여우의 대화에 등장하는 모든 주제는 어린 왕자와 여우가
>   이야기하는 데 나오는 중요한 개념들이다.

개념 사실들을 완전하게 묶어서 하나의 간단한 명제로 표현하는 것이 완전 열거적 귀납추리의 장점입니다. 위에서 예로 든 완전 열거적 귀납추리를 논리 형식에 맞게 간단히 표현하면 다음처럼 됩니다.

> ■A·B·C·D는 P이다.
>   A·B·C·D는 S의 전부이다.
>   ∴ 모든 S는 P이다.

그러나 완전 열거적 귀납추리는 거의 동어반복과 유사하기 때문에 새로운 지식을 가져다주지 못합니다. 이에 반해서 불완전 열거적 귀납 추리incomplete enumerative induction는 개념 사실을 하나 하나 모두 완전하게 열거하지 못하는 단점이 있을지언정 결론에서 새로운 지식을 도출해 내는 장점이 있습니다.

《어린 왕자》에서 인용한 앞의 글에 나오는 개념들을 사용해서 불완전 열거적 귀납추리의 예를 만들어 보면 아래와 같습니다.

■어린 왕자, 여우, 사람들, 사냥꾼은 죽는다.
　어린 왕자, 여우, 사람들, 사냥꾼은 동물이다.
　∴ 동물은 죽는다.

　이 예에서 '죽는 것'을 하나도 남김없이 열거한다는 것은 불가능한 일입니다. 일반적으로 우리는 경험 가능한 한계 안에서 경험한 사실을 근거로 삼아서 일반 법칙을 이끌어 냅니다. 대체로 여러 차례 반복해서 경험한 사실을 바탕으로 일반 법칙을 도출해 내지만, 경우에 따라서는 한 번 또는 두세 번의 경험한 사실을 근거로 일반 원리를 이끌어 내는 경우도 있습니다. 예컨대 단 한 번 강한 불빛을 본 경험으로 시력과 강한 불빛과의 관계에 대해서 '강한 불빛을 보면 시력에 장애가 온다'라고 추리할 수 있습니다.

　완전 열거적 귀납추리에 비해서 불완전 열거적 귀납추리는 논리적 비약이 강합니다. 그럼에도 불구하고 불완전 열거적 귀납법은 새로운 지식을 가능하게 해주는 최선의 방책입니다. 물론 귀납추리가 논리적 비약이 지나치게 강할 경우 그것은 미신이나 독단에 가깝습니다.

■이씨의 묘를 명당 자리에 썼고 김씨의 묘도 명당 자리에 썼고 박씨의 묘도 명당 자리에 썼더니 후손들이 번창하였다.

　이 예도 일종의 귀납추리이긴 하지만 귀납추리는 경험적 관찰과 검증을 바탕으로 삼는 한에서만 의미가 있습니다. 단순한 믿음이나 관습을 바탕으로 삼는 귀납 추리가 있다면 그것은 귀납추리의 자격을 상실합니다.

통계적 귀납추리

개별 사실을 자료 삼아 일반 원리를 도출해 내는 가장 단순한 귀납추리가 열거적 귀납추리였습니다. 그러나 자료가 집단적이고 대량적일 경우, 자료를 수량적으로 처리해서 일반 원리를 결론으로 도출해 내는 방법이 통계입니다. 통계에는 기술적 통계, 인과적 통계, 개연적 통계의 세 종류가 있습니다.

1. 기술적 통계

다음 글을 읽은 후 기술적 통계에 관해서 알아보기로 합시다. 이 글은 〈태풍 '고니' 올 들어 가장 강한 태풍 될 듯〉(한겨레 신문, 2015. 8. 24)라는 제목의 기사입니다.

북상 중인 제15호 태풍 '고니'는 올해 들어 우리나라에 영향을 준 태풍 가운데 가장 강할 것으로 전망돼 피해가 우려된다.

기상청은 "태풍 고니가 동해안을 지나는 25~26일 강풍 반경은 다소 작아지겠지만 강도는 여전히 강한 상태를 유지할 것으로 예상돼 피해 발생에 대비해야 한다. 이번 태풍의 고비는 부산 앞바다를 통과하는 25일 낮이 될 것"이라고 밝혔다. 고니와 유사한 경로로 접근했던 태풍은 2006년 제10호 태풍 '우쿵'으로, 그해 8월 18~19일 이틀 동안 삼척 원덕면의 강수량은 335mm, 8월17일 울진 죽변의 최대 순간풍속은 초속 26.7m에 이르렀다.

올해 들어 이날까지 16개의 태풍이 발생해 이 가운데 3개 태풍(제9호 찬홈, 제11호 낭카, 제12호 할룰라)이 우리나라에 영향을 줬다. 태풍의 영향 여부는 육상과 해상을 통틀어 태풍 특보가 발령됐는지로 결정한다. 이번 태풍 고니까지 합하면 여름철(6~8월)에 발생한 9개 태풍 가운데 4개가 우리나라에 영향을 줘 평년(2.2개)의 두 배에 이를 전망이다. 기상청은 가을철(9~11월)에도 태풍이 8~12개 정도 발생해 이 가운데 1개 정도가 우리나라에 영향을 줄 것으로 내다봤다.

기상청은 24일 서울·경기와 강원은 동해북부해상에 위치한 고기압의 가장자리에 들고 그 밖의 지방은 태풍 고니의 간접영향을 점차 받겠다고 예보했다.

전국이 대체로 흐린 가운데 아침에 제주에서 시작된 비가 밤에는 충청 이남 지방까지 확대될 전망이다. 서울·경기에는 오후에 대기 불안정으로 인한 소나기가 오는 곳이 있겠다고 기상청은 내다봤다.

기상청에서는 매일, 매시 기상을 정확히 관측하여 기록하지 않으면 안 됩니다. 이러한 기록으로부터 기상에 관해서 비교적 정확한 통계를 얻게 됩니다. 예문으로 든 태풍 '고니'에 관한 정보 역시 개별 경험 사실을 집단적으로 기록하고 정리하여 그것을 밑받침 삼아 통계를 낸 것입니다. 이와 같은 통계를 기술적 통계, 곧 개별 사실을 기록하여 작성된 통계라고 부릅니다.

2. 인과적 통계

집단들의 현상 가운데 유사하거나 비례하는 수량의 변화가 있을 경우 집단들 사이에 있는 인과 관계를 나타내는 방법이 바로 인과적 통계입니다.

우리나라는 교통사고가 많이 나기로 유명하다는 것을 모르고 있는 사람은 드물 것입니다. 특히 교통사고로 인한 사망률은 세계에서 1, 2등을 다투고 있습니다.

교통사고로 인한 사망률이 높은 이유로는 여러 가지를 말할 수 있습니다. 차량의 기계적 결함, 도로와 교통 시설의 미비, 운전자의 부주의 등이 주된 이유일 것입니다. 그중에서도 특히 운전자의 부주의가 대형사고의 주요 원인이 되고 있습니다. 대부분 사망사고는 운전자들이 규정 속도를 위반하거나 제멋대로 앞지르기를 하기 때문에 발생합니다.

그런데 서울의 올림픽대로에서 대형 교통사고가 발생하는 시간을 통계적으로 정리해 보면 대체로 저녁 시간대에 큰 교통사고가 가장 많이 발생하였습니다.

위의 예에서 우리는 대형 교통사고의 빈도가 가장 높은 시간대는 하루 24시간 중 오후 6시에서 9시까지라는 것을 통계에 의해서 알 수 있습니다.

대형 교통사고의 집단과 시간 집단 사이에서의 비례적 수량 변화를 통계적으로 살핌으로써 어느 시간대에 대형 교통사고가 가장 빈번하게 발생하는지 귀납추리의 형식으로 알 수 있는 것입니다.

집단들의 현상 사이에서 성립하는 인과 관계를 알기 위해서 우리는 대표치를 찾아서 추리의 기초로 삼습니다. 대표치(대표값)로 사용하는 것들로는 평균치, 최대 빈수, 중앙치 등이 있습니다.

평균치 : 한국 성인 남성의 평균 신장이 얼마인지 알기 위해서 우선 해당 집단을 선정하여야 합니다. 시골에서 몇 명, 도시에서 몇 명을 골라서 그들의 키를 잰 다음, 모든 것을 합산해서 다시 조사 대상자들의 수로 나누면 신장에 대한 평균치가 나옵니다. 특정한 집단에 속하는 사람들, 예컨대 사무원, 노동자, 학생, 주부 등의 키나 몸무게에 대한 평균치mean를 얻으려면 해당 집단 전체 구성원의 키나 몸무게를 합해서 그것을 전체 수로 나누어야 합니다.

최대 빈수 : 어떤 집단에서 가장 자주 나타나는 최대치가 곧 최대 빈수mode입니다. 현재 우리나라에서 남자의 결혼연령은 32세이고 여자의 결혼연령은 30세라고 한다면, 남자가 결혼하는 나이의 최대 빈수는 32세이고, 여자가 결혼하는 나이의 최대 빈수는 30세입니다. 최근 직장인이 결혼 후 몇 년만에 자기 집을 갖는가 하는 것이 통계로 발표된 적이 있습니다. 결혼 후 10년이 가장 많았는데 자기 집을 장만하는 최대 빈수는 여기에서 10년이 됩니다.

중앙치 : 어떤 학급의 학생들을 키 순서대로 나란히 세워 놓고 가장 가운데 서 있는 학생의 키가 170cm라고 할 때 이 학급의 학생들의 키의 중앙치 midian는 170cm가 됩니다.

3. 개연적 통계

다음 글은 항공기 추락 사고에 관한 기사입니다. 이 글을 읽은 후 개연적 통계에 관해서 알아보기로 합시다.

이번 아시아나 항공기 추락 참사는 열악한 공항 여건과 악천후 속에서 조종사가 착륙을 강행하려다 벌어졌다는 점에서 항공사고의 '3박자'가 고루 갖춰진 셈이다. 그러나 직접적으로는 조종사를 무리하게 착륙하게끔 유도하는 항공사의 그릇된 풍토가 가장 심각한 문제점으로 드러나고 있다.

아시아나와 대한항공의 국내─국제선의 결항률과 지연율, 외국 항공사의 국내 취항 노선 결항률과 지연율을 차례로 비교해 보면 이 사실은 명백해진다.

올 상반기 중 대한항공은 국내선에서 4만 6,100회 예정 비행 횟수 중 4만 4,400여 회를 운항, 1,700여 회를 결항했다(결항률 3.6%). 대한항공은 또 국내선에서 총 5,630회를 지연(15분 이상 지연 기준), 지연율이 12.6%에 이르렀다. 아시아나는 같은 기간 동안 2만 6,100여 회의 예정 비행 횟수 중 2만 5,400여 회를 운항, 697회를 결항했다(결항률 2.6%). 아시아나의 지연율은 총 3,600여 회를 늦어 14.2%였다…….

그럼에도 불구하고 항공사의 국내선 결항─지연율은 미국 등 외국의 국내선보다 훨씬 낮은 편이다. 이 같은 사실은 상대적으로 공항시설이 열악하고 사철 기후변화가 심한 우리 실정을 감안할 때 양 항공사가 정시율을 높이기 위해 '무리'를 자주 한다고 해석할 수 있다. 국내선과 국제선의 결항─지연율이 현격한 차이를 보이는 것은 역설적으로 그만큼 국내 항공의 안전도가 위험수치에 육박한다는 것을 뜻한다.

위의 예문은 항공기 추락 참사의 구체적인 원인을 찾으려고 하는 신문기사의 일부입니다. 여기에서 항공기의 결항률과 지연율 등은 개연적 통계를 나타냅니다. 개연적 통계는 확률과 밀접한 관계를 가지는 통계입니다. 이러한 확률에는 경험적 확률과 이론적 확률 두 가지가 있습니다.

경험적 확률 : 아시아나 항공기가 김포에서 목포까지 비행하는 계획이 1년간에 50번 있다고 합시다. 그중에서 지연한 사실의 수가 4번 있다고 하면 항공기 지연의 경험적 확률은 8%입니다. 어떤 사태가 발생한 수를 그 사태가 발생가능한 전체 수로 나누어 생긴 값이 곧 경험적 확률입니다.

이론적 확률 : 어떤 사태가 발생할 수 있는 경우의 수를 똑같은 사태가 발생할 수 있는 경우의 수 및 그 사태가 발생할 수 없는 경우의 수의 합으로 나눈 값이 곧 이론적 확률입니다.

아시아나 항공기가 김포에서 목포까지 1년에 50회 운항계획을 가졌다고 합시다. 그렇다면 결항할 수 있는 이론적 확률은 어떻게 될까요? 항공기가 결항할 수 있는 경우의 수는 50입니다. 그리고 항공기가 결항할 수 있는 경우의 수와 결항할 수 없는 경우의 수의 합은 100입니다. 따라서 이 항공기의 결항에 대한 이론적 확률은 50%가 됩니다.

항공기의 결항 사례가 많을수록 경험적 확률의 값은 이론적 확률의 값에 접근한다는 사실을 쉽게 알 수 있습니다.

되돌아 보아야 할 문제들

1. 완전 열거적 귀납추리를 설명하고 그 예를 들어 보십시오.

2. 불완전 열거적 귀납추리를 설명하고 그 예를 들어 보십시오.

3. '금년 여름에는 장마가 길 것이다'라는 예보가 있었다면 이것은 어떤 통계에 속합니까?

4. A회사에서 사원들이 퇴사하는 평균연령이 45세라면 이 수치는 어떤 대표치에 해당합니까?

5. 서울의 성인 여성의 평균 신장이 160cm라면 이 수치는 어떤 대표치에 해당합니까?

6. 어떤 학급의 여학생들을 키 순서대로 나란히 세워 놓고 맨 가운데 있는 학생의 키가 158cm라면 이 수치는 어떤 대표치에 해당합니까?

7. 경험적 확률과 이론적 확률을 각각 설명하고 각각에 해당되는 예를 만들어 보십시오.

※ 답은 262쪽에 있습니다.

여섯 번째 여행_ 인과적 귀납추리

빌기착이 닮았다

일반적으로 자연과학에서 채용하는 추리는 귀납추리이며 그중에서도 인과적 귀납추리를 가장 많이 사용합니다. 자연과학자들은 관찰, 실험 및 검증을 가장 중요한 과학의 방법으로 채택하고 있습니다. 관찰과 실험에 의하여 입수한 자료들을 분석하고 정리하고 검토함으로써 자료들의 인과 관계를 조심스럽게 해명합니다.

경험론의 입장에서 인과 관계의 규정에 관해서 체계적인 설명을 제공한 철학자는 영국의 공리주의 철학자 밀입니다. 그는 인과적 귀납추리와 연관해서 다섯 가지 종류의 귀납법과 공리canons of induction를 제공하였습니다. 그것들은 각각 일치법, 차이법, 일치·차이 병용법, 잉여법, 공연법 등입니다.

실증주의는 경험 또는 경험적 자연과학을 기초로 삼는 지식을 통일적인 체계로 포괄하고자 합니다. 이러한 실증주의가 영국에 영향을 미치자 그것은 영국에서 한층 더 발전적인 모습을 띱니다. 이미 17세기에 영국의 경험론 철학자 베이컨에 의해서 귀납법이 경험론의 핵심적 방법론으로 대두하였습니다. 밀은 실증주의의 영향 아래에서 귀납법을 보편적 탐구 방법으로 설명하면서 실증주의 논리학을 체계화하였습니다. 밀은 《추론적 및 귀납적 논리학의 체계》(1843)라는 저서에서 귀납법을 체계화하고 '귀납법의 공리'를 제시하였습니다.

밀은 윤리학에서 베이컨 이래 영국의 대부분의 철학자들과 마찬가지로 공리주의의 입장을 취하였습니다. '최대 다수의 최대 행복'이 공리주의의 윤리적 원리이듯 밀에게 있어서 인간의 삶의 목표는 개인의 최대의 행복이 아니라 전체의 가능한 한 최대의 행복입니다. 밀은 전체의 가능한 한에 있어서의 최대의 행복의 동기를 도덕감이라고 주장합니다.

T.I.P

밀(John Stuart Mill, 1806~1873)은 청년 시절부터 중년에 이르기까지 동인도 회사에서 일했고 중년 이후 십여 년간 하원 의원 생활을 한 영국의 대표적 공리주의 철학자입니다. 19세기에는 프랑스의 계몽철학이 발달하여 전 유럽으로 확대되었습니다. 실증주의는 철학의 과제를 경험계의 피안에서 해결하려는 방법을 철저히 배격합니다.

첫 번째 공리 : 일치법

다섯 가지 종류의 귀납법의 공리는 모두 밀이 제시한 것이며 이들 공리에 따른 인과적 귀납추리 역시 밀의 업적입니다. 우선 다음 글을 읽고 귀납법의 공리 중 첫 번째인 일치법에 관해서 알아보기로 합시다. 다음 글은 김동인의 〈발가락이 닮았다〉의 일부입니다.

그는 곧 대답하려 하였습니다. 그러나 나오려던 말을 삼켰습니다. 그리고 다시 술을 한 잔 먹은 뒤에, 눈을 푹 내리뜨며 말했습니다.

"아니, 다른 게 아니라, 내게 만약 생식 능력이 없다면 저 사람(자기의 아내)이 불쌍하지 않나? 그래서 없는 게 판명되면 아직 젊었을 때에 헤져서 저 사람이 제 운명을 다시 개척할 '때'를 줘지야 않겠나? 그래서 말일세."

"진찰해 보아야지."

"그럼 언제 해 보세."

그 며칠 뒤에 나는 M의 아내가 임신했다는 소문을 듣고 깜짝 놀랐습니다.

검사해 볼 필요가 없습니다. M은 그 능력이 없을 것입니다. 그런데 M의 아내는 임신을 했습니다. (중략)

내가 자유로이 선택할 수 있는 두 가지의 갈림길에 서서, 나는 어느 길을 취하여야 할지 판단을 주저하고 있었습니다. 이 문제가 사오 일 뒤에 가서 저절로 해결이 되었습니다. 그날도 역시 침울한 얼굴로 찾아온 M에게 대하여 나는 의리상

"오늘 검사해 보자나?"

하니깐 그는 간단히 대답하였습니다.

"벌써 했네."

"응? 어디서?"

"P병원에서."

"그래서 그 결과는?"

"살았다네."

"?"

나는 뜻하지 않고 그의 얼굴을 보았습니다. 그것은 의외의 대답을 들은 때문이라기보다 오히려 '살았다네' 하는 그의 음성이 너무 침통했기 때문에……. (중략)

M의 아내가 아들을 낳았습니다. 그 아이가 반 년쯤 자랐습니다. 어떤 날 M은 그 아이를 몸소 안고, 병을 뵈러 나한테 왔습니다. 기관지가 조금 상하였습니다. 약을 받아 가지고도 그냥 좀 앉아 있던 M은, 묻지도 않는 말을, 이런 말을 하였습니다.

"이놈이 꼭 제 증조부님을 닮았다거든."

"그래?"

나는 그의 말에 적지 않은 흥미를 느끼면서 이렇게 응했습니다. 내 눈으로 보자면, 그 어린애와 M과는 아무런 관련도 없는 바인데, 그 애가 M의 할아버

지를 닮았다는 것은 기이하므로서—어린애의 친편과 외편의 근친에서 아무도 비슷한 사람을 찾아내지 못한 M의 친척은, 하릴없이 예전의 조상을 들추어낸 모양이었습니다.

내가 자기의 말에 흥미를 가지는 것을 본 M은, 잠시 주저하다가 그가 예비했던 둘쨋 말을 마침내 꺼내었습니다.

"게다가 날 닮은 데도 있어."

"어디?"

"이 보게."

M은 어린애를 왼편 팔로 가만히 옮겨서 붙잡으면서 오른손으로 제 양말을 벗었습니다.

"내 발가락을 보게. 내 발가락은 다른 발가락과 달라서, 가운데 발가락이 그 중 길어. 쉽지 않은 발가락이야. 한데……."

M은 강보를 들치고 어린애의 발을 가만히 꺼내어 놓았습니다.

"이놈의 발가락을 보게. 꼭 내 발가락 아닌가. 닮았거든……."

M은 열심으로 찬성을 구하듯이 내 얼굴을 바라보았습니다. 얼마나 닮은 곳을 찾아보았기에 발가락 닮은 것을 찾아내었겠습니까.

나는 M의 마음과 노력에 눈물겨웠습니다. 커다란 의혹 가운데서 그 의혹을 어떻게 하여서든 삭여 보려는 M의 노력은 인생의 가장 요절한 비극이었습니다. M이 보라고 내어놓은 어린애의 발가락은 안 보고 오히려 얼굴만 한참 들여다보고 있다가, 나는 마침내 이렇게 말하였습니다.

"발가락뿐 아니라, 얼굴도 닮은 데가 있네."

그리고 나의 얼굴로 날아오는(의혹과 희망이 섞인) 그의 눈을 피하면서 돌아앉았습니다.

〈발가락이 닮았다〉는 한 인간이 비록 자신의 능력이 모자란다고 할지라도 자아 실현을 위해서 몸부림치는 모습을 사실적으로 잔잔하게 묘사하고 있습니다.

이제 밀의 다섯 가지 귀납법의 공리 중 첫 번째 공리인 일치법으로 돌아와 그것을 살펴봅시다. 밀은 일치법the method of agreement을 다음과 같이 설명합니다.

만일 우리가 연구하려고 하는 현상의 둘 또는 그 이상의 사례들이 공통적으로 오직 하나의 사정만 가진다면, 그 사례에 있어서 그 점에 일치하는 하나의 사정은 주어진 현상의 원인(혹은 결과)이다.

〈발가락이 닮았다〉에서 아버지는 아들과 닮은 점을 찾다가 겨우 발가락밖에 찾지 못했습니다. 우리는 아버지와 아들의 외모상 닮은 곳을 찾기 위해서 눈, 코, 이마, 입, 손가락, 발가락 등을 제시할 수 있습니다.

그러면 이제 발가락, 손가락, 눈, 코, 입, 이마 등을 기호화하여 어떤 부분이 아버지와 아들의 닮은 것에 대한 원인인가를 찾아봅시다.

제시된 부분	기호
발가락	A
손가락	B
눈	C
코	D
입	E
이마	F

이렇게 도식화해 놓고 아버지와 아들의 신체 부분들을 비교해 보면서 어떤 경우에 닮았는지 검토해볼 수 있습니다. 그 과정을 다시 도식화해 보면 다음과 같이 됩니다.

사례	기호	현상
1	ABC	닮았다
2	ACF	닮았다
3	ADF	닮았다

위 도식에서 어떤 경우에나 공통적으로 들어가는 것은 A, 곧 발가락이므로 아버지와 아들이 닮았다는 것의 원인은 발가락이 됩니다. 이것을 다시 신체부위를 나타내는 기호를 ABC로, 그리고 닮았다는 현상을 나타내는 기호를 abc로 표시하여 간단 논리 형식으로 제시하면 다음과 같이 됩니다.

■ ABC는 abc와 함께 발생한다.
　ACE는 ace와 함께 발생한다.
　ADF는 adf와 함께 발생한다.
　……
　……
　∴ A는 a의 원인(혹은 결과)이다.

밀의 첫 번째 귀납법의 공리인 일치법은 다음 세 가지 이유로 인하여 한계를 지닙니다.

① 어떤 사정(A)은 현상(a)과 인과 관계에 있는 것이 아니고 전혀 상관없는 다른 원인으로 인해서 생긴 관계일 수도 있습니다. 〈발가락이 닮았다〉에서 아버지의 발가락과 아기의 발가락은 아무런 인과 관계 없이 그저 우연히 겉모양만 닮았을 뿐입니다.
② 똑같은 결과가 서로 다른 원인들에 의해서 생길 수도 있으므로 똑같은 결과라고 해서 반드시 하나의 원인으로부터 생겼다고 주장할 수는 없습니다. 〈발가락이 닮았다〉에서 아버지와 아들의 발가락 생김새가 똑같을 수 있습니다. 그러나 아버지의 가운뎃발가락이 긴 것은 그 나름대로의 원인이 있고 아들의 가운뎃발가락이 긴 것은 또 다른 원인이 있는 것입니다.
③ 어떤 하나의 결과가 여러 가지 원인들의 결합에 의해서 생길 수도 있습니다. 〈발가락이 닮았다〉에서 아버지와 아들의 발가락이 서로 닮은 결과는 매우 복잡한 여러 가지 원인으로 생긴 것일 수도 있습니다.

두 번째 공리 : 차이법

밀이 주장하는 두 번째 귀납법의 공리인 차이법을 살피기에 앞서서 다음의 글을 읽어봅시다. 이 글은 현진건의 〈빈처〉의 일부입니다.

한참 동안 서로 아무 말이 없었다. 가슴이 어째 답답해지며 누구하고 싸움이나 좀 해 보았으면, 소리껏 고함이나 질러 보았으면, 실컷 맞아 보았으면 하는 일종의 이상한 감정이 부글부글 피어오르며 전신에 이가 스멀스멀 기어다니는 듯 옷이 어째 몸에 끼이며 견딜 수가 없다.

나는 이런 감정을 노골적으로 드러내며

"점점 구차한 살림에 싫증이 나서 못 견디겠지?"

아내는 무엇을 생각하는지 모르게 정신을 잃고 섰다가 그 거슴츠레한 눈이 둥그래지며,

"네에? 어째서요?"

"무얼 그렇지."

이렇게 말이 오락가락함을 따라 나는 흥분의 도가 점점 깊어 간다.

그래서 아내가 떨리는 소리로,

"어째 그런 줄 아세요?"

라고 반문할 적에,

"나를 쑥맥으로 알우?" 라고 격렬하게 소리를 높였다.

아내는 살짝 분한 빛이 눈에 비치어 물끄러미 나를 들여다본다.

"그러면 그것 모를까! 오늘까지 잘 참아 오더니 인제는 점점 기색이 달라지는 걸 뭐! 물론 그럴 만도 하지마는!"(중략)

처음에는 그럭저럭 지내었지마는 한 푼 나는 데 없는 살림이라 한 달 가고 두 달 갈수록 점점 곤란해질 따름이었다. 나는 보수 없는 독서와 가치 없는 창작으로 해가 지며 날이 새며, 쌀이 있는지 나무가 있는지 망연케 몰랐다. 그래도 때때로 맛있는 반찬이 상에 오르고 입는 옷이 과히 추하지 아니함은 전혀 아내의 힘이었다. 전들 무슨 벌이가 있으리요. 부끄럼을 무릅쓰고 친가에 가서 눈치를 보아가며, 구차한 소리를 하여가지고 얻어 온 것이었다. 그것도 한

두 번 말이지 장구한 세월에 어찌 늘 그럴 수가 있으랴! 말경에는 아내가 가져온 세간과 의복에 손을 대는 수밖에 없었다. 잡히고 파는 것도 나는 알은 체도 아니하였다. 그가 애를 쓰며 퉁명스러운 옆집 할멈에게 돈푼을 주고 시켰었다. 이런 고생을 하면서도 그는 나의 성공만 마음속으로 깊이깊이 믿고 빌었다.

이제 차이법the method of difference으로 돌아와 그것을 살펴봅시다. 밀은 차이법에 관해서 다음처럼 설명합니다.

> 만일 우리들이 연구하고자 하는 현상이 생기는 어떤 사례와 생기지 않는 사례가 전자에서만 일어나는 사정을 빼어 놓고는 모든 사정을 다 같이 함께 가지는 경우, 두 사례의 유일한 차이인 그 사정은 현상의 원인(또는 결과)이든지 아니면 원인의 불가결한 한 부분이다.

〈빈처〉를 이용해서 차이법을 설명해 보기로 합시다. 남편이 웃는 것을 A, 때리는 것을 B, 소리껏 고함치는 것을 C로 할 때, 이러한 것들의 결과로 나타나는 현상을 a, b, c라고 합시다. 그러면 다음과 같은 식을 만들 수 있습니다.

■ ABC ‥‥‥‥ abc(가)
　 BC ‥‥‥‥‥ bc(나)
　 ∴ A ‥‥‥‥‥ a

위의 도식에서 (가)와 (나)는 차이가 있습니다. (가)와 (나)의 사례에 있어서 유일한 차이는 A(웃는 것)입니다. 그러므로 A(웃는 것)는 a(좋은 남편)의 원인이라고 말할 수 있습니다.

차이법보다 먼저 살펴본 일치법에서는 어떤 현상(결과)의 원인으로 추리해낸 것이 참다운 원인이 아니고 어떤 다른 것이 참다운 원인일 수 있습니다. 그러므로 일치법을 보충하기 위해서 차이법을 이용하면 한층 더 정당성이 높은 귀납추리가 될 수 있습니다.

그러나 단지 한 가지 사정만을 서로 달리하는 두 사례를 찾아내는 것이 어렵기 때문에 일치법을 제외하고 차이법만 사용할 경우 원인의 불가결한 한 부분만 찾아낼 수 있을 뿐이므로 차이법은 정당한 귀납추리의 성격을 잃기 쉽습니다.

세 번째 공리 : 일치·차이 병용법

밀의 세 번째 귀납법의 공리인 일치·차이 병용법을 살피기에 앞서서 우선 다음 글을 읽어봅시다. 이 글은 이상의 〈날개〉의 일부입니다.

> 그러나 아내는 한 번도 나를 자기 방으로 부른 일이 없다.
> 나는 늘 윗방에서 나 혼자서 밥을 먹고 잠을 잤다. 밥은 너무 맛이 없었다. 반찬이 너무 엉성하였다. 나는 닭이나 강아지처럼 말없이 주는 모이를 넙죽넙죽 받아먹기는 했으나 내심 야속하게 생각한 적도 더러 없지 않다. 나는 안색이 여지없이 창백해가면서 말라 들어갔다. 나날이 눈에 보이듯이 기운이 줄어들었다. 영양부족으로 하여 몸뚱이 곳곳이 뼈가 불쑥불쑥 내밀었다. 하룻밤 사이에도 수십 차를 들쳐 눕지 않고는 여기저기가 배겨서 나는 배겨날 수가 없었다.
> 그렇기 때문에 나는 내 이불 속에서 아내가 늘 흔히 쓸 수 있는 저 돈의 출처를 탐색해보는 일변 장지 틈으로 새어 나오는 아랫방의 음식은 무엇일까를 간단히 연구하였다. 나는 잠이 잘 안 왔다.
>
> 깨달았다. 아내가 쓰는 돈은 그 내게는 다만 실없는 사람들로밖에 보이지 않는 까닭 모를 내객들이 놓고 가는 것에 틀림없으리라는 것을 나는 깨달았다. 그러나 왜 그들 내객은 돈을 놓고 가나. 왜 내 아내는 그 돈을 받아야 되나 하는 예의 관념이 내게는 도무지 알 수 없는 것이었다.
> 그것은 그저 예의에 지나지 않는 것일까. 그렇지 않으면 혹 무슨 대가일까 보수일까, 내 아내가 그들의 눈에는 동정을 받아야만 할 가엾은 인물로 보였던가.
> 이런 것들을 생각하노라면 으레 내 머리는 그냥 혼란하여 버리곤 하였다. 잠

들기 전에 획득했다는 결론이 오직 불쾌하다는 것뿐이었으면서도 나는 그런 것을 아내에게 물어보거나 한 일이 단 한 번도 없다. 그것은 대체 귀찮기도 하려니와 한잠 자고 일어난 나는 사뭇 딴사람처럼 이것도 저것도 다 깨끗이 잊어버리고 그만두는 까닭이다.

내객들이 돌아가고, 혹 밤 외출에서 돌아오고 하면 아내는 경편한 것으로 옷을 바꾸어 입고 내 방으로 나를 찾아온다. 그리고 이불을 들추고 내 귀에는 영생동생동한 몇 마디 말로 나를 위로하려 든다. 나는 조소도 고소도 홍소도 아닌 웃음을 얼굴에 띠고 아내의 아름다운 얼굴을 쳐다본다. 아내는 방그레 웃는다. 그러나 그 얼굴에 떠도는 일말의 애수를 나는 놓치지 않는다.

아내는 능히 내가 배고파하는 것을 눈치챌 것이다. 그러나 아랫방에서 먹고 남은 음식을 나에게 주려 들지는 않는다. 그것은 어디까지든지 나를 존경하는 마음일 것임에 틀림없다. 나는 배가 고프면서도 적이 마음이 든든한 것을 좋아했다. 아내가 무엇이라고 지껄이고 갔는지 귀에 남아 있을 리가 없다. 다만 내 머리맡에 아내가 놓고 간 은화가 전등불에 흐릿하게 빛나고 있을 뿐이다. (중략)

우리 부부는 숙명적으로 발이 맞지 않는 절름발이인 것이다. 내가 아내나 제 거동에 로직을 붙일 필요가 없다. 사실은 사실대로 오해는 오해대로 그저 끝없이 발을 절뚝거리면서 세상을 걸어가면 되는 것이다. 그렇지 않을까?

그러나 나는 이 발길이 아내에게로 돌아가야 옳은가 이것만은 분간하기가 좀 어려웠다. 가야 하나? 그럼 어디로 가나?

이때 뚜우 하고 정오 사이렌이 울렸다. 사람들은 모두 네 활개를 펴고 닭처럼 푸드덕거리는 것 같고 온갖 유리와 강철과 대리석과 지혜와 잉크가 부글부글 끓고 수선을 떨고 하는 것 같은 찰나, 그야말로 현란을 극한 정오다.

나는 불현듯이 겨드랑이가 가렵다. 아하, 그것은 내 인공의 날개가 돋았던 자국이다. 오늘은 없는 이 날개, 머릿속에서는 희망과 야심의 말소된 페이지가 딕셔너리 넘어가듯 번뜩였다.

나는 걷던 걸음을 멈추고 그리고 어디 한번 이렇게 외쳐 보고 싶었다.

날개야 다시 돋아라.

날자. 날자. 날자. 한 번만 더 날자꾸나.

한 번만 더 날아보자꾸나.

이상의 〈날개〉는 일본 식민지 치하에서의 암울한 삶을 그리고 한편으로는 실존적 자아 추구와 인간해방을 강하게 부르짖고 있습니다. 〈날개〉에 나오는 개념들을 이용해서 일치·차이 병용법의 예를 만들어 보면 다음과 같습니다.

■ **'나'가 기분 좋을 때 웃는 웃음은 홍소이다.**
 그러나 '나'는 조소와 고소의 웃음도 웃는다.
 하지만 '나'가 주로 웃는 웃음은 홍소이다.

이 경우 홍소를 A, 기분 좋게 웃는 현상(결과)를 a라고 하고, 조소(B), 고소(C) 그리고 조소와 고소의 현상은 b, c라고 할 수 있습니다. 그런데 '나'가 기분 좋게 크게 웃었습니다. 그렇다면 그 원인을 추리하기 위해서는 다음과 같이 일치·차이 병용법의 형식을 만들 수 있습니다.

(가)	(나)
■ ABC ⋯⋯ abc	■ ABC ⋯⋯ abc
ADE ⋯⋯⋯ ade	BC ⋯⋯⋯ bc
∴ A ⋯⋯⋯⋯⋯⋯⋯⋯⋯⋯⋯⋯⋯ a	

일치·차이 병용법the joint method of agreement and difference을 사용할 경우 원인(A)이 있는 곳에는 현상(a)이 있으며, 원인(A)이 없는 곳에는 현상(a)도 없다는 것을 알게 되므로 원인(A)과 현상(a) 사이에 인과 관계가 있다는 것을 한층 더 분명하게 지적할 수 있습니다.

밀은 일치·차이 병용법에 관해서 다음과 같이 설명합니다.

> 만일 어떤 현상이 발생하는 두 가지 또는 그 이상의 사례가 단지 하나의 사정만 함께 소유하고, 또 한편으로 그 현상이 발생하지 않는 두 가지 또는 그 이상의 사례가 그 유일한 사정을 결여하는 것 이외에 어떤 것도 함께 소유하지 않을 경우, 이 두 쌍의 사례의 유일한 차이점인 그 사정은 그 현상의 원인이든지, 결과이든지 아니면 원인의 불가결한 한 부분이다.

> **T.I.P** 일치·차이 병용법은 일치법을 보강해 주는 역할을 하는데, 일치법을 적극적인 방법으로 사용하며 차이법을 소극적 방법으로 사용합니다. 그러나 우리는 일치·차이 병용법을 사용함에 있어서, 일치법에서는 사례들이 특정 원인(A)을 공유한다는 것만이 공통적인 사정이어야 하고, 차이법에서는 공통의 원인(A)을 서로 소유하지 않는다는 것이 공통적인 사정이어야 한다는 것을 잊어서는 안 됩니다.

네 번째 공리 : 잉여법

다음 글 황순원의 〈독 짓는 늙은이〉의 일부를 읽은 후 밀의 네 번째 귀납법의 공리인 잉여법에 관해서 알아보기로 합시다.

> 송 영감이 한번 쓰러져 있는데 방물장수 앵두나뭇집 할머니가 와서 앓는 몸을 돌봐야 하지 않느냐며, 조미음 사발을 송영감 입 가까이 내려놓았다. 송 영감은 어제 어린 아들에게 거랑질해 왔다고 고함쳤던 일을 생각하며, 이 아무에게나 친절한 앵두나뭇집 할머니에게 미안한 생각이 들어, 어제만 해도 애한테 밥이랑 그렇게 많이 줘 보내서 잘 먹었는데 또 이렇게 미음까지 쑤어오면 어떡하느냐고 했다. 앵두나뭇집 할머니는 그저, 어서 식기 전에 한 모금 마셔보라고만 했다. 그리고 송 영감이 미음을 몇 모금 못 마시고 사발에서 힘없이 입

을 떼는 것을 보고 앵두나뭇집 할머니는, 정말 이 영감이 이번 병으로 죽으려는가 보다는 생각이라도 든 듯, 당손이를 어디 좋은 자리가 있으면 주어버리는 게 어떠냐고 했다. 송 영감은 쓰러져 있는 사람답지 않게 눈을 홉떠 앵두나뭇집 할머니를 쳐다보았다. 그리고 어느새 송 영감의 손은 앞에 놓인 미음 사발을 앵두나뭇집 할머니에게로 떠밀치고 있었다.

송 영감은 앵두나뭇집 할머니가 갖다 준 음식을 먹고 병이 나았다고 합니다. 앵두나뭇집 할머니가 갖다 준 음식은 밥과 떡과 조미음입니다. 밥은 기운을 나게 해주고 떡은 소화를 도와주고 조미음은 소변을 잘 보게 해준다고 합시다. 그러면 우리는 이 사실에 대해서 다음처럼 논리 형식을 만들 수 있습니다.

■ ABC … abc
B …… b
C …… c
∴ A …… a

위 형식에서 abc는 각각 소변을 잘 보는 것(a), 기운 나는 것(b), 소화 잘 되는 것(c)의 현상들입니다. 그러면 소변 잘 보는 것의 원인을 알기 위해서 다른 현상들의 원인을 찾아서 제외하고 나면 마지막으로 남는 하나의 원인이 있습니다. 즉 기운 나는 것(b)의 원인인 밥(B)과 다음으로 소화 잘 되는 것(c)의 원인인 떡(C)을 차례로 제거해나가면 소변 잘 보는 것(a)의 원인인 조미음(A)이 남게 됩니다.

밀은 네 번째 귀납법의 공리인 잉여법the method of residues에 관해서 다음과 같이 설명하고 있습니다.

어떤 현상으로부터 선행하는 귀납추리에 의해서 일정한 전건의 결과로 알려진 부분을 제외하고 나면 나머지 현상은 남아 있는 전건의 원인(또는 결과)이다.

잉여법은 최종으로 남은 현상(ⓐ)과 그 원인(A)이 명확하고 단순하다면 정당한 귀납추리가 되지만, 일치법과 마찬가지로 모든 인과 관계를 제외하고 나머지가 복잡한 관계에 묶여 있을 경우 정확한 원인(또는 결과)을 찾을 수 없는 난점을 안고 있습니다.

다섯 번째 공리 : 공변법

다음 글 김유정의 단편 소설 〈봄·봄〉의 일부를 읽은 후 공변법에 관해서 살펴보기로 합니다.

> "얘, 그만 일어나 일 좀 해라. 그래야 올 갈에 벼 잘되면 너 장가들지 않니."
> 그래 귀가 번쩍 띄어서 그날로 일어나서 남이 이틀 품 들일 논을 혼자 삶아 놓으니까 장인님도 눈깔이 커다랗게 놀랐다. 그럼 정말로 가을에 와서 혼인을 시켜줘야 원 경우가 옳지 않겠나. 볏섬을 척척 들여쌓아도 다른 소리는 없고 물동이를 이고 들어오는 점순이를 담배통으로 가리키며,
> "이 자식아, 미처 커야지 조걸 무슨 혼인을 한다구 그러니 온!"
> 하고 남 낯짝만 붉게 해주고 그만이다. 골김에 그저 이놈의 장인님 하고 댓돌 에다 메꽂고 우리 고향으로 내뺄까 하다가 꾹꾹 참고 말았다.……
> 점순이는 뭐 그리 썩 예쁜 계집애는 못 된다. 그렇다고 또 개떡이냐 하면 그런 것도 아니고, 꼭 내 아내가 돼야 할 만큼 그저 툽툽하게 생긴 얼굴이다. 나보다 십 년이 아래니까 올해 열여섯인데 몸은 남보다 두 살이나 덜 자랐다. 남은 잘도 훤칠히들 크건만 이건 위아래가 몽톡한 것이 내 눈에는 헐없이 감참외 같다. 참 외 중에는 감참외가 제일 맛 좋고 예쁘니까 말이다. 둥글고 커단 눈은 서글서글 하니 좋고 좀 짓처 찢어졌지만 입은 밥술이나 톡톡히 먹음직하니 좋다. 아따, 밥 만 많이 먹게 되면 팔자는 그만 아니냐. 한데 한 가지 파가 있다면 가끔 가다 몸 이(장인님은 이걸 채신이 없이 들까분다고 하지만) 너무 빨리빨리 논다.……

내가 다 먹고 물러섰을 때 그릇을 와서 챙기는데 그런데 난 깜짝 놀라지 않았느냐. 고개를 푹 숙이고 밥 함지에 그릇을 포개면서 날더러 들으라는지 혹은 제 소린지,

"밤낮 일만 하다 말 텐가!"

하고 혼자 종알거린다. 고대 잘 내외하다가 이게 무슨 소린가 하고 난 정신이 얼떨떨했다. 그러면서도 한편 무슨 좋은 수가 있는가 싶어서 나도 공중을 대고 혼잣말로,

"그럼 어떡해?"

하니까,

"성례시켜 달라지 뭘 어떡해."

하고 되알지게 쏘아붙이고 얼굴이 발개져서 산으로 그저 도망을 친다.

밀의 다섯 번째 귀납법의 공리인 공변법the method of concomitant variation의 예를 김유정의 〈봄·봄〉에 나오는 점순이를 이용해서 들어 보기로 합시다.

열 살 때의 점순이는 재빠릅니다. 열두 살 때의 점순이는 더 재빠릅니다. 열여섯 살 때의 점순이는 훨씬 더 재빠릅니다. 그렇다면 점순이의 나이와 점순이가 재빠른 것 사이에는 일정한 인과 관계가 있다는 것을 알 수 있습니다. 이것을 공변법으로 나타내면 다음과 같습니다.

■ $ABC \cdots abc$

$A^2BC \cdots a^2bc$

$A^3BC \ldots a^3bc$

$\therefore A \cdots\cdots a$

위 도식에서 a는 빠른 것, a^2는 더 빠른 것, a^3는 가장 빠른 것이고, A는 열 살, A^2는 열두 살, A^3는 열여섯 살을 나타냅니다. 그렇다면 결국 빠른 것(a)과 나이(A)라는 인과 관계가 있음을 알 수 있습니다. 어떤 현상이 변화함에 따라서 그 원인

도 비례하거나 또는 반비례해서 변할 때 우리는 원인과 결과 사이의 양적 관계를 측정할 수 있습니다.

밀은 공변법에 관해서 다음과 같이 설명합니다.

> 어떤 현상이든 다른 현상이 어떤 특정한 방식으로 변화함에 따라서 그 자체도 언제나 어떤 방식으로 변할 경우, 그 현상은 다른 현상의 원인 또는 결과이든지 아니면 어떤 인과사실에 의해서 다른 현상과 결합되어 있다.

공변법이란 원인과 결과가 항상 밀접하게 연관되어 있을 때 원인이 변화하면 결과도 변화한다는 인과 관계를 명확하게 해 주는 방법입니다. 우리가 일치법, 차이법, 일치·차이 병용법 또는 잉여법에 의해서 인과적 귀납추리를 정당하게 했다고 할지라도, 공변법이 가능할 경우 공변법을 사용하면 인과 관계가 훨씬 더 분명해집니다.

되돌아 보아야 할 문제들

1. 일치법을 설명하고 그 예를 드십시오. 그리고 일치법의 한계는 어떤 점에 있는지 지적하십시오.

2. 차이법을 설명하고 그 예를 들어 보십시오.

3. 일치·차이 병용법이 일치법이나 차이법보다 논리적으로 더 정당한 이유는 무엇입니까?

4. 잉여법을 설명하고 그 예를 드십시오.

5. 공변법을 설명하고 그 예를 드십시오.

6. 기온이 $10°C$ 상승해서 처음 상태의 $10°C(A)$에서 $20°C(A^2)$로 온도가 변화하면 온도계의 눈금도 $10°C(a)$에서 $20°C(a^2)$로 변화하며, 다시 또 $10°C$ 상승해서 $20°C(A^2)$가 $30°C(A^3)$로 변화하면 온도계의 눈금도 $20°C(a^2)$에서 $30°C(a^3)$로 변합니다. 이와 같은 관계를 인과적 귀납추리의 공변법을 사용해서 논리 형식으로 표현해 보십시오.

※ 답은 263~264쪽에 있습니다.

일곱 번째 여행_ 유비추리

미인선발대회

유비추리의 특징

앞에서 귀납추리에는 통계적 귀납추리, 인과적 귀납추리, 유비추리, 가설의 방법 등이 있다고 했습니다. 이러한 귀납추리들은 우리의 일상생활에서 흔히 사용되는데, 미인 선발대회의 경우 비록 일정한 기준을 바탕으로 삼는다고 할지라도 각 심사위원은 일종의 유비추리analogy를 심사에 동원할 것입니다. 예컨대 다음과 같은 유비추리가 가능합니다.

> ■미스 경남은 얼굴이 계란형이고, 키가 170cm이며, 말솜씨가 유창하고, 양
> 보조개가 있으며 팝송을 잘 부르고 이십대 초반의 여대생이다.
> 미스 서울도 얼굴이 계란형이고, 키가 170cm이며, 말솜씨가 유창하고, 양
> 보조개가 있으며 팝송을 잘 부른다.
> 미스 서울도 이십대 초반의 여대생일 것이다.

유비추리는 취직시험 시험관들도 사용합니다. 꽤 오래전 일이지만 어느 대기업에서 신입사원을 모집할 때면 면접시험 때 시험관 중 한 사람은 반드시 관상에 도통한 도사를 참석시켰다고 합니다. 이 도사는 신입사원 지원자들을 면접하면서 아마 다음과 같은 유비추리를 사용하였을 것입니다.

> ■ 김이라는 청년은 이마가 좁고 양 눈썹 사이가 좁으며 콧날이 가늘어서 인간관계가 나쁘다.
> 박이라는 청년도 이마가 좁고 양 눈썹 사이가 좁다.
> ∴ 박이라는 청년도 콧날이 가늘 것이고 인간관계도 나쁠 것이다.

어떤 한 사례가 a·b·c·d와 같은 여러 가지 성질을 가지고 있을 때 또 다른 어떤 사례가 a·b·c 등의 성질을 가지고 있어서 두 사례가 유사하다고 생각될 경우 나중의 사례도 역시 먼저 사례처럼 d의 성질을 분명히 가지고 있을 것이라고 추리하는 것이 바로 유비추리입니다. 이러한 유비추리를 논리적으로 형식화하면 다음과 같이 나타낼 수 있습니다.

> ■ A는 a·b·c·d이다.
> B는 a·b·c이다.
> ∴ B도 d일 것이다.
> (여기에서 A와 B는 사례나 경우를, 그리고 a·b·c·d는 사례가 가지고 있는 성질을 뜻합니다)

다섯 가지 귀납법의 공리를 제시한 밀J.S.Mill은 유비추리에 관해서 다음처럼 설명합니다.

> 두 가지 사물이 하나 또는 그 이상의 점에서 서로 유사할 경우 한 사물에 관한 명제가 참이면 다른 사물에 관한 명제도 참이다.

유비추리의 정당성

앞에서 연역추리에 관하여 이야기할 때 연역추리에서는 타당성이 문제된다는 것을 충분히 살펴보았습니다. 왜냐하면 연역추리는 상대적일 수 있는(이럴 수도 있고 저럴 수도 있는) 감각 경험과는 상관없이 필연적인 사고의 법칙을 따르기 때문입니다. 연역추리는 참과 거짓이 분명히 가려지는 추리입니다. 그러나 귀납추리는 참과 거짓이 명백하게 가려지기 어려운 추리입니다. 왜냐하면 귀납추리는 감각경험에 의존하며 따라서 관찰, 실험, 검증 등의 방법을 기반으로 삼기 때문입니다.

귀납추리에서는 정당성이 문제가 됩니다. 만일 비교되는 대상들 사이에 유사성이 많으면 유비추리의 정당성의 정도가 클 것이고, 비교되는 대상들 사이의 유사성이 적을수록 유비추리의 정당성은 감소될 것입니다.

임의로 두 사립대학의 질적 수준을 비교하면서 유비추리의 정당성의 정도가 큰 예를 들어보기로 합시다.

> ■ D대학은 교육시설이 미비하고, 학생들의 학구열이 저조하며, 교수들의 수준이 낮고, 재단 이사장의 횡포가 심하며, 보직교수들이 기회주의자들이고, 재단이 대학에 내는 돈도 거의 없으므로 매우 부실한 사립대학이다. K대학도 교육시설이 거의 갖추어져 있지 않고, 학생과 교수들의 연구자세가 제대로 되어 있지 않으며, 재단 이사장이 대학을 멋대로 주무르고 보직교수들도 보직에만 신경을 쓴다.
> ∴ K대학도 재단에서 대학에 돈을 거의 내놓지 않을 것이고 부실한 사립대학일 것이다.

위의 두 대학의 예에서 두 대학은 서로 유사한 성질(유사성)이 많으므로 유비추리의 정당성 정도가 큽니다. 그러나 다음과 같은 예는 두 대상 사이의 유사성이 적기 때문에 자연히 유비추리의 정당성의 정도도 적을 수밖에 없습니다.

■S회사는 사원 복지가 잘 되어 있고 노동자의 임금 수준도 높으며 노사 간
의 대화가 항상 원만하고 사원 각자의 의무와 권리가 분명히 행해지고 사
원들의 의사가 회사 경영에 직접 반영되므로 항상 노사타협이 원만히 이루
어진다.
H회사는 사원 복지가 잘 되어 있고 노동자의 임금 수준도 높다.
∴ H회사에서도 사원들의 의사가 회사 경영에 직접 반영될 것이고 항상 노
사타협이 원만히 이루어질 것이다.

이 예에서는 유비추리의 정당성의 정도가 적습니다. 왜냐하면, 앞에서 말한 것
처럼 두 대상 사이의 유사성이 적기 때문입니다.

이제 유비추리의 정당성 문제를 좀 더 분명하게 살피기 위해서 정언삼단논법의
형식을 이용해서 유비추리를 살펴봅시다. 우선 유비추리를 논리적으로 형식화하
면 아래와 같이 나타낼 수 있습니다.

■A는 a·b·c·d 이다.
B는 a·b·c 이다.
∴ B는 A(B도 d를 가질 것이고)와 같을 것이다.

여기에서 두 사례(경우)를 A(대명사), B(소명사)라고 하고 사례의 성질들을 a·b
·c(중명사)라고 할 때 이 유비추리를 정언삼단논법의 형식으로 표시하면 다음처럼
됩니다.

■P − M
S − M
∴ S − P

이 식은 정언삼단논법 2격의 식입니다. 이 식에서는 대명사(P)가 가지는 성질
모두를 중명사(a·b·c…)가 나타내어 실질적으로 중명사가 주연될 경우에만 타당

할 수 있습니다. 그러나 중명사를 주연시킬 정도로 모든 성질을 하나도 남김없이 제시하는 일은 불가능합니다. 예컨대 앞의 예에서 S회사의 모든 특징과 H회사의 모든 특징을 빠짐없이 열거하는 일은 절대 불가능합니다.

유비추리는 일종의 개연적 추리입니다. 그러므로 서로 비교되는 대상들 사이의 유사성을 얼마만큼 많이 찾느냐에 따라서 유비추리의 정당성의 정도가 결정됩니다.

유비추리의 정당성의 기준

매일매일을 살아가면서 우리는 알게 모르게 유비추리를 사용합니다.

- 엄마를 보면 딸이 어떤지 잘 알 수 있어. 지현이 어머니야말로 손 크고 인자하기로 소문났어. 그러니까 지현이도 분명히 현모양처 노릇을 잘할거야.

- 이 회사 사원들의 사람 됨됨이야 뭐 뻔한 거 아니겠어? 어제 이 회사 사장과 간부들을 만나 보았는데 가관이더라. 몇 년 전만 해도 부도나기 직전이라며 허리를 90°로 구부리고 좀 도와 달라고 설설 기더니, 요새 매출이 갑자기 늘고 회사가 커지니까 사장 이하 간부들이 허리를 뻣뻣하게 세우고 사람이 찾아가도 본 척을 하지 않는 거야. 그렇다면 사원들 태도도 뻔한 거 아니겠어?

유비추리는 비록 개연적 결론을 이끌어 내는 데 지나지 않는 추리임에도 불구하고 그것의 응용범위는 어떤 다른 귀납추리보다도 광범위합니다. 유비추리는 개연적이기 때문에 그만큼 잘못을 범할 확률도 높고, 특히 정당성의 정도가 적은 유비추리를 마치 정당성의 정도가 큰 유비추리처럼 사용할 경우 커다란 혼란에 빠질 우려가 있습니다.

■공부도 못하고 부모 말도 제대로 안 듣고 음악만 좋아하더니 정수는 대학
도 못 들어가고 결국 결혼에도 실패하고 말았다.
정수의 동생도 공부를 못하고 부모 말도 제대로 안 듣고 대학도 못 들어갔다.
∴ 정수의 동생도 정수처럼 결혼하면 실패할 것이다.

유비추리의 경우 가능한 한 대상들 사이의 유사성을 많이 찾아내어 정당성의
정도를 높일 필요가 있습니다. 유비추리의 정당성의 정도를 높이기 위해서는 다
음과 같은 세 가지 기준을 택하여야 합니다.

① 비교되는 대상 사이의 유사성의 수가 많으면 많을수록 좋다.
② 유사성은 비교되는 대상(또는 사물)의 본질적이며 적극적인 성질을 제시하는
것이어야 한다.
③ 결론에서 밝혀진 성질은 이미 밝혀진 유사성을 소유한 여러 성질과 밀접한
연관성이 있는 것이어야 한다.

비교되는 대상 사이의 유사성이 많을수록 유비추리의 정당성의 정도가 높아지
는 것은 당연합니다. 그리고 비교되는 사물의 본질과는 전혀 상관없는 성질을 제
아무리 많이 늘어놓아도 유비추리의 정당성은 높아지는 것이 아니라 오히려 감
소됩니다. 세 번째 기준과 연관해서 말하자면, 두 사람이 좋아하는 유사한 음식
들을 잔뜩 늘어놓은 다음에 두 사람이 선량한 사람인 점에서 똑같다는 전혀 엉뚱
한 결론을 내린다면, 유비추리의 정당성은 전혀 보장될 수 없습니다.

되돌아 보아야 할 문제들

1. 유비추리를 설명하고 그 예를 들어 보십시오.

2. 유비추리를 논리적으로 형식화해 보십시오. 또한 그것을 정언삼단논법의 2격의
   식에 해당하도록 변형시켜 보십시오.

3. 유비추리의 정당성의 정도가 큰 예와 작은 예를 각각 하나씩 들고 왜 그런지 이유
   를 설명하십시오.

4. 유비추리의 정당성의 정도를 높이기 위한 조건들은 어떤 것이 있는지 설명하십
   시오.

※ 답은 265쪽에 있습니다.

여덟 번째 여행_ 가설의 의미

금강산 댐

가설이란 무엇인가

한때 평화의 댐에 관련된 일이 과거 정권의 비리에 해당하는 문제로 국회 차원에서까지 문제로 부각된 적이 있습니다. 북한에서 금강산 댐을 건설할 경우 서울이 물바다가 될 것이고 63빌딩까지 잠겨버릴 것이라고 언론에서 크게 보도됐습니다. 대다수 국민들은 설마 하면서도 정말 그렇게 된다면 큰일이라고 생각해서 각계각층에서 금강산 댐에 대응할 평화의 댐 건설을 위한 성금을 기탁하였습니다. 사정을 잘 알지 못하는 초등학생들까지도 막연한 두려움에 고사리손으로 성금을 모았습니다. 각 직장에서는 거의 강제로 얼마씩 성금을 기탁했습니다. 지난날에는 모든 것이 그렇게 돌아갔습니다. 싫어도 내라면 내야 했습니다.

지금까지 밝혀진 결과만 놓고 보자면, 당시 반정부 운동이 확산될 우려가 있었으므로 군사정권에서는 금강산 댐이 북한에서 완공되면 서울이 물에 모두 잠길

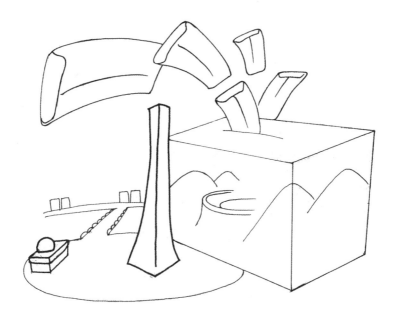

것이니 대응해야 한다며 국민의 시선을 그곳으로 쏠리게 한 것입니다.

그런데 만일 금강산 댐이 건설되어 서울이 물바다가 될 확률이 전혀 의심할 여지 없을 정도로 높다면 대응 댐을 건설하여야 하는 것 또한 당연한 일입니다.

어떤 문제에 당면할 경우 그 문제 해결방안을 여러 가지로 찾아보게 되는데 그 중에서 가장 그럴듯한 해결방안을 제시해 문제해결에 임하게 됩니다. 이 경우 그럴듯한 해결방안이 바로 귀납추리의 일종인 가설입니다.

앞서 말한 금강산 댐의 문제를 해결하기 위해서 여러 가지 방안이 있는데 당시 정부가 선택한 것은 평화의 댐 이론입니다. '평화의 댐 이론'은 가설입니다. 만일 평화의 댐을 건설해서 그것이 금강산 댐에 대응하는 실제 사례로 성립할 경우 그것은 평화의 댐이라는 가설의 긍정적 사례가 됩니다.

그러나 당시 평화의 댐은 결코 긍정적 사례가 되지 못하고 금강산 댐에 대응하는 역할과는 별 상관없는 것이 되어버렸으며, 오히려 금강산 댐의 규모를 과장하여 북한의 남한에 대한 침략 위기를 조장하였을 뿐 아니라 평화의 댐을 정권 유지수단으로 이용했다는 결론을 내렸을 뿐입니다. 따라서 현재의 평화의 댐은 당시 평화의 댐 이론, 곧 가설에 대해 다분히 부정적 사례가 되었습니다.

어떤 가설이든지 귀납적 증거에 의해서 충분히 밑받침될 때 그 가설은 비로소 긍정적으로 나타나기 마련입니다.

일상생활에서도 우리는 가설을 많이 사용하고, 학문의 영역에서도 가설을 많이 사용하지만 가설은 다른 어떤 분야보다도 자연과학의 탐구에 있어서 가장 커다란 비중을 차지합니다. 현대의 과학철학자이며 사회철학자인 칼 포퍼의 가설에 대한 견해를 살피면서 가설의 특징이 어떤 것인지 알아보기로 합시다. 포퍼는 《과학적 발견의 논리》, 《추측과 반박》, 《객관적 지식》 등의 저술에서 가설에 관한 참신한 이론을 펼쳐 보이고 있습니다. 포퍼는 모든 이론은 추측이자 가설이며 그것들은 극단의 경우 포기 되지 않으면 안 된다고 하여 다음처럼 주장합니다.

"모든 이론은 가설이다. 모든 이론은 폐기될 수 있다."

지식이 진화하고 성장한다는 사실은 이미 고정된 불변의 이론을 인정하지 않는다는 것을 말합니다.

포퍼에게 있어서 과학적 탐구의 논리는 '과학놀이의 규칙에 관한 탐구'입니다. 포퍼는 과학놀이의 규칙에 대한 예로 두 가지를 제시합니다. 첫 번째 예는 '과학놀이는 원칙상 끝이 없다'라는 것입니다. 이 예는 과학 이론 중 어떤 것도 절대적이지 않다는 것을 보여줍니다. 두 번째에는 '일단 어떤 가설이 제안되어 검사되고 그 성질이 증명되면, 그것은 〈훌륭한 이유〉 없이는 배제될 수 없다'라는 것입니다.

포퍼는 지식의 성장 내지는 진화를 위한 바탕으로서 가설의 의의를 말합니다. 가설은 언제나 시험가능성 또는 반증가능성의 대상이며, 시험가능성이나 반증가능성에 직면하여 일정한 과정을 거침으로써 점차로 객관적이 됩니다.

포퍼는 이론의 성장 과정을 다음처럼 도식화하여 표시합니다.

$$P_1 - TT - EE - P_2$$

여기에서 P_1은 문제를, TT는 시험적 이론을, EE는 오류제거를 그리고 P_2는 새로운 문제를 말합니다. 이것을 보다 더 종합적으로 도식화하면 다음과 같이 됩니다.

$$
\begin{array}{l}
\nearrow TT_a \rightarrow EE_a \rightarrow P_{2a} \\
P \longrightarrow TT_b \rightarrow EE_b \rightarrow P_{2b} \\
\searrow TT_n \rightarrow EE_n \rightarrow P_{2n}
\end{array}
$$

이 도식은 '과학놀이는 원칙상 끝이 없다'라는 것과 '일단 어떤 가설이 제안되어 검사되고 그 성질이 증명되면 그것은 〈훌륭한 이유〉 없이는 배제될 수 없다'라는 내용을 대변함으로써 지식이 성장한다는 것을 나타내줍니다.

첫 번째 도식과 아울러 두 번째 도식을 살펴볼 때, 오류제거는 비판적 논의의 일부이며, 비판적 논의는 서로 경쟁 관계에 있는 시험적 이론들을 다양한 관점에서 비교하고 검사하여 새로운 문제를 산출하게 해줍니다.

인류의 위대한 대부분의 과학적 발견들은 거의 가설에 의존한 것이 사실입니다. 어떤 문제를 해결하기 위해서 일단 가설을 세우고 실험이나 관찰을 하여 가설에 대한 긍정적 사례가 나타나면 가설은 하나의 이론으로 정립됩니다.

세 가지 종류의 가설

가설에는 일반적으로 사실적 가설, 과학적 가설, 철학적 가설 등 세 가지 종류가 있습니다.

1. 사실적 가설

일상생활에서 갑자기 문제에 부딪칠 경우가 많습니다. 저녁 식사 도중에 갑자기 전기가 나갈 수 있습니다. 이럴 경우 아파트 창문을 통해서 다른 집들을 봅니다. 다른 집들도 전기가 나가고 여기저기에서 촛불이 반짝입니다. 이때 '아하, 아파트 중앙 변전실에 무슨 사고가 났으니 잠시 기다리면 되겠다'라고 생각하고 관리실에 전화를 하니 '한 시간만 참으면 됩니다. 중앙 변전실에 작은 고장이 있어서 지금 수리 중입니다'라는 답을 듣습니다. 이 경우 가설에 기반을 두고 문제 해결을 하기 위해서 행동한 것입니다.

또는 부엌 바닥에 물이 흥건하다고 합시다. 이때 두 가지 가정이 가능합니다. '수도관에 이상이 있다'든지 아니면 '하수관에 문제가 있다' 중의 하나 또는 두 가지 모두가 부엌에 물이 흥건한 문제를 해결해 줄 열쇠가 됩니다.

그렇지만 '부엌 싱크대의 하수관의 오물을 걷어낸 것이 꽤 오래 되었으니 아마도 하수관이 막혔을 것이다'라는 가설을 세우고, 직접 하수관을 뜯어보니 꽉 막혀 있어서 그것을 뚫어내니 문제가 해결되었습니다. 이 경우 '하수관이 막혔으니 그것을 뚫으면 문제가 해결될 것이다'라는 해결방안, 곧 가설을 근거 삼아 사실을 관찰하고 문제를 해결할 수 있습니다. 이와 같은 경우의 가설은 사실적 가설입니다.

2. 과학적 가설

앞에서 살펴본 사실적 가설은 특수하고 개별적인 사실에 제한된 것이었고 다분히 상식의 차원에서 사용되는 것이었습니다. 과학적 가설은 사실적 가설과 밀접한 연관이 있는 것이 사실이지만, 사실적 가설보다 훨씬 객관적이면서도 보편적인 성질을 가집니다.

과학적 사실은 어떤 현상을 통일적으로 기술하고 설명하는 것을 목적으로 삼습니다. 갈릴레이는 펌프 안의 물이 지상으로 33피트 이상 올라올 수 없다는 사실을 발견하긴 했어도 그 이유를 설명하지는 못했습니다. 갈릴레이의 제자 토리첼리는 공기에도 중량이 있으리라고 생각하여, 펌프 안에 공기가 없을 경우 펌프 안의 물을 상승시키는 것은 수면상의 공기의 압력일 것이라는 가설을 세워 실험을 했습니다. 그 결과 긍정적인 사례를 발견하여 공기도 중량을 가진다는 법칙을 발견하게 되었습니다.

대부분의 과학적 가설은 경험적 관찰과 실험에 의해서 참과 거짓이 드러납니다. 그러나 막스 플랑크의 양자역학 이론이라든가, 하이젠베르크의 불확정성 원리 또는 아인슈타인의 특수 상대성 이론 등은 경험적 관찰이나 실험에 의해서 증명될 수 없는 이론적 차원의 가설들입니다. 그러한 가설들은 경험적인 여러 법칙들 상호 간의 관련성을 가져다줄 뿐만 아니라 경험적 법칙들을 통일성 있게 설명하여 줍니다. 더욱이 그러한 가설들은 새로운 관찰과 실험을 촉진시킴으로써 미래의 연구방향을 제시하여 지금까지의 가설을 버리고 새로운 법칙을 발견하게 해 줍니다. 이렇게 볼 때 과학적 가설은 경험의 영역뿐만 아니라 경험을 넘어선 영역과도 관계를 맺는다는 사실을 알 수 있습니다.

3. 철학적 가설

과학적 가설이 비록 초경험적인 이론을 포함한다고 할지라도 그것의 목적은 여전히 자연 현상의 법칙을 발견하는 것입니다. 그러므로 과학적 가설이 제아무리 보편적이고 객관적인 성격을 소유한다고 할지라도 그것이 가장 궁극적인 것일 수 없습니다. 왜냐하면 과학적 가설은 어디까지나 자연 현상 안에 머물기 때문입니다. 우리는 일상생활에서 다음과 같이 독백하는 경우가 있습니다.

"도대체 내가 왜 살까? 무엇을 얻기 위해서 살지?"

"돈을 얻기 위해서, 건강을 얻기 위해서 그리고 명예와 권력을 얻기 위해서 사는 거지 뭐."

"그렇기는 해. 하기야 마르크스도 순수 예술이란 거짓말이고 모든 것이 경제적 생산관계를 바탕으로 삼고 그 위에서 예술이나 종교나 학문이 성립한다고 하지 않았던가."

"그렇지만 경제적으로 먹고사는 것이 인생의 전부일까? 돈을 많이 벌면 그 다음에 또 돈을 벌 것인가? 내가 사는 궁극적인 이유가 없을까?"

"분명히 행복이라는 것은 있어. 인간의 모든 활동은 행복에 도달하기 위한 노력들에 불과해."

'행복이 있을 것이다' 또는 '행복이 있어야만 한다'라고 요청하는 것은 경험을 초월한 철학적 가설의 일종입니다.

물리학이나 철학이 보편적 학문이라고 할지라도 똑같은 이론에 대해서 물리학자나 철학자는 서로 다른 견해를 가집니다. 그 이유는 무엇일까요? 간단히 말하자면 각자의 인생관과 세계관이 다르기 때문입니다. 예컨대 칸트 같은 철학자는 인간의 앎의 능력은 한계가 있다고 보았습니다. 이론적 앎에 의해서 자연을 알 수 있습니다. 그러나 선이나 아름다움 그리고 더 나아가서 세계라든가 영혼 또는 신과 같은 이념들은 이론적 앎으로 알 수 없다는 것입니다. 그러므로 세계, 영혼, 신 등은 분명히 '있는 것'으로, 그리고 '있지 않으면 안 되는 것'으로 요청되는 물(物) 자체들이라는 것입니다. 물론 종교적 관점에서 보자면 신은 명백한 존재이지만, 논리적 관점에서 볼 경우 신과 같은 존재는 '철학적 가설'에 의해서 요청되는 존재입니다.

과학적 가설의 조건

우리는 앞에서 세 가지 종류의 가설, 즉 사실적 가설, 과학적 가설, 철학적 가설에 관하여 살펴보았습니다. 이 세 가지 중에서 과학적 발견과 탐구에 가장 중요한 역할을 하는 것은 물론 과학적 가설입니다. 특히 과학적 가설이 설정되기 위해서는 몇 가지 조건들이 충족되어야 합니다. 일반적으로 가설이란 매우 광범위한 현상의 영역을 이론적으로 통일하여 설명하지 않으면 안 됩니다.

과학적 가설은 점을 치거나 관상을 보는 경우와 같은 가설이어서는 안 됩니다. 점쟁이나 관상쟁이는 일종의 인과적 귀납추리와 가설을 복합적으로 사용합니다. 그러나 그들이 사용하는 인과적 귀납추리는 정당성의 정도가 매우 약하고, 가설 또한 긍정적 사례가 극히 적습니다.

과학적 가설을 설정하기 위해서는 단순성, 검증가능성, 다른 이론과의 조화, 합리성, 관련성 등 다섯 가지 조건을 갖추어야 합니다.

1. 단순성

가설은 사실 자체가 결코 아닙니다. 가설은 일종의 포괄적인 법칙입니다. 다음의 예를 봅시다.

> ■ 매년 우리나라의 황사현상이 두 배씩 증가하여 국민의 건강과 환경에 커다란 문제를 야기했다.
> 두 배 증가한 황사현상과 함께 중국 대륙으로부터 날아오는 벼멸구 떼도 두 배로 증가하였다.
> 금년에는 벼멸구 제거용 농약을 두 배 사용하면 벼멸구를 퇴치할 수 있을 것이다.

복잡다단한 이론은 가설의 역할을 행하기 힘듭니다. 왜냐하면 가설은 사실을 통일적으로 설명할 수 있어야 하기 때문입니다.

2. 검증가능성

과학적 가설은 경험 사실과 전혀 무관한 것이어서는 안 됩니다. 과학적 가설은 관찰과 실험을 통해서 실제로 검증가능한 경우에만 새로운 이론이나 법칙으로 인정받을 수 있기 때문입니다.

3. 다른 이론과의 조화

앞의 검증가능성과 밀접하게 연관된 것이 바로 가설의 다른 이론(또는 법칙)과의 조화입니다. 아무리 새로운 이론이라고 할지라도 이미 있는 여러 이론이나 법칙들과 일관성 있게 조화를 이루지 않는다면 가설은 단지 독단으로 그치고 말 염려가 있습니다.

4. 합리성

과학적 가설은 일관성 있는 이론이기 때문에 합리성을 가져야 합니다. 단지 느낌이나 믿음 또는 추측에만 의존해서 어떤 가설을 주장한다면 그것은 맹목적이며 독단적인 것이 되어 가설이 되지 못합니다.

5. 관련성

어떤 가설이든지 과학적 가설은 그 가설 자체를 위해 주장되는 것이 아닙니다. 어떤 사실에 대한 현재의 이론이 적절하지 않아서 문제가 발생할 경우, 문제를 해결하기 위하여 사실을 설명하려고 가설을 설정합니다.

어떤 과학적 사실을 설정할 경우 가능한 한 가설의 이론과 사실이 일치하도록 노력하여야 합니다. 다시 말해서 가설의 긍정적 사례를 많이 발견하고자 하는 태도를 미리 가져야 한다는 것입니다.

되돌아 보아야 할 문제들

1. 북한의 금강산 댐에 대응하여 평화의 댐을 건설하기로 했습니다. 이 경우 가설은 어떤 종류의 것입니까?

2. 가설에 대한 긍정적 사례와 부정적 사례의 적절한 예를 하나씩 들어 보십시오.

3. 사실적 가설에 해당하는 예를 들어 보십시오.

4. 다윈은 인류가 유인원으로부터 진화했으리라는 가설을 설정해 많은 곳을 여행하면서 그 가설에 대한 긍정적 사례를 발견하려고 했습니다. 다윈의 가설은 어떤 종류의 가설인지 설명해 보십시오.

5. 과학적 가설을 설정하기 위해서는 여러 가지 조건들이 필요합니다. 그 조건들을 열거하고 각 조건의 특징을 설명해 보십시오.

※ 답은 266쪽에 있습니다.

아홉 번째 여행_ 귀납추리에서의 오류는 어떤 것들인가

고등어와 두드러기

오류란 올바르지 못한 논리적 과정, 즉 잘못된 사고를 말합니다. 오류는 크게 나누어서 연역추리에 있어서의 오류와 귀납추리에 있어서의 오류가 있습니다. 연역추리에 있어서의 오류는 다시 형식적 오류와 비형식적 오류로 나뉩니다. 연역추리에 있어서의 오류에 관해서는 앞에서 상세히 다루었기 때문에 여기서는 더 이상 언급하지 않겠습니다.

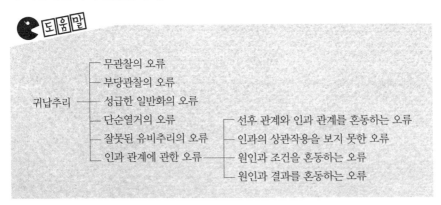

도움말

```
                ┌─ 무관찰의 오류
                ├─ 부당관찰의 오류
        귀납추리 ─┼─ 성급한 일반화의 오류
                ├─ 단순열거의 오류          ┌─ 선후 관계와 인과 관계를 혼동하는 오류
                ├─ 잘못된 유비추리의 오류     ├─ 인과의 상관작용을 보지 못한 오류
                └─ 인과 관계에 관한 오류 ─────┼─ 원인과 조건을 혼동하는 오류
                                         └─ 원인과 결과를 혼동하는 오류
```

무관찰의 오류

아픈 사람들이 전문적 치료를 받을 길이 막연했던 과거에는 자연적으로 민간요법이 발달하여 널리 사용될 수밖에 없었습니다.

몸이 몹시 피곤하거나 또는 눈을 너무 심하게 사용했을 경우 눈에 핏발이 설 때가 있습니다. 만일 아이들 중의 하나가 눈에 핏발이 서면 할머니나 어머니는 바늘에 실을 꿰어 줍니다. 눈에 핏발 선 아이가 실 끝을 잡고 오래도록 바늘을 노려보게 합니다. 그러면서 "움직이지 말고 바늘을 쳐다보아야 해. 네가 열심히 하루만 그렇게 할 수 있으면 핏발이 사그라질테니 가르쳐준 대로 하여라"라고 말합니다.

아이의 눈에 핏발이 선 것은 문제입니다. '실을 꿴 바늘을 응시하는 것'은 문제 해결방안으로서의 가설입니다. 이와 같은 가설을 제시한 할머니와 어머니는 전해져 내려오는 말을 무작정 믿었거나 본인들도 눈에 핏발이 섰을 때 그렇게 하여 우연히 핏발이 가셨기 때문에 아이보고 실 꿴 바늘을 응시하라고 하였을 것입니다.

이러한 태도는 편견(선입관)에 사로잡혀 있거나 아니면 눈에 핏발이 서고 사라지는 사실(현상)에 관한 주의가 부족하거나 또는 핏발 선 것을 정확히 관찰하는 수단이 부족한 자세입니다. 그러므로 할머니나 어머니는 관찰하여야 할 사례를 제대로 관찰하지 못했거나 또는 단지 부분적인 관찰에 의해서 얻은 어떤 결론을 마치 보편 진리처럼 여긴 것입니다. 이와 같은 경우에 생기는 오류를 일컬어 무관찰의 오류fallacy of nonobservation라고 합니다.

과학적인 관점에서 볼 때 미신이 오류를 범하는 것은, 많은 경우 미신이 무관찰의 오류를 범하기 때문입니다.

부당관찰의 오류

부당관찰의 오류는 무관찰의 오류와 매우 밀접하게 연관되어 있습니다. 예를 들어, 어려서부터 고등어를 먹으면 두드러기가 나는 사람이 있다고 합시다. 이 사람은 '내가 고등어를 먹으면 두드러기가 나니까 다른 사람들도 마찬가지일 것이다. 그러니까 두드러기를 예방하려면 누구나 고등어를 먹지 않는 것이 상책이다'라는 가설을 설정하고 그렇게 설정한 가설에 대해서 긍정적 사례를 발견할 것입니다.

그러나 이처럼 개인적인 편견에 의해서 아니면 환각이나 착각 등으로 인해서 사실을 제대로 관찰하지 못하고도 자신이 믿는 것이 정당하며 확실하다고 생각하여 추리할 때 생기는 오류가 바로 부당관찰의 오류fallacy of maleobservation입니다.

천동설은 부당관찰의 오류를 범하는 대표적 가설입니다. 기독교 전통에 의해 하나님이 자신의 모습을 본떠 만든 인간이 살고 있는 지구는 신성한 곳이므로 움직이지 않고 지구 주위를 다른 모든 별들이 돈다고 주장하는 것은 독단적 편견 때문에 생긴 것입니다. '일류 대학을 나온 사람이니 우수한 사람이다'라든가 '출신 가문이 좋으니까 어디를 보아도 저 사람은 흠잡을 데가 없다'라는 등의 추리 역시 부당관찰의 오류를 범하는 가설에 속합니다.

성급한 일반화의 오류

만일 어떤 사람이 '치약으로 매일 두 차례 칫솔질을 하여야 치아가 튼튼하다'라고 주장한다면 이와 같은 주장은 부분적으로는 긍정적인 사례로 나타날지 몰라도 전체적으로는 긍정적이지 못합니다. 왜냐하면 선인들은 소금을 손가락에 묻혀 이를 닦고도 건강한 치아를 가질 수 있었으며 또한 잇몸을 마사지함으로써 튼튼한 치아를 유지할 수도 있었기 때문입니다.

부분적 경험이나 일부의 사실 법칙을 마치 보편적 경험이나 법칙인 것처럼 개괄할 경우 생기는 오류를 성급한 일반화의 오류fallacy of hasty generalization라고 합니다. 어떤 대학생이 처음으로 여자를 사귀었다고 합시다. 만일 이 대학생이 '내가 사귄 김 양은 보기 드문 미인이다. 김 양은 S여자대학에 다닌다. 그렇다면 S여자대학의 학생들은 모두 미인일 것이다'라고 추리한다면, 이 대학생은 단지 부분만 보고 그것을 전체에 적용하기 때문에 성급한 개괄(일반화)의 오류를 범합니다. 어느 나라에 여행을 가서 친절한 사람 한둘을 만난 후 그 나라 사람들은 모두 친절하리라고 생각하는 것 또한 조급한 개괄의 오류를 범하는 경우입니다.

단순열거의 오류

어떤 사실 몇 가지를 열거하고 그것들로부터 보편적인 법칙을 도출해 낸다면 그것은 단순열거의 오류fallacy of simple enumeration를 범합니다.

여름철에 특히 우산을 자주 잃어버리는 사람들이 많습니다. 새 우산을 사기 위해서 우산 가게에 들러 우산 서너 개를 만져 보고 난 다음 이렇게 말한다고 합시다. '빨간 우산, 접는 우산, 긴 우산 이들 세 우산의 질이 나쁘니 이 우산 가게의 모든 우산의 질은 다 나쁠 것이다.' 이와 같은 추리는 단순열거의 오류입니다.

사실에 관한 몇 가지 예들은 가설을 설정하는 데 필요한 예비수단이거나 경험적 법칙을 세우기 위한 자료나 수단일 뿐입니다. 그럼에도 불구하고 그것들을 가지고 일반원리를 도출해낸다면 그러한 귀납추리는 오류를 범합니다.

잘못된 유비추리의 오류

본질적으로 서로 다른 두 사실이나 현상임에도 불구하고 피상적인 유사성에만 착안하여 어느 한 쪽에만 해당하는 사례를 다른 쪽에도 해당하는 것으로 유추할 때 생기는 오류를 일컬어 잘못된 유비추리의 오류false analogy라고 부릅니다. 다음의 예들을 봅시다.

- 박쥐는 분명히 날개가 있고 날아가는 모양도 새 모양이니 박쥐는 새임이 분명하다.
- 고래는 바다에서 살며 지느러미를 가지고 있다. 그러므로 고래는 물고기에 속한다.

만일 어떤 여대생이 예쁘면서도 야무지고 공부도 잘한다고 합시다. 이 여학생을 알고 있는 청년이 또 다른 예쁜 여대생을 만났을 때 '이 여대생도 눈이 부실 정도로 예쁘니까 내가 아는 예쁜 누구처럼 야무지고 공부도 잘할 것이 틀림없어'라고 추리한다면 이것은 오류유추에 속합니다.

보통 우리는 독일과 영국을 선진국으로 알고 있습니다. 겉으로 나타난 선진국이라는 인상만 가지고 '독일이 선진국이면서 물가가 싸니까 영국도 선진국이면서 물가가 틀림없이 쌀 것이다'라고 추리하는 것 역시 잘못된 유비추리의 오류의 일종입니다.

인과 관계에 관한 오류

어떤 방식으로든지 원인과 결과의 관계를 혼동하거나, 잘못 보거나 또는 원인과 결과의 관계를 전도시킬 때 범하는 오류를 일컬어 인과 관계에 관한 오류fallacy of causality라고 부릅니다. 인과 관계의 오류에는 선후 관계와 인과 관계를 혼동하는 오류, 인과의 상관작용을 보지 못한 오류, 원인과 조건을 혼동하는 오류, 원인과 결과를 혼동하는 오류 등 네 가지가 있습니다.

1. 선후 관계와 인과 관계를 혼동하는 오류

어떤 결과를 생기게 한 원인을 잘못 보고 엉뚱하게 전혀 다른 원인을 제시할 경우 선후 관계와 인과 관계를 혼동하는 오류를 범합니다.

우리 속담에 '까마귀 날자 배 떨어진다'는 말이 있습니다. 배가 다 익어서 떨어지거나 가지가 약해서 떨어진 것이 참 원인임에도 불구하고 까마귀가 배 떨어진 순간 날아가는 것을 보고 까마귀가 배를 떨어뜨린 원인이라고 본다면 그것은 오류입니다.

되풀이되는 어떤 현상을 우리가 계속해서 경험할 때, 예컨대 계절이나 밤과 낮에 관해서 여름의 원인은 봄이고 낮의 원인은 밤이라고 주장한다면 그러한 주장은 선후 관계와 인과 관계를 혼동하는 오류를 범합니다. 계절의 원인은 지구의 공전이고 밤과 낮의 원인은 지구의 자전입니다.

2. 인과의 상관작용을 보지 못한 오류

두 현상이 항상 상호 작용하고 있어서 두 현상이 똑같이 원인이며 결과로 나타남에도 불구하고 어떤 한 현상만을 원인이라고 주장할 경우 인과의 상관관계를 보지 못하는 오류를 범합니다.

'건전한 정신은 건전한 육체로부터 온다'는 것은 육체와 정신의 상호작용을 제대로 보지 못한 주장입니다. '저 아이는 천재야. 태어나기 전부터 뛰어났어. 저 아이가 어렸을 때 부모에게 배운 것은 희랍어밖에 없어. 저 아이는 스스로 말하는 것처럼 선천적으로 영어나 불어나 스페인어를 다 알고 있어'와 같은 주장 역시 능

력과 환경이 상호작용하는 것을 보지 못한 데서 생기는 추리로서 인과의 상관작
용을 보지 못한 오류를 범한 것입니다.

3. 원인과 조건을 혼동하는 오류

어떤 사람이 신입사원 채용시험에서 떨어졌다고 합시다. 이 경우 다음과 같은
대화가 가능합니다.

> "너는 입사 시험만 보면 떨어지는데 이번에도 떨어졌겠지?"
> "말도 말아. 시험 준비를 한다고 했는데 또 떨어졌어. 하긴 재수가 없으려니
> 까 떨어질 수밖에 없지."
> "재수가 없긴 왜 없다는 거야?"
> "시험 보기 전에 미역국을 먹으면 시험에 미끌어진다잖아. 내가 입사시험 보
> 는 날 아침에 미역국을 먹었거든. 그러니까 당연히 떨어질 수밖에 없지."

어떤 사건(결과)이 있으려면 그 사건의 직접적 원인이 있고 원인 이외의 부차적
사건인 조건이 있습니다. 위의 예에서 시험에 떨어진 직접 원인은 준비부족이며
부차적 조건은 미역국입니다. 이렇게 원인과 조건을 혼동할 때 범하는 오류가 원
인과 조건을 혼동하는 오류입니다.

4. 원인과 결과를 혼동하는 오류

성적이 나쁘다고 아버지에게 매를 맞았다고 합시다. 이때 매 맞은 아들은 속으
로 '걸핏하면 매 맞으니까 내 성적이 나빠질 수밖에 다른 도리가 없어'라고 자포
자기할 수 있습니다. 이렇게 원인과 결과를 뒤바꾸어 추리할 경우를 원인과 결과
를 혼동하는 오류라고 합니다.

되돌아 보아야 할 문제들

1. 귀납추리의 오류에는 어떤 것들이 있는지 말하여 보십시오.

2. 길을 가다가 방향을 잃었습니다. 이 경우 손바닥에 침을 뱉어 손가락으로 쳐서 침이 튀긴 방향으로 가면 방향이 맞을 것으로 추리했다면 이 경우에 범하는 오류는 어떤 것입니까?

3. 복숭아를 먹고 두드러기가 생긴 경험이 있는 사람이 '복숭아를 먹으면 모든 사람에게 두드러기가 생긴다'라고 추리할 경우, 이 추리는 어떤 오류입니까?

4. 어떤 아이가 매우 살찐 것을 보고 '저 아이 식구들은 모두 뚱뚱할 것이다'라고 추리한다면, 이 추리는 어떤 종류의 오류입니까?

5. 개마고원은 해발 1000m 이상의 높은 지대로서 양치기에 적당한 곳입니다. 백두산에서 1000m 이상 되는 고지도 개마고원만큼 높으니 양치기에 적당할 것이라고 추리한다면 이 추리는 어떤 종류의 오류입니까?

6. 인과 관계에 관한 오류의 종류를 말하고 각각에 해당하는 적절한 예를 말하여 보십시오.

※ 답은 267쪽에 있습니다.

되돌아보아야 할
문제들의 해답

첫 번째 여행

1. 후건긍정의 오류(꽃이 핀다고 해서 반드시 봄이 왔다고는 할 수 없습니다.)

2. 구성적 가언삼단논법(긍정식)으로 타당

3. 전건부정의 오류

4. 후건긍정의 오류

5. 파괴적 가언삼단논법(부정식)으로 타당

두 번째 여행

1. 타당(긍정적 부정식)

2. 타당(부정적 긍정식)

3. 타당(긍정적 부정식)

4. 선언불완전의 오류(김영삼 전 대통령은 조깅 애호가이면서 정치가일 수 있기 때문입니다.)

세 번째 여행

1. 뿔로 잡는 방법을 사용합니다. 결론에서 '아기를 돌려 줄 마음이 없다고 알아 맞혔으니 약속대로 아기를 돌려줘야 하고, 또 마음을 알아맞히지 못했다면 아기를 돌려줄 마음이 있다는 것이 사실이므로 돌려줘야 한다. 어떻든 아기를 돌려줘야 한다'고 반박할 수 있습니다.

2. 뿔로 잡는 방법을 사용하여 반론을 전개합니다. 결론에서 '개가 살다가 죽거나 죽은 개는 죽은 것이므로 어떻든 개는 죽는다'고 반박할 수 있습니다.

3. 뿔로 잡는 방법을 사용하여 반론을 전개합시다. '이 책이 코란과 부합한다면 훌륭한 책이라는 것이고 부합하지 않으면 코란과 다른 내용으로 참고할 것이 있으니 이 책을 길이 보존하자'고 반론을 펼 수 있습니다.

1. 동의어 반복(A=A)과 경험적으로 증명가능한 명제만 의미한다는 것.

2. 우리가 일단 어떤 사실에 관해서 이론을 만들면 그것은 단지 가설에 불과하므로 시행착오와 반증을 거쳐서 그것이 새로운 이론이 되고 다시 그것이 가설로 된다는 것.

3. A·B·C는 P이다.

   A·B·C는 S이다.

   ∴ S는 P이다.

4. 일반적으로 귀납추리는 정언삼단논법의 3격의 식에 해당합니다.

   귀납추리 : 제후 A, 제후 B, 제후 C는 인간(P)이다.

   　　　　　제후 A, 제후 B, 제후 C는 동물(S)이다.

   　　　　　∴ 약간의 동물(S)은 인간(P)이다.

   정언삼단논법 3격 : M-P

   　　　　　　　　　M-S

   　　　　　　　　　∴ S-P

5. 귀납추리는 경험을 근거로 삼기 때문에 귀납추리에서는 일부의 개별 사실만을 바탕으로 삼을 수밖에 없습니다.

6. 귀납추리는 일부의 개별 사실만을 바탕으로 삼으면서도 마치 개별 사실 전체를 수집한 것처럼 추리하기 때문에 논리적 비약이 생길 수밖에 없습니다.

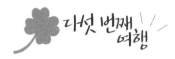

1. 전체를 구성하는 부분들이 완전하게 모두 열거되었을 경우의 귀납추리를 완전 열거적 귀납추리라고 합니다. 완전 열거적 귀납추리의 형식은 다음과 같습니다. A·B·C·D는 P이다. A·B·C·D는 S의 전부이다. 그러므로 모든 S는 P이다. 208쪽 예를 참고로 여러 가지 예를 만들어 봅시다.

2. 완전 열거적 귀납추리는 거의 동어반복과 유사하므로 새로운 지식을 가져다 주지 못합니다. 전체를 구성하는 부분들이 불완전하게 열거되었을 경우의 귀납추리를 불완전 열거적 귀납추리라고 합니다. 이 추리는 우리에게 새로운 지식을 가져다주는 장점이 있습니다. 208~209쪽 예를 참고하여 비슷한 예를 만듭시다.

3. 기술적 통계

4. 최대 빈수

5. 평균치

6. 중앙치

7. 경험적 확률 : 어떤 사태가 발생한 수를 그 사태가 발생가능한 전체 수로 나누어 생긴 값.

  이론적 확률 : 어떤 사태가 발생할 수 있는 경우의 수를 똑같은 사태가 발생할 수 있는 경우의 수 및 그 사태가 발생할 수 없는 경우의 수의 합으로 나눈 값.

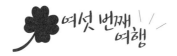

1. 일치법: 만일 우리가 연구하려고 하는 현상의 둘 또는 그 이상의 사례들이 공통적으로 오직 하나의 사정만 가진다면, 그 사례들에 있어서 그 점에 일치하는 하나의 사정은 주어진 사정의 원인(혹은 결과)이다.

> 🅔 ABC는 abc와 함께 발생한다.
> ACE는 ace와 함께 발생한다.
> ADF는 adf와 함께 발생한다.
> ∴ A는 a의 원인(혹은 결과)이다.

일치법의 한계: ① 어떤 사정(A)은 현상(a)과 인과 관계에 있는 것이 아니고 전혀 상관없는 다른 원인으로 인해서 생긴 관계일 수도 있다.

② 똑같은 결과가 서로 다른 원인들에 의해서 생길 수도 있으므로 똑같은 결과라고 해서 반드시 하나의 원인으로부터 생겼다고 주장할 수는 없다.

③ 어떤 하나의 결과가 여러 가지 원인들의 결합에 의해서 생길 수도 있다.

2. 차이법: 만일 우리가 연구하고자 하는 현상이 발생하는 두 가지 또는 그 이상의 사례가 있을 경우, 사건의 전자에서 일어나는 사정을 제외시키고 난 나머지 하나가 빠졌을 때 후자에 일정 현상이 일어나지 않는다면 두 사례의 유일한 차이인 그 사정은 현상의 원인(또는 결과)이든지 아니면 원인의 불가결한 부분이다.

> 🅔 ABC…abc(가)
> BC…bc(나)
> ∴ A…a

3. 일치·차이 병용법을 사용할 경우 원인이 있는 곳에는 현상이 있으며, 원인이 없는 곳에는 현상도 없다는 것을 알게 되어 원인과 현상 사이에 인과 관계가 있다는 것을 명백히 지적할 수 있습니다.

4. 잉여법 : 어떤 현상으로부터 선행하는 귀납추리에 의해서 일정한 전건의 결과로 알려진 부분을 제외하면 나머지 현상은 남아 있는 전건의 원인(또는 결과)이다.

      예 ABC ⋯ abc

        B ⋯ b

        C ⋯ c

        ∴ A ⋯ a

5. 공변법 : 원인과 결과가 항상 밀접하게 연관되어 있을 때 원인이 변화하면 결과도 변화한다는 인과 관계를 밝혀주는 방법.

      예 ABC ⋯ abc

        A^2BC ⋯a^2bc

        A^3BC ⋯ a^3bc

        ∴ A ⋯ a

6.   기온   온도계 눈금

      10℃(A) ⋯⋯⋯ 10℃(a)

      20℃(A^2) ⋯⋯⋯ 20℃(a^2)

      30℃(A^3) ⋯⋯⋯ 30℃(a^3)

      ∴ A ⋯⋯⋯ a

  ∴ 기온의 변화에 따라서 온도계 눈금도 변합니다.

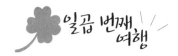

1. 유비추리의 형식 : A는 a·b·c·d이다. B 는 a·b·c 이다.

   ∴ B도 d를 가질 것이다. (여기에는 A와 B는 사례와 경우를, a·b·c·d는 사례가 가지고

   있는 성질을 의미합니다.)

2. A는 a·b·c·d이다.

   B는 a·b·c이다.

   ∴ B는 A와 같을 것이다.

   A를 P, B를 S 그리고 a·b·c를 M이라고 할 때 다음과 같은 정언삼단논법 2격

   의 식이 성립합니다.

   P–M

   S–M

   ∴ S–P

3. 정당성의 정도가 작은 유비추리의 예 : 엄마를 보면 딸을 알 수 있다. 다래 엄마

   는 인자하니까 다래도 인자할 것이다.

   정당성의 정도가 높은 유비추리의 예 : 공부 안 하고 말도 안 듣고 놀기만 하더니

   정수는 대학입시에서 실패하였다. 정수의 동생도 공부 안 하고 놀기만 하니 대

   학 입시에 실패할 것이다.

4. 238쪽 ①, ②, ③에 있는 '세 가지 기준'을 참고하세요.

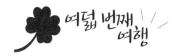

1. 사실적 가설

2. 가설의 긍정적 사례 : 펌프 안에 공기가 없는 경우 펌프 안에 물을 상승시키는 것은 수면 상의 공기의 압력 때문이라는 사설을 세우고 실험을 통해 증명하는 것입니다.

가설의 부정적 사례 : 동물과 인간이 생리학적 면에서 서로 유사하다는 점을 근거로, 동물에게 효과적인 신약이나 치료법은 인간에게도 효과적일 것이라는 과학적 가설을 신뢰합니다. 그렇지만 동물 실험에서는 큰 피해가 없었으나, 인체에는 치명적인 위험을 낳은 비극적 사건도 다수 발생했습니다. 예를 들어, 입덧 치료제로 개발된 탈리도마이드는 동물실험에서는 문제가 발생하지 않았으나, 이 약을 복용한 임산부들이 잇달아 기형아를 출산하면서 약의 사용이 전면 금지되었습니다. 또한 동물 실험의 신뢰성이나 필요성에 의문을 제기하게 되었습니다.

3. 부엌에 물이 흥건할 때 '수도에 이상이 있거나 하수관에 문제가 있을 것이다' 라는 사실적 가설을 세울 수 있습니다.

4. 과학적 가설

5. 과학적 가설의 설정을 위한 조건들 : 단순성, 검증가능성, 다른 이론과의 조화, 합리성, 관련성. 247~248쪽을 참고하세요.

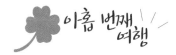

1. 무관찰의 오류, 부당관찰의 오류, 성급한 일반화의 오류, 단순열거의 오류, 잘못된 유비추리의 오류, 인과 관계에 관한 오류

2. 무관찰의 오류

3. 부당관찰의 오류

4. 성급한 일반화의 오류

5. 잘못된 유비추리의 오류

6. 선후 관계와 인과 관계를 혼동하는 오류, 인과의 상관작용을 보지 못한 오류, 원인과 조건을 혼동하는 오류, 원인과 결과를 혼동하는 오류. 예들에 관해서는 254~256쪽을 참고하세요.

PART 3

지혜편

논리는 지혜롭다

논리일반과 오류론을 중심으로

논리적 생각은 수학적 생각과 비슷하므로 실은 매우 단순합니다. 단지 오랜 세월 동안 우리는 감정 넘치는 삶을 살아왔기 때문에 논리가 낯설고 어렵게 생각될 뿐입니다.

〈지혜편〉에서 여러분은 이미 습득한 지식을 가지고 논리적 사고에 필요한 요소들을 접하면서 논리 전체를 재정리할 수 있을 것입니다. 개념, 판단, 추론 그리고 오류에 관한 문제 등이 〈지혜편〉의 주요 내용입니다.

이미 앞에서 연역추리와 귀납추리에 관해서 자세히 다루었으므로, 여기에서 가장 큰 비중을 차지하고 또한 가장 많은 분량을 차지하는 '오류론'을 접하는 데 있어서 여러분은 큰 어려움을 느끼지 않을 것입니다.

여러 가지 오류의 문제를 대할 때 연역추리와 귀납추리의 내용을 대조하거나 기억을 되살린다면 오류문제를 이해하는 데 큰 도움이 될 것입니다.

현재 우리 각자와 사회 그리고 나라는 아직도 합리적, 논리적 사고에 익숙하지 못합니다. 사회에서 평등과 정의 그리고 공정함이 실현되기 위해서는 두말할 것도 없이 합리적, 논리적 사고가 필연적입니다.

　논리적, 합리적 사고를 삶에서 실천적으로 적용할 수 있는 사람만이 자연을 지배하고 자신의 삶을 체계적으로 이끌어 나갈 수 있습니다.

　더 나아가서 논리적 사고를 철저히 행하는 사람만이 논리의 세계를 극복하여 논리를 초월하는 예술과 종교의 세계에 성공적으로 접근할 수 있습니다.

첫 번째 여행_ 올바르게 정의하기

레 미제라블

　일반적으로 논리를 구성하는 세 가지 요소를 일컬어 개념과 판단과 추리라고
합니다.

　'금년의 대학입시 문제는 너무 어려웠기 때문에 비록 내가 어느 정도 열심히 준
비했다고 할지라도 나는 불합격할 것이 분명하다'라는 추론형식을 보더라도 이
긴 명제는 다음의 세 가지 판단으로 분해됩니다. '나는 금년 대학 입시를 위하여
열심히 준비하였다. 그러나 나는 분명히 불합격할 것이다. 왜냐하면 금년의 대입
문제는 너무 어려웠기 때문이다.' 그런데 여기에서 첫 번째 판단을 다시 분해하면
그것은 '나', '금년', '대학입시', '불합격하다' 등의 개념들이 남습니다. 이 개념들이
추론에서 얼마만큼 적절하고 분명하게 사용되었는가에 따라서 논리적으로 타당
한 판단 그리고 타당한 추론의 성립여부가 결정됩니다.

　이상의 사실로 미루어 보아 논리적으로 정확한 추리를 하기 위해서는 무엇보다
도 우선 개념이 올바르게 사용되어야 한다는 사실을 알 수 있습니다. 다시 말해

서 명제를 옳게 구성하고, 추리하기 위해서는 정확한 개념의 사용이 필요합니다.

어떤 사람이 이렇게 말한다고 합시다. '악은 선이 부족한 상태이다. 왜냐하면 선은 인간의 완전한 행동의 성질임에 비하여 악은 불완전한 행동의 성질이기 때문이다.' 이 추론은 크게 보아 악에 관한 추론입니다. 동시에 이 명제는 악에 관하여 정의하고 있습니다.

TIP 논리학에서 판단 또는 명제의 기본 요소를 개념이라고 부르지 않고 명사(term)라고 부릅니다. 명사를 정확하게 사용할 줄 알면 올바른 판단과 추리가 가능합니다.

정의한다는 말은 어떤 개념의 뜻을 분명하게 한다는 의미입니다. 판단하고 추리할 때 어떤 개념의 뜻을 분명하게 정하지 못한다면 애매한 구절의 오류나 여러 가지 뜻의 오류 등을 쉽게 범하게 됩니다. 그러므로 우선 명사가 어떤 것들이며 또한 한 걸음 더 나아가서 올바르게 정의하는 것이 어떤 것인지를 정확히 알아야만 논리적으로 타당한 판단과 추리를 행할 수 있습니다.

명사란 무엇인가

우선 다음의 예문을 살펴봅시다.

서울이나 뉴욕 등의 도시에는 대학과 회사가 많다. 대학이나 회사에는 사람이 많고 그들은 일과가 끝나면 제각기 집으로 간다. 요란하게 도시를 달리는 자동차들은 빨간색, 흰색, 검은색 등 다양하다.

도시는 살아 숨쉬는 생물의 사회이고, 결코 무생물의 집단이 아니다. 도시의 사람들은 부모와 자식, 선생님과 제자, 은인과 원수 등 다양한 인간관계 안에서 복잡한 삶을 이끌어가고 있다.

이 예에 나오는 명사들의 성격을 분명하게 밝힐 수 있다면, 명사의 성질이 어떤 것이며 또한 명사가 어떻게 나뉘어지는지를 쉽게 알 수 있습니다. 위의 예를 분석하여 아래와 같이 명사를 분류할 수 있습니다.

1. 단일명사와 일반명사

유일한 하나의 대상을 가리키는 것을 단일명사라고 합니다. '서울', '뉴욕'은 단일명사입니다. 그렇다면 '이 논리학 책을 쓴 철학 교수', '금년에 가장 적게 팔린 철학책' 등도 역시 유일한 대상이므로 단일명사입니다.

반면 '도시'는 일반명사입니다. '사람', '집', '생물' 등도 역시 일반명사입니다.

2. 집합명사

T.I.P
명사가 단일한 것인지 일반적인 것인지 또는 집합적인 것인지 등을 알아야만 명사들을 모아서 정확한 판단을 내릴 수 있습니다. 또한 명사가 구체적이냐, 추상적이냐 아니면 긍정적이냐 부정적이냐 또는 절대적이냐 상대적이냐를 명확히 알아야만 올바른 판단을 만들 수 있습니다.

일반명사는 집합명사와 구분됩니다. 위의 예문에서 '대학', '회사'는 집합명사입니다. 하나하나 대상이 여럿을 이루고 그것이 다시 하나의 전체를 이루는 경우가 있습니다. 이 경우 전체를 가리키는 것이 집합명사입니다. '군대', '국회' 등도 역시 집합명사입니다. 그러나 '대학생', '회사원', '군인', '국회의원' 등은 일반명사입니다.

3. 구체명사와 추상명사

구체적으로 언제나 보고 만질 수 있는 것들인 '사람', '자동차', '도시' 등은 구체명사입니다. 그렇지만 '빨간색', '흰색' 등과 같이 사물의 성질을 나타내는 것은 추상명사입니다.

'요란함', '정의', '선', '아름다움' 등과 같이 사물의 성질이나 상태를 나타내는 것 역시 추상명사입니다.

4. 긍정명사와 부정명사

지금까지 우리는 명사를 어떻게 명확히 사용할 수 있는지 알기 위해서 서로 대비되는 명사의 성질을 살펴보았습니다. 명사가 사용되는 전체 관계 안에서 명사는 서로 대비되는 입장에 있을 때 분명한 뜻을 가집니다.

따라서 한 명사는 대비되는 쌍에 따라서 독특한 성격을 가집니다. 예컨대 학생은 대학이라는 집합명사에 대해서는 일반명사이지만, 연구라는 추상명사에 대해서는 구체명사입니다. 그런가 하면 학생은 '학생이 아닌 젊은이'라는 부정명사에 대해서는 긍정명사의 위치를 가집니다.

'생물', '유의미' 등은 긍정명사임에 비하여 '무생물', '무의미' 등은 부정명사입니다.

5. 절대명사와 상대명사

명사를 절대명사와 상대명사로 구분하여 볼 수도 있습니다. 위의 예에서 대학, 회사, 도시, 생물 등은 어떤 다른 것과 직접적 관계를 맺지 않고도 독립적으로 생각될 수 있습니다. 그러나 자식, 제자, 원수 등은 각각 대비되는 또 다른 명사들을 전제로 해서만 뜻을 가집니다. 자식, 제자, 원수 등에 대비되는 명사는 부모, 선생님, 은인 등이고 이것들을 일컬어 상대명사라고 합니다.

외연과 내포의 의미

앞에서 우리는 정확한 판단을 구성하여 올바르게 추리하기 위해서는 명사term의 분명한 의미를 알아야 한다는 사실을 살펴보았습니다. 그리하여 명사가 단일한지 아니면 일반적인지, 구체적인지 또는 추상적인지 등을 알아보았습니다.

그러나 명사의 정확한 뜻을 바로 알기 위해서는 (가) 명사가 가리키는 대상들의 집합이 어떤 것인지 (나) 명사가 가리키는 대상들의 특징이나 성질이 무엇인지 알지 않으면 안 됩니다. 첫 번째 것을 명사의 외연denotation이라고 하고 두 번째 것을 명사의 내포connotation라고 합니다.

1. 명사의 외연

외연이란, 명사가 가리키는 대상의 전체 범위를 말합니다.

> **■사람의 외연 : 인류 전체**
> **짐승의 외연 : 소, 돼지, 호랑이, 늑대, 사자, 말, 개, 노루…**
> **꽃의 외연 : 민들레, 장미, 호박꽃, 개나리…**

우리는 어떤 명사의 외연이 '가장 넓다', '넓다', '좁다', '가장 좁다'라고 말할 수 있습니다. 어떤 명사가 가리키는 대상의 집합이 클 때 그 명사의 외연은 넓으며, 그 대상의 집합이 작을 때 명사의 외연은 좁습니다.

예를 들면, '항구'의 외연은 '한국의 항구'의 외연보다 넓습니다. 한국의 항구는 인천, 부산, 목포, 진남포, 원산 등이지만, 항구의 외연은 세계 각국의 항구 모두를 포함하기 때문입니다. 다음의 여러 가지 명사를 주의해서 살펴봅시다.

> **■존재자, 생물, 동물, 포유동물, 사람, 한국의 성리학자, 격몽요결을 쓴 한국의 성리학자.**

위의 명사들 가운데서 '존재자'는 외연이 가장 많습니다. 생물, 동물 … 격몽요결을 쓴 한국의 성리학자 모두를 포함하기 때문입니다. 그런가 하면 '격몽요결을 쓴 한국의 성리학자'는 외연이 가장 작습니다. 왜냐하면 '격몽요결을 쓴 한국의 성리학자'는 오로지 이율곡만 가리키고 다른 어떤 것도 포함되지 않는 고유명사이기 때문입니다.

2. 명사의 내포

명사의 내포란, 어떤 명사가 가리키는 대상의 특징이나 성질을 전부 합한 것을 말합니다.

어떤 명사의 뜻을 명확히 알기 위해서는 명사의 외연만 가지고는 안 되고 명사의 내포도 확실히 알아야 합니다. 예컨대 '학교란 무엇인가'라는 물음에 답할 때 '학교는 초등학교, 중고등학교, 대학교입니다'라고 말하면 그것은 학교의 외연만 말한 것으로 학교라는 명사의 의미가 분명히 드러나지 못합니다.

학교의 외연과 함께 '학교란 일정한 제도 아래에서 배우고 가르치는 장소'라는 내포가 첨가되어야 비로소 학교의 뜻이 분명해집니다.

T.I.P

예외적으로 내포는 있되 외연이 없는 명사들이 있습니다. 드라큘라, 봉황새, 용, 염라대왕과 같은 명사의 경우 내포(성질)는 있더라도 실제로 적용되는 대상이 없습니다.

이들 명사는 현실에서의 적용대상이 없으므로 무의미하다고 불립니다. 적용대상이 없다는 의미에서 무의미하지만 그러한 명사들은 삶에서 상징적으로 의미심장한 뜻을 지닐 경우가 많습니다.

3. 주관적 내포, 객관적 내포, 약정적 내포

사람들은 지리, 역사, 문화, 사회적 배경에 따라서 서로 다르게 생각하기 마련입니다. 그러므로 '사회정의'라는 명사를 놓고도 고대 희랍인과 근대 한국인은 서로 달리 생각하며, 오늘날의 에티오피아인, 영국인, 독일인, 한국인도 그것을 서로 달리 해석합니다.

- 사회정의란 오직 민족의 권리를 신장시키는 것을 말한다.
- 아니다. 사회정의란 한 국가에서 부정과 부패가 없는 상태이다.
- 사회정의란 인간의 평등과 공정한 경제분배가 실현되는 사회의 상태이다.

이처럼 명사의 내포는 민족에 따라서, 집단에 따라서 또는 각 개인에 따라서 주관적으로 해석될 수 있습니다.

어떤 사람이 주관적으로 해석하여 '인간은 속일 줄 아는 동물이다'라고 말할 때 그 사람은 자신이 주관적으로 아는 인간이라는 대상에 관한 특징 전부를 열거했다고 생각할 수 있습니다. 그러나 이러한 주관적 내포는 객관적인 모든 성질을 제시하지 못하기 때문에 '명사의 내포'를 대변하기 어렵습니다.

명사의 주관적 내포와 대비되는 것이 명사의 객관적 내포입니다. 어떤 명사의 이미 알려진 성질과 함께 알려지지 않은 모든 성질을 포함한 것이 객관적 내포입니다. 이러한 객관적 내포는 주관적으로 해석하는 주관적 내포와는 전혀 다릅니다만 사실상 객관적 내포는 현실적으로 불가능합니다.

명사의 내포에서 우리가 일반적으로 선택하는 것은 명사의 약정적 내포입니다. 어떤 명사의 외연에 속하는 대상이 필요하고 충분한 조건으로 나타나는 모든 성질을 그 명사의 약정적 내포라고 합니다. 필요조건과 충분조건은 약속에 의해서 이루어집니다.

삼각형의 약정적 내포는 다음과 같습니다. '세 개의 직선으로 둘러싸인 평평한 도형.' 여기에서 '세 개의 직선으로 둘러싸인'은 삼각형의 필요조건이며 '평평한'은 충분조건입니다. 말하자면 필요조건은 명사의 뼈대이고 충분조건은 뼈대에 덧붙인 살이라고 할 수 있습니다.

모든 명사는 외연과 내포 두 가지의 측면이 있습니다. 사람의 외연은 인류 전체이고 내포는 '이성적 동물', '정치적 동물' 등입니다. 사랑의 외연은 '남녀 간의 사랑', '인류애', '종교적 사랑' 등이고, 내포는 '인간 상호 간의 관심과 배려와 존중'이라고 할 수 있습니다.

■ 존재자, 생물, 동물, 포유동물, 사람, 미국의 배우, 영화 〈레 미제라블〉의 주인공으로 출연한 여배우.

위의 예를 자세히 보면 명사의 외연이 증대할 때 내포가 감소하고, 반대로 내포가 증대하면 외연이 감소하는 것을 알 수 있습니다. '존재자'의 외연은 존재자 이하의 모든 것들을 전부 포함합니다. 그러나 존재자의 내포는 단순히 있는 것들이라는 성질만을 가리킵니다. 그런가 하면 '영화 〈레 미제라블〉의 주인공으로 출연한 여배우'는 외연이 고유한 인물, 앤 해서웨이에 한정됩니다. 그러나 내포는 분명하며 풍부합니다.

T.I.P 명사의 외연과 내포는 일반적으로 서로 반비례 관계에 있습니다.

다시 한 번 외연과 내포의 성격을 밝히자면, 외연은 명사가 해당되는 범위, 곧 양quantity이며 내포는 명사의 특징이나 성질, 곧 질quality을 말합니다.

위의 예 '존재자, 생물, 동물…… 영화 〈레 미제라블〉의 주인공으로 출연한 여배우'에서의 과정은 외연이 점차 감소하고 내포가 증대하는 과정입니다. 이러한 과정은 어떤 것이 점점 구체적으로 특수하게 되는 과정으로 우리는 이를 가리켜 한정(determination)이라고 합니다. 이에 반하여 외연이 증대하고 내포가 감소하는 과정은 보편화와 추상화의 과정으로 우리는 이를 가리켜 개괄(generalization)이라고 합니다.

올바르게 정의하기

1. 정의란 무엇일까?

사람, 배, 사기꾼, 꿈, 〈레 미제라블〉의 여주인공 등 어떤 대상의 뜻을 명확하게 해주는 일을 정의라고 합니다.

정의에는 외연적 정의와 내포적 정의가 있습니다. 어떤 명사가 지시하는 대상의 범위(외연)를 분명히 밝힘으로써 그 명사를 다른 명사와 구분해 주는 것이 외연적 정의입니다. 반면에 명사가 지시하는 대상의 성질을 밝힘으로써 그 명사의 뜻을 명확하게 해 주는 것을 내포적 정의라고 합니다. 그런데 외연적 정의는 명사의 뜻을 이해하는 데 도움이 되더라도 명사의 뜻을 명확하게 해 주지 못합니다.

■ **고양이과 동물은 사자, 호랑이, 표범, 스라소니, 고양이 등이다.**

위의 예는 고양이과 동물의 외연만 전개하였습니다. 따라서 고양이과 동물의 성질(내포)을 명확히 알기 힘들기 때문에 명사의 외연적 정의는 충분한 정의가 못 됩니다. 따라서 우리가 정의라고 말하는 것은 일반적으로 내포적 정의입니다. 즉 사전에 나와 있는 명사에 관한 정의는 대부분 내포적 정의입니다. 그런가 하면 구분과 분류는 외연적 정의에 속합니다.

2. 여러 종류의 정의들

(1) 본질적 정의

'인간이란 무엇인가'라는 질문에 답하기 위해서는 인간을 정의하여야 합니다. 인간의 특징이나 성질은 무수히 많습니다. 그러므로 '인간'이라는 명사를 명확히 지칭할 수 있어야 인간을 분명하게 정의할 수 있습니다.

어떤 명사를 바로 그 명사이게 하고 다른 어떤 명사도 아니게 해 주는 명사의 본질을 종차specific difference라고 합니다. 종차 이외에 어떤 명사를 바로 그 명사이게 해 주는 것은 유(類)입니다. 다음의 예를 봅시다.

■ **인간은 이성적 동물이다.**

위의 명제에서 정의되는 명사는 '인간'입니다. '동물'은 유개념이며 '이성적'은 종차입니다. 본질적 정의란 유개념과 종차를 밝힘으로써 어떤 명사를 정의 내리는 방법입니다. '인간은 이성적 동물이다'에서 우선 정의되는 명사(인간)를 종(種)으로 가지는 유개념(동물)을 제시하고, 다음으로 그 종(인간)을 같은 유개념에 속하는 다른 종들(인간 이외에 다른 동물들)과 구별해주는 종차(이성적)를 지적하여 이루어지는 정의가 바로 본질적 정의입니다.

본질적 정의를 옳게 내리기 위해서는 다음의 규칙들을 지켜야 합니다.

① 정의하고자 하는 명사의 본질적 성질을 정확히 지시해야 합니다. 즉 정의하고자 하는 명사의 유와 종차를 옳게 지시해야 합니다. '인간은 두 발을 가진 동물이다'와 같은 정의는 잘못된 것입니다. 유개념(동물)과 종개념(인간)은 제대로 제시되어 있지만 종차(두 발을 가진)가 옳지 않습니다. 두 발을 가졌다는 사실은 인간을 다른 동물과 확실히 구분해 주는 본질적 성질이나 속성으로서의 종차가 되지 못합니다.

② 정의되어야 할 명사가 정의하는 말에 나타나서는 안 됩니다. '원은 둥근 도형이다', '미녀는 아름다운 여인이다', '사각형은 네모꼴이다', '우리 회사 사장님은 우리 회사 최고 경영자이다' 등과 같은 정의는 순환적 정의로서 올바른 정의가 되지 못합니다. 순환적 정의는 정의하고자 하는 명사의 뜻을 전혀 명확하게 밝혀주지 못합니다. 결국 똑같은 말을 반복하는 꼴이 되어 동의어 반복 이외의 다른 것이 아닙니다. 어떤 명사를 올바르게 정의 내리기 위해서는 그 명사와 뜻이 같은 다른 명사를 사용하여 의미를 명확하게 규명해야 합니다. 이와 같은 정의를 명시적 정의explicit definition라고 합니다.

③ 정의는 너무 넓은 뜻을 부여해서도 안 되고 또 너무 좁은 뜻을 부여해서도 안 됩니다. 예컨대 '인간은 생물이다'는 너무 넓은 의미의 정의이고, '인간은

슬퍼하는 동물이다'는 너무 좁은 의미의 정의입니다. 올바른 정의는 정의의 범위가 정의하려는 명사의 외연과 일치하여야 합니다. 예컨대 '인간은 이성적 동물이다' 또는 '인간은 합리적으로 사고하는 동물이다'와 같은 정의는 인간에 관한 올바른 정의에 속한다고 말할 수 있습니다.

④ 애매한 말이나 비유적인 말은 정의에 적절하지 못합니다. '사랑은 눈물의 씨앗이다', '모든 추락하는 것은 날개가 있다'와 같은 명제들은 표현이 애매하거나 비유적이므로 명사가 옳게 정의되지 못하고 있습니다. 물론 이러한 표현들이 문학적 가치를 가질지 몰라도 논리적으로는 적절하지 못합니다.

⑤ 긍정적으로 정의할 수 있는 경우에 부정적으로 정의하면 올바른 정의가 성립하지 않습니다.

> ■ **학생은 노동자도 아니고 목사도 아니고 의사나 간호사도 아니며 군인도 아니고 선생도 아니다.**

정의란 정의하려는 명사의 뜻을 명확히 하는 것이지만, 위의 예에서 보듯이 정의되어야 할 명사의 뜻이 아닌 것만 나열해서 '학생'을 부정적으로 정의하고자 한다면 그러한 노력은 헛된 것으로 끝나버립니다. 그러나 어떤 명사가 본질적으로 부정적인 의미를 가질 경우에는 부정적 정의가 적절합니다.

> ■ **홀아비는 아내와 이별하여 홀로 사는 남자이다.**
> ■ **과부는 남편이 죽어서 홀로 사는 여자이다.**

위의 예들은 부정적 정의가 적절한 경우를 보여 줍니다.

지금까지 본질적 정의를 내리기 위해서 필요한 다섯 가지 규칙을 살펴보았습니다. 물론 본질적 정의가 논리적으로 가장 근본적인 정의이지만 본질적 정의를 내릴 수 없는 경우가 있는가 하면, 경우에 따라서 부차적인 정의를 내릴 때가 있습니다. 부차적 정의에 해당하는 것들로는 유명적 정의, 발생적 정의, 기술적 정의, 대표적 정의 등이 있습니다. 앞으로 이들 각각을 간단히 살펴보기로 합니다.

(2) 유명적 정의

어떤 명사를 단지 재해석할 경우 그러한 재해석은 오로지 이름만을 바꾸어 정의하는 것으로 유명적 정의nominal definition 라고 합니다.

> ■ **대통령중심제 국가에서 대통령은 그 국가의 통치권자이다.**
> ■ **주식회사는 주주들에 의해서 성립되는 회사이다.**

어떤 명사를 이해하기 쉬운 다른 명사로 대치해 내리는 정의가 바로 유명적 정의입니다. 위의 예에서 대통령에 대한 정의나 주식회사에 대한 정의는 모두 대통령과 주식회사를 재해석한 것에 지나지 않습니다. 이러한 유명적 정의는 부차적 정의로서 순환적 정의와 거의 동일합니다.

> **T.I.P** 일반적으로 정의라고 하면 본질적 정의를 말합니다. 그러나 본질적 정의가 불가능하거나 부적절한 경우 부차적 정의를 내립니다. 부차적 정의로는 유명적 정의, 발생적 정의, 기술적 정의, 대표적 정의가 있습니다.

(3) 발생적 정의

정의되어야 할 명사의 발생이나 성립 조건 또는 과정을 열거함으로써 내리는 정의가 발생적 정의입니다.

> ■ **이성 간의 사랑이란 남자와 여자가 사귐과 이해 및 관심, 배려, 존중을 통해서 생기는 감정이다.**
> ■ **눈물은 극도의 고통이나 슬픔 또는 기쁨과 같은 자극에 대한 반응으로 나타나는 생리학적 분비물이다.**

위의 예에서 사랑이나 눈물의 정의는 발생이나 성립 조건 또는 과정을 근거로 하여 이루어집니다. 이러한 정의는 발생적 정의genetic definition입니다.

⑷ 기술적 정의

발생적 정의가 불가능하며 종차도 없는 명사가 있을 때, 그 명사가 가리키는 대상의 성격만을 있는 그대로 나열하여 기술합니다. 이러한 정의를 기술적 정의 descriptive definition라고 합니다.

- **다래는 키가 작고 얼굴이 둥글넓적하고 코에 살이 적고 눈이 똥그란 처녀이다.**
- **준형이네 개는 털북숭이며 다리가 짧고 통통하게 살이 찐 멍청이 같은 개다.**

이상의 예들은 기술적 정의에 속합니다.

⑸ 대표적 정의

우리는 스스로의 체험을 통하여 알 수 있는 단순한 의식의 사실들을 가지고 있습니다. 따라서 체험할 수 있는 경우나 체험한 사물을 제시하여 정의내릴 수 있는 명사들이 있습니다.

- **나는 성희와 다년간 사귀면서 사랑이 무엇인지 잘 몰랐어. 그러나 이번 여름 동해안에 우리 식구들과 성희네 식구들이 함께 놀러갔을 때 성희와 나 사이에 새롭게 싹튼 느낌이 참다운 사랑이라는 것을 체험했어. 내가 아플 때 그녀가 쏟은 정성, 그녀가 바닷가 바위에 넘어졌을 때 내가 보인 관심 등 모든 것이 합쳐져 맑은 사랑의 느낌을 체험했어.**

우리는 체험을 통해 사랑뿐만 아니라 기쁨, 슬픔, 고통, 쾌락, 향기, 색깔, 맛 등을 알 수 있습니다. '기쁨은 첫아들을 얻었을 때의 감정이다', '슬픔은 대학입시에 떨어졌을 때의 느낌이다', '빨간색은 장미꽃의 색깔이다', '아픔은 발을 삐었을 때의 느낌이다' 등은 대표적 정의 definition by type에 속합니다.

구분과 분류

지금까지 우리는 어떤 명사의 뜻을 정확히 규정하기 위한 내포적 정의를 살펴보았습니다. 어떤 명사의 내포(특징이나 성질)를 정하여 그 명사의 뜻을 분명하게 밝히는 것이 내포적 정의입니다.

그런가 하면 어떤 명사의 외연(범위)을 한정하여 그 명사를 다른 명사들로부터 명확히 구분하는 것이 바로 외연적 정의입니다. 외연적 정의는 구분division과 분류classification 두 가지로 나뉘어집니다.

1. 구분

유(類)를 종(種)으로 분할하는 것이 구분입니다. 올바른 구분에 의해서 어떤 명사의 의미가 명확해집니다.

> ■ **인류는 황인종, 흑인종, 백인종, 홍인종으로 구분된다.**

유를 종으로 분할한다는 것은 명사의 외연(범위)을 분해하는 것을 뜻합니다. 위의 예에서 '인류'는 유개념이고 '황인종, 흑인종, ……'은 종개념입니다.

올바르게 구분하기 위해서는 다음과 같은 세 가지 사항에 항상 주의해야 합니다.

① 구분할 때 오직 하나의 구분 기준에 의하여 구분해야 합니다. 예컨대 '인류는 백인, 흑인, 미개인, 원시인, 문명인이다'와 같은 정의는 두 가지 구분 기준에 의존하기 때문에 옳지 못한 정의입니다. 피부색이거나 아니면 문화 수준 두 가지 중 하나의 기준을 택하여 인류를 정의하여야 올바른 정의가 가능합니다.

> **T.I.P**
> 외연적 정의에서 유개념을 피구분체(divisible totality)라고 하고 종개념들을 구분지(members of division)라고 합니다.
> 왜냐하면 '인류는 황인종, 흑인종, 백인종, 홍인종이다'에서 유개념 인류는 구분될 전체이고 황인종, 흑인종… 등은 구분의 결과 생기는 구분의 부분들이기 때문입니다.

인간은 정신과 육체로 된 존재이다.(이분법)

인간의 정신은 예술, 종교, 철학의 과정을 통하여 완성된다.(삼분법)

원소는 수소, 질소, 탄소, 인, 납, 구리, 철… 등이다.(다분법)

② 종개념들은 전부 제시되어야 합니다. '학생은 초등학생과 중학생이다'에서 초등학생과 중학생 두 가지 종개념만 제시되고 고등학생, 대학생, 대학원생은 열거되지 않았습니다. 어떤 명사(유개념)를 명확하게 규정하기 위해서는 종개념들이 남김없이 열거되어야 바른 정의가 가능합니다.

③ 구분의 기준은 가능한 한 종개념들의 본질에 의존하여야 합니다. '인류는 황인종, 흑인종, 백인종, 홍인종이다'의 명제에서 유개념(인류라는 명사)은 인간의 본질을 지닌 황인종, 흑인종……의 종개념들로 분해되기 때문에 이 같은 정의는 올바른 정의입니다.

2. 분류

분류는 구분과 정반대로 종개념들을 유개념으로 묶어 나가는 방법으로, 자연적 분류와 인위적 분류는 분류의 대표적 예입니다. 다음의 예들을 봅시다.

- 생명을 가진 존재자들 가운데 감각을 가지고 운동하는 것은 동물이고, 영양 섭취하며 번식만 하는 것은 식물이다. (자연적 분류)
- 도서관에 있는 책들 중에서 플라톤·칸트·마르크스·뉴튼 등의 저서는 서양서로, 공자·맹자·순자·퇴계·율곡 등의 저서는 동양서로 분류된다. 그리고 서양서는 저자명을 알파벳 순서로 분류하며, 동양서는 가나다 순서로 분류한다. (인위적 분류)

위의 예를 보면 생명의 외연을 일정한 표준, 곧 동물과 식물에 의해서 나누었으며 또한 책의 외연도 일정한 표준, 곧 동양서와 서양서에 의해서 나누었습니다. 이렇게 함으로써 '생물'이나 '책'의 외연은 완전한 조직과 체계를 갖춘 것으로 정돈됩니다.

지금까지 살펴본 내포적 정의와 외연적 정의는 어떤 명사의 뜻을 명확하게 규정하는 논리적 작업에 속합니다. 명사의 정의가 올바르게 내려져야 판단도 올바를 수 있고 따라서 추론도 정당합니다.

이제 우리는 '이런들 어떠리, 저런들 어떠리'라든가 '대강대강 치우는 것이 장땡이다' 등의 사고방식은 버리고, 논리적이며 합리적인 생각을 철저히 익히지 않으면 안 됩니다. 왜냐하면 합리적이며 논리적인 생각이 우리의 사고와 행동에 질서와 체계를 가져다주며, 나아가서 가치 있는 미래를 예견할 수 있는 힘을 가져다줄 수 있기 때문입니다.

되돌아 보아야 할 문제들

1. 단일명사와 일반명사의 예를 들고 차이점을 지적해 보십시오.

2. 일반명사와 집합명사는 서로 어떻게 다릅니까?

3. 구체명사와 추상명사의 예를 둘씩 들어 보십시오.

4. 긍정명사와 부정명사의 예를 들고 차이점을 말해 보십시오.

5. 절대명사와 상대명사의 예를 들어 보십시오.

6. 항구와 한국의 항구 가운데 어떤 것의 외연이 더 넓을까요? 그 이유는 무엇입니까?

7. 명사의 내포란 어떤 명사가 지시하는 대상의 성질(본질)을 전부 합한 것을 말합니다. 내포가 외연과 다른 점을 말하여 보십시오.

8. 약정적 내포의 예를 본문에서 찾아보십시오.

9. '인류 전체는 이성적 동물이다'에서 인간의 내포와 외연을 가려내 보십시오.

10. 외연과 내포가 반비례 관계에 있다는 말은 무엇을 뜻합니까?

11. 구분과 분류는 외연적 정의에 속합니다. 각각의 예를 들어 보십시오.

12. 본질적 정의와 부차적 정의의 차이는 어떤 것입니까?

13. '인간은 이성적 동물이다'에서 유개념, 종개념 그리고 종차를 찾아보십시오.

14. 본질적 정의를 옳게 내리기 위해서 지켜야 할 다섯 가지 규칙을 본문에서 찾아보
   십시오.

※ 답은 330~331쪽에 있습니다.

두 번째 여행_ 사람은 누구나 오류를 범한다

봉이 김선달

오류란 무엇인가

우리는 앞에서 부당한 추론과 타당한 추론의 예들을 살펴보았고, 왜 추론의 타당성과 부당성이 발생하는지도 알아보았습니다.

부당한 추론은 오류를 범합니다. 오류란 간단히 말해서 잘못된 생각입니다. 잘못된 생각은 옳지 못한 논리적 과정을 포함합니다. 만일 부당한 추론에서 올바르지 못한 논리적 과정을 찾아내지 못한다면 우리는 미심쩍어 하면서도 그것을 그대로 믿고 따르게 됩니다. 이렇게 되면 우리는 사고의 혼란에 휩싸이게 되고 행동의 기준을 상실하게 됩니다. 다음의 예를 살펴봅시다.

봉이 김선달이 먼 여행을 떠났습니다. 여행길에 지치면 낯선 주막에 들러 술타령도 하고 바쁜 길이 아니니 하룻밤 잠도 청하였습니다. 물론 주막집 여인네에게 꾀보자기를 풀어놓아 주모를 한껏 즐겁게 해주고 그 대가로 공술과 공밥을 먹었습니다. 그러던 어느 날 몇 년간 만나지 못해 소식이 끊긴 친구가 살고 있는 마을을 지나게 되

었습니다. 오랜만에 친구와 회포도 풀 겸해서 일부러 친구가 사는 집을 찾아갔습니다. 몇 년 전에 왔을 때는 제법 산뜻하던 초가집이 어느새 헐고 초라했습니다. 너무나 반가운 마음에 친구를 만나 손을 덥석 잡았는데 친구의 얼굴은 매우 수척하였고, 옷차림새도 꾀죄죄했습니다. 친구의 부인 모습도 매우 남루했습니다. 친구는 김선달에게 방에 들어가자고 하면서도 겸연쩍어하는 얼굴이었습니다.

김선달은 짧은 시간 동안에 친구가 중병을 앓았다는 것, 그래서 가산을 탕진하고 이제 겨우 회복 중이라는 사실을 모두 듣고 갑자기 꾀를 내었습니다.

"여보게, 이 마을에서 마음씨 고약하고 제일 부자인 사람이 어떤 사람인가?"

"글쎄, 알부자가 몇 사람 있긴 하지만 그중에서 가장 돈 많고 마음씨 고약하기로는 항아리 장사 방 서방일 걸세."

"방 서방이라? 됐어."

"자네 갑자기 무슨 꿍꿍이가 있는 것인가? 마음씨 고약하고 돈 많은 사람을 알아서 무엇에다 쓰려고 그러나?"

"내게 다 생각이 있다네. 자, 이 괴나리봇짐은 여기에 놓고 잠시 다녀오겠네. 오늘 밤은 자네와 함께 지내겠네. 저녁에 고기 안주에 찹쌀 막걸리로 회포나 풀어보세. 아주머니보고 고기 삶을 물이나 끓이시라고 말해 주게나."

봉이 김선달은 이렇게 말하고 뒤도 돌아보지 않고 한두 차례 물어 항아리 장사 방 서방을 찾았습니다. 항아리 가게가 제법 컸습니다. 가게 한쪽 구석에는 값나가게 생긴 자기 그릇도 꽤 쌓여 있었습니다. 가게 뒤쪽으로는 넓은 터에 크고 작은 항아리들이 산더미처럼 쌓여 있었습니다. 방 서방은 비스듬히 앉아 곰방대를 빨면서 가게로 들어서는 봉이 김선달에게 힐끗 눈길을 주는가 하더니 반쯤 조는 눈을 하고 땅바닥을 바라보았습니다. 김선달은 속으로 뇌까렸습니다.

'옳지. 이놈, 오늘 너 임자 만났다. 네가 그렇게 마음 고약하고 돈 많은 놈이라면 내가 상대해 주마.'

김선달은 기침을 두어 번 하고 말문을 열었습니다.

"주인장, 최고급품으로 작은 항아리 한 개만 주시지요."

이 말에 방 서방은 믿지 못하겠다는 얼굴을 하고 긴 여행으로 남루해진 김선달의 몰골을 연신 바라보면서 입을 떼었습니다.

"우리 가게는 최상품만 취급하는 것을 아직 모르고 있군요. 작은 놈이라도 제법 비쌉니다."

"꼭 필요해서 그러니 얼른 최상품으로 작은 놈 하나 주시지요."

방 서방은 가게 뒤켠으로 가서 불거진 배를 뒤룩거리면서 단지보다 조금 큰 항아리를 한 개 가지고 왔습니다.

"이 항아리는 원래 세 냥짜리지만 낯선 객이니 두 냥만 내십시오."

김선달은 속에서는 심술이 났지만 속으로 뇌까리면서 두 냥을 건네주었습니다.

'돼지 같은 놈. 네 속을 내가 다 안다. 한 냥도 안 되는 것을 가지고 욕심을 채우려고 세 냥이니 두 냥이니 하는 것을 내가 모를 줄 아느냐?'

봉이 김선달은 방 서방이 욕심꾸러기이고 돈도 많지만, 게슴츠레한 눈빛으로 보아 영리하지 못하다는 것을 금방 꿰뚫어 보았습니다. 김선달은 항아리를 들고 얼마쯤 가다 느티나무 그늘에 앉아 곰방대를 빨았습니다.

"이 더운 날씨에 항아리야, 너도 힘들고 나도 힘들구나. 하지만 친구와 회포를 풀려니 어쩔 수 없구나. 항아리야, 제발 네 구실을 톡톡히 해 주렴."

얼마 후 김선달은 항아리를 들고 다시 방 서방네 가게로 왔습니다.

"방 서방, 내 생각이 잘못되어 왔소이다. 내 말을 잘 들어보십시오. 아까 두 냥을 방 서방에게 드렸고, 그렇지요?"

"예, 그랬지요."

"이 항아리는 두 냥짜리입니다. 그렇지요?"

"예, 맞습니다."

"그렇다면 아까 내가 드린 두 냥이 있고 이제 두 냥짜리 이 항아리를 돌려 드리면 모두 합해서 넉 냥이오. 이 항아리도 함께 드릴 테니 넉 냥짜리 항아리를 주셨으면 합니다."

"손님 말이 맞는 것 같긴 한데 뭔가 이상합니다."

"이상할 것 하나도 없습니다. 자, 얼른 넉 냥짜리 항아리를 빨리 주시지요."

봉이 김선달은 이렇게 네 번을 반복하여 방 서방으로부터 열여섯 냥짜리 항아리를 산 다음 좀 떨어져 있는 푸줏간에 가서 항아리를 맡기고 고기와 술을 잔뜩 샀습니다. 물론 친구와 밤새는 줄 모르고 회포를 푼 것은 말할 필요도 없습니다.

위의 예에서 김선달은 옹기 장사 방 서방을 속이기 위해서 고의로 오류를 사용했습니다. 사실 이와 같은 오류는 궤변입니다. 고대 희랍의 소피스트들이 사용한 오류추론 역시 궤변sophism의 대표적 예입니다.

그런가 하면 사유의 혼란이나 부정확성으로 인하여 범하는 오류도 있습니다.

- 새는 난다.
  박쥐는 난다.
  그러므로 박쥐는 새이다.
- 새는 난다.
  타조는 날지 못한다.
  그러므로 타조는 새가 아니다.

위의 오류추론들은 정확지 못한 생각으로 인하여 성립된 것입니다.

그런가 하면 감정의 동요로 인하여 생기는 오류추론도 있습니다. 남녀 사이에서 또는 친구 간이나 형제간에 또는 서로 이익이 반대되는 사람들 사이에서 감정이 복받치면 흔히 오류를 범하기 쉽습니다.

■ 나는 여자를 싫어한다.

  너는 여자이다.

  그러므로 나는 너를 싫어한다.

■ 이웃 마을은 우리 마을과 오랜 세월 원수지간이다.

  영순이는 이웃 마을의 처녀이다.

  그러므로 영순이는 이웃 마을에 사는 나의 원수이다.

이상의 오류추론들은 감정의 동요로 인하여 성립하는 것들이며 여기에서 오류는 착오라고 일컫습니다. 이와 같은 오류는 착오 이외에 배리paralogism라고도 일컫습니다.

그러니까 오류는 크게 말해서 궤변과 배리의 두 종류가 있다고 할 수 있습니다. 궤변은 추론하는 당사자가 상대방을 기만할 목적으로 의도적으로 범하는 오류인 반면에 배리는 추론하는 당사자가 생각의 혼란이나 감정의 동요로 인하여 스스로 저지르는 오류라는 차이가 있습니다. 그렇지만 배리나 궤변 모두 부당한 추론을 마치 타당한 추론인 양 믿게 함으로써 우리의 사고를 흐리게 합니다.

오류를 제거하기 위해서 우선 정확한 추리방법을 철저히 익혀야 합니다. 다음으로 어떤 논리적 규칙을 소홀히 하였기에 오류를 범하는 부당한 추리를 행하였는지 곰곰이 살피지 않으면 안 됩니다.

오류의 종류

앞에서 우리는 추론을 연역추론과 귀납추론 두 가지로 나누었습니다. 추론의 절차 내지 과정인 추리도 역시 추론과 마찬가지로 연역추리와 귀납추리로 구분됩니다.

당연히 오류도 연역추리에 있어서의 오류와 귀납추리에 있어서의 오류로 나누어집니다. 연역추리에 있어서의 오류는 다시 형식적 오류와 비형식적 오류의 두 가지로 구분됩니다.

형식적 오류는 논리적 오류라고도 하며 타당한 추리규칙이나 형식을 어길 경우 생기게 됩니다. 다음과 같은 추리들은 형식적 오류를 범하고 있습니다.

- 모든 여자는 인간이다.
  모든 남자는 인간이다.
  그러므로 모든 남자는 여자이다.
- 모든 소는 네 발을 가졌다.
  모든 소는 동물이다.
  그러므로 모든 동물은 네 발을 가졌다.

연역추리의 형식적 오류를 자세히 알기 위해서는 삼단논법에 관한 기본 지식이 필수적입니다.

연역추리에 있어서의 비형식적 오류는 논리규칙이나 형식과는 상관없이 생기는 것입니다. 그러므로 비형식적 오류를 방지하기 위해 우리가 지켜야 할 규칙은 형식추리에서처럼 엄격한 형식과 다르기 때문에 소극적인 규칙들로 여겨지고 있습니다.

아리스토텔레스는 연역추리의 형식적 오류를 분류한 최초의 철학자입니다. 아리스토텔레스 이후 여러 철학자들이 더 많은 형식적 오류들을 찾아내었습니다. 그들은 동시에 여러 가지 비형식적 오류들을 발견하고 그러한 오류들을 방지하기 위한 소극적 규칙들도 찾아내어 비형식적 오류들을 적절하게 분류하였습니다.

연역추리의 비형식적 오류들의 예를 살펴보면 다음과 같습니다.

- 죄를 범한 모든 사람은 감옥에 갇혀야 한다.

  모든 인간은 죄인이다.

  그러므로 모든 인간은 감옥에 갇혀야 한다.

- 전나무는 훌륭한 건축재료이다.

  이 성냥의 재료는 전나무이다.

  그러므로 이 성냥은 훌륭한 건축재료이다.

- 3과 6은 각각 홀수와 짝수이다.

  3과 6의 합은 9이다.

  그러므로 9는 홀수이면서 동시에 짝수이다.

이상의 오류들은 비형식적 오류의 예입니다. 비형식적 오류는 형식적 오류에서 볼 수 있는 것처럼 엄격한 규칙이나 형식을 어긴 것은 아닐지라도 논리적 생각이 철저하지 못하기 때문에 오류를 범하게 됩니다. 비형식적 오류는 다시 언어로 인한 오류와 자료로 인한 오류 두 가지로 구분됩니다. 귀납추리의 오류에 관해서는 〈경험편〉의 '귀납추리란 어떤 것인가'의 편에서 상세히 다루었습니다. 귀납추리에서의 오류는 영국의 경험론 철학자 베이컨이 처음으로 다루었습니다. 베이컨 이후 영국의 경험론 철학자들인 로크나 밀 등이 역시 귀납추리에 있어서의 오류를 다루었음을 배웠습니다.

오류에 관한 이론을 체계적으로 표시해보면 다음과 같습니다.

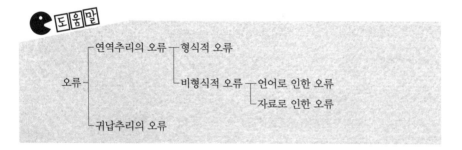

도움말

오류 ─┬─ 연역추리의 오류 ─┬─ 형식적 오류
      │   └─ 비형식적 오류 ─┬─ 언어로 인한 오류
      │   └─ 자료로 인한 오류
      └─ 귀납추리의 오류

되돌아 보아야 할 문제들

1. 궤변과 배리(또는 착오)의 차이를 말하여 보십시오.

2. 오류의 종류를 크게 나누고 각각의 유형을 말하여 보십시오.

3. 언어로 인하여 생기는 오류는 어떤 것입니까?

4. 자료로 인하여 생기는 오류는 어떤 것입니까?

※ 답은 331쪽에 있습니다.

세 번째 여행_ 연역추리의 형식적 오류

고양이와 김 양

앞에서 건전한 논리적 추론에 있어서는 결론이 참이면 추론도 참이고 따라서 타당하다고 말하였습니다. 이것은 논리적 추리가 규칙이나 형식을 제대로 지키면 건전한 추리가 된다는 것을 뜻합니다. 연역추리의 형식적 오류에 관해서는 〈합리편〉에 나오는 '연역추리는 무엇인가?'(여섯 번째 여행)의 부분에서 낱낱이 다루었으므로, 여기에서는 바로 다음에 취급할 비형식적 오류와 단지 비교하는 입장에서 형식적 오류가 어떤 것인지 정리하는 정도로 그치기로 하겠습니다.

1. 부당하게 위치를 바꿀 때 생기는 오류

'모든 인간은 모든 이성적 존재이다'라는 명제의 위치를 바꾸어서 '모든 이성적 존재는 모든 인간이다'라고 말할 수 있습니다. 그러나 '모든 인간은 동물이다'라는 명제의 위치를 바꾸어 '모든 동물은 인간이다'라고 하거나, '모든 코스모스는 꽃이다'라는 명제의 위치를 바꾸어서 '모든 꽃은 코스모스이다'라고 말한다면 오류를

범합니다.

이러한 오류는 '모든…'과 '일부의…'을 혼동할 때 생깁니다. 예컨대 '모든 장미는 식물이다'의 명제는 '모든 장미는 일부의 식물이다'라는 명제로 정확히 표현해야만 '모든 식물은 장미이다'라고 추리하지 않고 '일부의 식물은 장미이다'라고 옳게 추리할 수 있습니다. 이와 같은 경우의 오류를 부당환위의 오류fallacy of improper conversion라고도 부릅니다.

2. 부당하게 범위를 사용하여 생기는 오류

전제에서 '약간의 …'로 표현된 명사를 결론에서 '모든…'으로 표현할 경우 그러한 추리는 오류를 범합니다.

> ■ 모든 남성은 인간이다. (대전제)
> 모든 여성은 남성이 아니다. (소전제)
> 그러므로 모든 여성은 인간이 아니다. (결론)

위의 예에서 '남성'은 중명사이고 '인간'은 대명사이며 '여성'은 소명사입니다. 대명사가 전제에서는 '약간의' 범위를 가지지만 결론에서 '모든'의 범위를 가지므로 이 추리는 부당하게 범위를 사용함으로써 생기는 오류입니다. 이와 같은 경우의 오류를 대명사부당주연의 오류fallacy of illicit process of the major term라고도 부릅니다.

그런가 하면 전제에서 '약간의' 범위로 사용된 소명사가 결론에서 '모든'의 범위로 쓰여질 경우 역시 오류가 생깁니다.

> ■ 모든 장미는 가시 돋친 잎이 있다.
> 모든 장미는 식물이다.
> 그러므로 모든 식물은 가시 돋친 잎이 있다.

소전제 '모든 장미는 식물이다'는 정확히 말해서 '모든 장미는 약간의 식물이다'임에도 불구하고 결론에서 '모든 식물은 가시 돋친 잎이 있다'라고 한다면 오류입니다. 이러한 오류를 소명사부당주연의 오류fallacy of illicit process of the minor term라고 합니다. 즉, 명사의 범위를 부당하게 사용함으로 인해서 생기는 오류는 대명사부당주연의 오류와 소명사부당주연의 오류 두 가지가 있습니다.

3. 네 개의 명사를 가짐으로 인하여 생기는 오류

정언삼단논법은 오직 세 개의 명사를 가져야만 건전한 추리가 성립합니다. 대전제의 명사를 대명사, 소전제의 명사를 소명사 그리고 대전제와 소전제를 매개하는 명사를 중명사라고 합니다. 만일 정언삼단논법이 네 개의 명사를 가질 경우 그러한 추리는 반드시 오류를 범하게 됩니다.

> ■ 남성은 동물이다.
> 여성은 생물이다.
> 그러므로 여성은 동물이다.

■ 모든 인간은 두 발을 가졌다.
　모든 식물은 탄소동화작용을 한다.
　그러므로 모든 식물은 두 발을 가졌다.

위의 예들은 각각 모두 네 개의 명사를 가지고 있습니다. 어떤 것이 대명사이고 소명사와 중명사가 어떤 것인지 전혀 알 수 없습니다. 따라서 각각의 예에서 전혀 결론이 나올 수 없음에도 불구하고 결론을 억지로 이끌어 내려고 한다면 오류를 범할 수밖에 없습니다. 이처럼 추리가 네 개의 명사를 가졌기 때문에 생기는 오류를 일컬어 네 개 명사의 오류fallacy of four terms라고 합니다.

4. 중명사부주연의 오류

건전한 추리란 중명사가 대명사와 소명사 사이에서 타당한 매개 역할을 할 때 가능합니다. 다음의 예를 봅시다.

■ 모든 동물은 생물이다.
　모든 사람은 동물이다.
　그러므로 모든 사람은 생물이다.

위의 예에서 대전제의 '생물'은 대명사이고, '사람'은 소명사이며, '동물'은 중명사입니다. 타당한 추리가 성립하기 위해서는 중명사 '동물'이 대명사 '생물'과 소명사 '사람'을 매개하여야만 합니다. 중명사 '동물'이 매개 역할을 제대로 수행하기 위해서는 반드시 대전제나 소전제 어느 한 쪽에서 적어도 한번은 '모든 …'으로 표현되어야 합니다. 그렇지 않으면 오류가 생깁니다.

■ 김 양은 생물이다.
　고양이는 생물이다.
　그러므로 고양이는 김 양이다.

이처럼 중명사가 대전제나 소전제에서 한번도 '모든 …'의 범위를 가지지 않고 사용될 경우 중명사부주연의 오류fallacy of undistributed middle term라고 합니다.

5. 두 전제가 모두 부정명제일 때 생기는 오류

정언삼단논법에서는 대전제와 소전제 가운데 적어도 하나는 긍정이어야만 건전한 추리가 성립합니다.

> ■모든 금속은 생물이 아니다.
> 모든 구리는 생물이 아니다.
> 그러므로 모든 구리는 금속이다.

이 예에서 '모든 구리는 약간의 금속이다'라는 결론의 명제 하나만 보면 타당한 것이지만 전체 추리과정이 잘못되었기 때문에 추리는 오류를 범합니다.

대전제와 소전제가 모두 부정일 경우 중명사는 매개 역할을 상실합니다. 따라서 논리적으로 결론을 이끌어낼 수 없으므로 추리는 오류를 범합니다. 이러한 경우의 오류를 양부정전제의 오류fallacy of two negative premises라고 부릅니다.

6. 결론을 부당하게 긍정하는 오류

대전제나 소전제 가운데 어떤 한 전제가 부정이면 결론은 항상 부정이어야 합니다. 그럼에도 불구하고 결론을 긍정으로 하면 오류가 생깁니다.

> ■모든 인간은 식물이 아니다.
> 모든 인간은 동물이다.
> 그러므로 약간의 동물은 식물이다.

위에서 알 수 있는 것처럼 대전제나 소전제 가운데서 어떤 한 전제가 부정명제일 경우 중명사는 대명사가 아니면 소명사를 배제하게 됩니다. 따라서 대명사와 소명사가 일치하지 않아 결국 부정명제의 결론이 당연히 나오게 됩니다. 이러한 법칙을 무시하고 긍정명제의 결론을 이끌어 내면 오류를 범합니다. 두 전제 중한 전제가 부정일 경우 타당한 추리의 예는 다음과 같습니다.

> ■ **모든 인간은 식물이 아니다.**
> **모든 인간은 생물이다.**
> **그러므로 약간의 생물은 식물이 아니다.**

두 전제 중 하나가 부정일 때 결론을 긍정해서 범하게 되는 오류를 부당긍정의 오류fallacy of illicit affirmation라고 합니다.

7. 결론을 부당하게 부정하는 오류

대전제와 소전제가 모두 긍정명제일 경우 결론이 만일 부정명제이면 그러한 추리는 오류를 범합니다. 대전제와 소전제가 모두 긍정이면 대명사와 소명사 역시 일치합니다. 그러므로 대전제와 소전제가 모두 긍정이면 결론도 긍정이어야 합니다. 그러나 결론이 부정일 때 그러한 추리는 당연히 오류를 범합니다.

> ■ **모든 파충류는 동물이다.**
> **모든 거북이는 동물이다.**
> **그러므로 모든 거북이는 파충류가 아니다.**

이들 예에서처럼 대전제와 소전제가 긍정명제임에도 불구하고 결론을 부정명제로 만들 때 생기는 오류를 일컬어 부당부정의 오류fallacy of illicit negation라고 부릅니다.

두 전제가 모두 '약간의…'를 포함하는 특칭명제이면 어떤 결론도 도출될 수 없습니다. 그럼에도 불구하고 결론을 만든다면 오류를 범합니다.

- 약간의 남자는 미남이다.
  약간의 청년은 미남이다.
  그러므로 약간의 청년은 약간의 남자이다.

대전제와 소전제가 '약간의…'로 된 명제(특칭명제)일 경우의 추리가 범하는 오류를 양특칭전제의 오류fallacy of two particular premises라고 부릅니다.

8. 두 전제 중 하나가 '약간의…'로 된 명제임에도 불구하고 결론이 '모든…'으로 된 명제가 될 경우의 오류

두 전제 중 하나가 '약간의…'이면 다른 하나는 '모든…'이 됩니다. 이 경우 결론을 '모든…'으로 하면 오류를 범합니다. 그러나 이때 우선 두 전제가 모두 긍정일 경우를 생각할 수 있습니다.

- 약간의 여자는 미녀이다.
  모든 여대생은 여자이다.
  그러므로 모든 여대생은 미녀이다.

다음으로 한 전제는 긍정이고 다른 한 전제는 부정인 경우를 예로 들어 생각해봅시다.

- 약간의 남자는 군인이다.
  모든 노인은 군인이 아니다.
  그러므로 모든 노인은 남자가 아니다.

위에서 예를 든 것처럼 두 전제 중 하나가 '약간의…'로 된 명제인데 결론을 '모든…'으로 된 명제로 추리한다면 그러한 추리는 오류를 범합니다. 이러한 오류를 부당전칭의 오류fallacy of illicit universal라고 부릅니다.

9. 전건을 부정하여 후건을 부정하는 결론을 이끌어낼 때의 오류

■ **봄이 오면 꽃이 핀다.**
봄이 오지 않았다. (전건부정)
그러므로 꽃이 피지 않았다. (후건부정)

이 추리는 잘못된 것입니다. 왜냐하면 봄이 오지 않아도 피는 꽃이 있기 때문입니다. 어떤 추리에서 전건을 부정하고 또한 결론에서 후건을 부정할 경우 반드시 오류를 범합니다. 이러한 종류의 오류를 전건부정의 오류fallacy of denying the antecedent라고 부릅니다.

> '늙으면 몸이 약해진다. 몸이 약해졌다. 그러므로 늙었다'처럼 '……이면 ……이다'의 대전제로 시작해서 이끌어내는 추론의 형식을 일컬어서 가언삼단논법이라고 합니다.

10. 후건을 긍정하여 전건을 긍정하는 결론을 이끌어낼 때의 오류

■ **운동하면 건강하다.**
건강하다. (후건긍정)
그러므로 운동하였다. (전건긍정)

이 예는 겉으로 보기에 타당한 것으로 보입니다. 그렇지만 운동을 했다고 해서 반드시 건강할 수는 없습니다. 선천적으로 태어날 때부터 강단이 있고 튼튼한 사람이 있습니다. 그런가 하면 술과 담배를 멀리하고 시간 관리를 철저히 함으로써 건강한 사람도 있습니다. 위의 예에서처럼 후건을 긍정하고 이와 아울러 전건을 긍정할 때 범하는 오류를 후건긍정의 오류fallacy of affirming the consequent라고 부릅니다.

되돌아 보아야 할 문제들

다음의 연역추리에 있어서의 형식적 오류들은 어떤 오류에 속하는지 지적하십시오.

1. 모든 인간은 두 발로 걷는 동물이다.
   그러므로 모든 두 발로 걷는 동물은 인간이다.

2. 모든 세포는 살아있다.
   모든 신경세포는 살아있다.
   그러므로 모든 신경세포는 세포가 아니다.

3. 모든 인간은 동물이다.
   모든 나비는 인간이 아니다.
   그러므로 모든 나비는 동물이 아니다.

4. 모든 소는 꼬리를 가졌다.
   모든 소는 동물이다.
   그러므로 모든 동물은 꼬리를 가졌다.

5. 붕어는 물고기이다.
   참새는 새이다.
   그러므로 참새는 붕어다.

※ 답은 332쪽에 있습니다.

네 번째 여행_ 연역추리의 비형식적 오류

곰 같은 남자

추리의 일정한 형식이나 규칙을 위반하지 않았음에도 불구하고 말을 정확하지 않게 사용했을 때 그리고 전제와 결론 사이에 하등의 논리적 관련이 없음에도 불구하고 심리적인 연관을 핑계 삼아 추리할 때 비형식적 오류를 범합니다.

우선 언어에 의한 오류를 살펴보고 다음으로 자료에 의한 오류를 살펴보기로 하겠습니다.

언어에 의한 오류

말이나 글은 쓰는 사람과 사용하는 방법에 따라서 애매할 수도 있고, 또 다양한 뜻이 있을 경우 정확히 구분되지 않아서 오류가 생기기도 합니다.

여기에서는 언어에 의해서 생기는 오류의 종류를 크게 여섯 가지로 나누어 살펴보겠습니다.

1. 다의어의 오류

대부분의 단어들은 한 가지 이상의 의미를 가집니다. 어떤 단어가 상황에 따라 가지는 뜻을 명백히 가려서 파악하지 못하고 부정확하게 또는 혼란스럽게 의미를 이해할 때 범하는 오류가 있습니다.

> ■ 모든 죄인은 하나님을 믿어야 한다.
>   모든 인간은 죄인이다.
>   그러므로 모든 인간은 하나님을 믿어야 한다.

이 추리에서 문제가 되는 단어는 '죄인'입니다. 우리는 죄인이라는 단어를 여러 가지 의미로 사용합니다. 남의 물건을 훔쳐서 체포된 사람은 범죄를 저지른 죄인입니다. 그런가 하면 양심을 속이고 남에게 거짓말을 한 사람도 도덕적 측면에서 죄인이라고 말할 수 있습니다. 베드로는 예수가 로마병정에게 붙잡혀 갈 때 세 번이나 예수를 모른다고 말했습니다. 네덜란드의 철학자 키에르케고르의 아버지는 키에르케고르가 어렸을 때, 자신이 곤경에 처하자 하나님을 저주했습니다. 이 경우 베드로나 키에르케고르의 아버지는 종교적 의미의 죄인입니다.

따라서 우리는 '죄인'이라는 단어를 사용하여 추리할 때 '죄인'의 뜻을 애매하게 사용하지 않고 정확한 의미로 사용하여야만 오류를 범하지 않게 됩니다.

그런가 하면 한 단어의 범위를 혼동할 경우 오류를 범합니다. 예컨대 대전제에서 사용되는 단어의 범위와 소전제에서 사용되는 단어의 범위가 서로 다른데도 불구하고 두 범위를 혼동하면 오류가 생깁니다.

> ■ 전나무는 훌륭한 건축재료이다.
>   이 이쑤시개는 전나무이다.
>   그러므로 이 이쑤시개는 훌륭한 건축재료이다.

흔히 '여자는 많은데 여자가 없어' 또는 '남자는 많은데 남자가 없어'라고 말할 때도 같은 단어의 범위 또는 의미가 다름에도 불구하고 한 단어의 범위나 의미를 혼동해서 사용하기 때문에 오류를 범하기 쉽습니다.

그런가 하면 우리는 높낮이, 강함과 약함 그리고 멀고 가까움 등에 연관된 개념을 사용하면서 정확한 기준을 무시할 때 추리의 오류를 범하게 됩니다.

- **저 대학생은 영어실력이 모자란다.**
  이 중학생은 영어실력이 뛰어나다.
  그러므로 이 중학생은 저 대학생보다 영어실력이 뛰어나다.

위의 예에서 '실력이 모자란다'와 '뛰어나다'를 비교할 때 정확한 기준이 무시되었기 때문에 엉터리 추리가 되어버렸습니다. 두 가지 또는 세 가지의 서로 다른 것을 비교할 경우에는 그것들을 비교할 수 있는 기준이 분명해야만 추리의 잘못을 피할 수 있습니다.

높낮이에 관한 예를 살펴봅시다.

- **저 구름은 낮다.**
  우리 집은 높다.
  그러니까 우리 집은 저 구름보다 높다.

그러면 이제 강하고 약함에 관한 기준이 애매하기 때문에 생기는 오류를 하나 더 살펴보기로 합니다.

- **저 청년은 힘이 약하다.**
  이 젖먹이는 힘이 세다.
  그러므로 이 젖먹이는 저 청년보다 힘이 세다.

이상에서 살펴본 것과 같은 종류의 오류를 일컬어 다의어의 오류라고 합니다.

2. 애매구의 오류

문장의 구절이 여러 가지 뜻으로 해석될 수 있어서 정확한 판단을 내리기 어려운 경우가 있습니다.

고대 희랍의 아테네에는 델피 신전이 있었습니다. 정치가나 철학자는 문제가 생기면 델피 신전을 찾아가서 신의 말을 들으려고 했습니다. 델피 신전에는 늙은 무당이 있어서 찾아 온 사람에게 신의 말(신탁)을 전했습니다.

어느 날 소아시아에 있는 리디아 왕국의 크로에수스 왕이 델피 신전에 찾아와서 무당 앞에 무릎을 꿇었습니다.

"신이시여, 우리나라와 페르시아가 장차 전쟁을 하면 어떤 결말이 생기겠습니까? 제발 저에게 미래를 보는 안목을 가지게 해 주십시오."

"그대 크로에수스가 페르시아 왕국과 전쟁을 한다면 결국 강한 왕국이 멸망할 것이니라."

크로에수스는 이 신탁을 확신하고 페르시아와 전쟁을 벌였습니다. 왜냐하면 그는 당시 페르시아 왕국만큼 강한 왕국이 없다고 믿었으므로 리디아와 페르시아가 싸우면 신탁에 따라 강한 왕국인 페르시아가 멸망하리라고 확신했기 때문입니다. 그러나 전쟁의 결과 크로에수스의 리디아 왕국이 패망하고 말았습니다.

이 신탁에서 '강한 왕국'이란 리디아를 말하는지 아니면 페르시아를 말하는지 분명하지 않습니다. 애매한 구절을 사용할 경우 그러한 추리의 결과 우리는 그릇되게 판단하고 따라서 혼란한 행동을 참다운 것으로 착각하기 쉽습니다. 이처럼 애매한 구절 때문에 생기는 오류를 애매구의 오류라고 합니다.

3. 결합의 오류

부분은 참다울지라도 부분이 합쳐져 된 전체는 참답지 못할 경우가 흔히 있습니다. 부분이 참이라고 해서 부분의 결합이 반드시 참이라고 주장할 때 생기는 오류가 있습니다.

■ 3과 9는 홀수이다.

12는 3과 9로 되어 있다.

그러므로 12는 홀수이다.

■ 5와 8은 홀수와 짝수이다.

13은 5와 8로 되어 있다.

그러므로 13은 홀수이면서 짝수이다.

고대 희랍의 궤변철학자(소피스트들)도 부분의 성질을 전체의 성질이라고 주장하는 연쇄식을 제시했습니다. 그들은 한 올의 머리카락을 뽑는 것이나 두 올의 머리카락을 뽑는 것이나 머리카락 전부를 뽑는 것이나 똑같지 않다고 증명할 방도가 없으므로, 즉 한 올의 머리카락을 뽑는 것이나 머리카락을 전부 뽑는 것이나 똑같으므로 한 올의 머리카락을 뽑으면 대머리가 된다고 논증하였습니다.

소피스트들의 추리가 범하는 오류를 '대머리의 오류'라고도 부릅니다. 그들의 추리를 형식화하면 다음과 같습니다.

■ 한 올의 머리카락을 뽑으면 대머리가 되는가?

두 올의 머리카락을 뽑으면 대머리가 되는가?

그러면 세 올의 머리카락을 뽑으면 대머리가 되는가?

이렇게 부분을 보고 부분들이 결합된 전체도 부분의 성질과 똑같다는 추리를 할 때 범하는 오류는 결합의 오류fallacy of composition입니다.

4. 분할의 오류

일단 결합의 오류가 어떤 것인지 이해한 사람은 분할의 오류를 쉽게 이해할 수 있습니다. 분할의 오류는 결합의 오류를 뒤집어 놓은 것입니다.

일반적으로 프랑스 파리의 여인들이 아름답다고 해서 한 사람 한 사람 개개인의 여인이 각기 아름답다고 할 수는 없습니다. 마찬가지로 어떤 일류대학의 학생들의 성적이 전반적으로 뛰어나다고 해서 특정한 학생 개개인의 성적도 탁월하다고 판단하기는 힘듭니다.

분할의 오류에 관한 구체적 예를 한두 가지 살펴봅시다.

- 9는 홀수이다.
  9는 3과 6으로 되어 있다.
  그러므로 3과 6은 홀수이다.
- 현대중공업은 회사이다.
  현대중공업은 사용자와 노동자로 되어 있다.
  그러므로 사용자와 노동자 각각은 회사이다.

이처럼 전체에 관하여 참인 것을 부분에 관해서도 참이라고 추리할 때 범하는 오류는 분할의 오류 fallacy of division 입니다.

5. 강조의 오류

사람들이 오늘날처럼 강조의 오류의 홍수 속에 살았던 시절은 없었을 것입니다. 무엇보다도 신문이나 라디오 또는 텔레비전에 쏟아져 나오는 상업광고는 대부분 강조의 오류가 가져다주는 선전효과를 노리고 있습니다.

- 이 냉장고야말로 최첨단 공법으로 만들어진 것으로 바로 당신을 위한 것입니다.
- 올 여름을 시원하게 해 줄 아이스크림 중의 아이스크림을 맛보세요.
- 라면 하면 바로 이 라면을 따라갈 라면이 또 있을까요?
- 자동차라면 이쯤은 되어야지요. 이 자동차는 가격도 저렴합니다.

이들 중 하나의 예만 골라 분석해 보겠습니다. '이 냉장고야말로 최첨단 공법에 의해 만들어진 것으로 바로 당신을 위한 것입니다'에서 '이 냉장고'를 강조하면 다른 냉장고는 배제되고 또 '바로 당신을'을 강조하면 다른 모든 사람들은 제외되고 오로지 당신만을 위한 것이라는 뜻이 됩니다. 강조에 또 강조를 함으로써 광고는 소비자를 매료시킵니다.

만일 어떤 사람이 '나는 이번 여름에는 등산가지 않겠어'라고 할 경우를 살펴봅시다. '이번 여름'이 강조될 때 내년이나 내후년 여름에는 등산갈 뜻이 있다는 것인지 아닌지 가늠하기 어렵습니다. 그리고 '등산'이 강조된다면 등산 말고 수영이나 기타 휴가는 간다는 것인지 어떤지 분명히 알 수 없습니다. 모든 것이 막연함에도 불구하고 문장 가운데 하나의 말이나 또는 구절을 강조함으로 인하여 그 말이나 구절이 다른 것보다 훨씬 쓸모 있고 중요한 것처럼 착각하게 만드는 것이 곧 강조의 오류가 노리는 점입니다.

냉정하고도 정확하게 판단하지 못하고 무심결에 강조의 오류fallacy of accent를 받아들일 경우 그 주장의 본래 의미를 보지 못하고 오직 강조된 부분의 의미만을 중요하게 여기는 잘못을 범합니다.

6. 비유 때문에 생기는 오류

비유를 잘못 사용하면 말의 의미가 애매해집니다. 특히 말의 문법적 의미와 수사적 의미 그리고 논리적 의미가 뒤범벅되어 비유의 뜻이 말하는 사람과 듣는 사람에게 전혀 다르게 되는 경우가 있습니다.

다음 두 사람의 대화를 봅시다.

"너는 곰 같은 남자야!"
"뭐라고? 내가 그렇게 미련하게 생겼니? 날 보고 곰 같다고?"
"왜 화를 내고 그래? 너는 꼭 반달곰 같아. 오동통하고 귀여우면서도 힘이 세니까 곰 같다고 한 거야."

"도대체 이해를 하다가도 못 하겠네. 사람을 놀리는 것인지 칭찬하는 것인지 통 갈
피를 못 잡겠어."

'전봇대같이 큰 사람'이라고 할 때 과연 키가 굉장히 큰 사람인지 아니면 별 특
징 없이 키만 큰 멋없는 사람인지 가늠하기 어렵습니다. 이처럼 비유를 잘못 사
용함으로써 의미를 애매하게 만들기 때문에 생기는 오류를 비유의 오류fallacy of
figure of speech라고 합니다.

자료에 의한 오류

자료에 의한 오류는 '유관성의 오류'라고도 부릅니다. 논리적으로 아무런 관련
이 없는 전제로부터 결론을 이끌어 내면 당연히 오류를 범합니다. 이러한 추리는
전제와 결론 사이에 전혀 논리적 유관성이 없습니다. 전제와 결론 사이에 단지
'심리적' 유관성이 있다는 이유만으로 추리를 성립시킨다면 그러한 추리는 오류
를 범합니다. 자료에 의한 오류가 어떤 것들이 있는지 정확히 알고 그것들을 제
거함으로써 논리적으로 사고하는 습관을 기르는 자세가 요구됩니다.

1. 힘에 호소하는 오류

연역추리의 비형식적 오류 중에서 언어에 의한 오류는 말의 핵심을 혼란시키고
애매하게 함으로써 발생하는 것이었습니다. 반면 힘에 호소하는 오류는 논점을
흐려놓는 것이 아니라 말하는 사람이 주장하는 논점을 억지로 받아들이도록 강요
하는 추리입니다. 아이들이 싸움하는 장면을 보면 대부분의 아이들이 힘에 호소
하고 있다는 것을 잘 알 수 있습니다.

"너 나한테 까불다간 혼난다. 너는 내가 유도초단이라는 걸 모르지?"

"쳇, 유도초단이 뭐 그리 대단해? 난 태권도를 5년 동안이나 배워서 지금 태권도 2단이라구. 초단은 2단 앞에 무릎을 꿇어야 해."

힘에 호소하는 오류는 힘을 정의라고 주장하면서 힘에 따르고 복종하기를 강요합니다. 이와 같은 논증을 일컬어 힘에 호소하는 오류appeal to force라고 합니다.

2. 인신공격의 오류

자신의 주장이 옳다는 것을 밝히기 위해서 주장을 뒷받침해 줄 만한 사람의 직업이나 지위 또는 재산이나 경력 그리고 인품이나 사상 등을 끌어들이면 그와 같은 논증 역시 오류를 범합니다. 왜냐하면 그러한 종류의 추론은 논리적 타당성이나 부당성은 전혀 염두에 두지 않기 때문입니다.

독일의 철학자 쇼펜하우어는 삶의 철학을 대변하는 사람입니다. 쇼펜하우어의 아버지는 상당한 재산을 가진 무역상이었습니다. 쇼펜하우어의 아버지가 세상을 떠나며 많은 재산을 남겼습니다. 당연히 외아들인 쇼펜하우어가 재산을 몽땅 물려받았습니다. 쇼펜하우어에게는 어머니와 누이동생이 있었습니다. 쇼펜하우어는 물려받은 재산을 어머니와 누이동생에게 한 푼도 나누어주지 않았습니다. 그리고 홀로 살면서 철학 공부에만 몰두했습니다. 쇼펜하우어는 어머니와 누이동생을 전혀 만나지 않았습니다. 아버지 재산을 물려받은 후 죽을 때까지 쇼펜하우어는 프랑크푸르트의 어느 거리에서 어머니와 한 번 마주친 적이 있긴 했지만 아는 척도 하지 않고 지나쳤다고 합니다.

이런 사실을 알고 나면 어떤 사람은 쇼펜하우어의 인간성이 돼먹지 못했으니 그의 철학도 무가치한 것이라고 판단할 수 있습니다. 그러나 그와 같은 판단은 사람에 호소하는 논증으로서 정확한 논리적 추리가 아니므로 오류를 범합니다.

"당신은 사람들에게 양심에 따라서 살면 이 세상에 평화가 올 것이라고 주장합니다. 하지만 내가 알기에 당신은 무신론자가 아닙니까? 당신은 기독교도 불교도 믿지 않고 오직 성실하게 살아갈 것만 고집합니다. 그렇지만 무신론자인 당신이 제아무리 양심껏 살아야 한다고 사람들에게 호소해도 그와 같은 당신의 주장은 무가치합니다. 왜냐하면 당신은 절대자 신을 부정하기 때문입니다."

"그 사람은 늘 경계하여야 할 인물이야. 찢어질 정도로 가난하니까 마음이 비뚤어져 있을 수밖에 없어. 게다가 별 세 개 출신이야. 한 번은 폭행죄로 그리고 두 번은 절도죄로 교도소에 세 번씩이나 들락날락했다지 뭐야? 그러니까 그 사람은 인간성이 잔인할 수밖에 없어. 너 앞으로는 절대 그 사람과 가까이 하지 말아라."

자신의 주장이 타당하다는 것을 논리적 관계에서가 아니라 어떤 사람의 직업이나 지위 또는 인간성 등을 끌어들여 밝히려는 논증을 인신공격의 오류라고 부릅니다. 이러한 논증은 논리적 타당성을 도외시하므로 오류를 범합니다.

3. 무지에 호소하는 오류

어떤 주장을 제시하는 사람의 추리가 모순된다고 할지라도 모순되는 점을 상대방이 지적하지 못하는 무지를 핑계 삼아 그 주장을 타당하다고 역설하는 것은 무지에 호소하는 오류입니다.

"당신은 그날 그 시간에 분명히 고속버스터미널에 있었습니다. 아니라는 증거를 댈 수 없지요? 저 여자분이 바로 핸드백을 도둑맞은 당사자입니다. 저분은 재빨리 달아나는 당신을 분명히 목격했다고 합니다. 당신이 저분의 핸드백을 날치기하지 않았다는 증거를 댈 수 있습니까? 말로만 결백을 주장하지 말고 증거를 대요. 댈 수 없다면 당신이 바로 범인입니다."

과거에는 분명히 범인이 아니었음에도 불구하고, 무지를 핑계로 삼는 법관의 논증에 의해서 멀쩡한 사람이 유죄판결을 받는 예들이 간혹 있었습니다.

이처럼 반론을 제기할 때 또는 긍정할 때 확실한 증거를 제시할 수 없을 경우에 무지를 핑계로 삼아 행하는 논증을 무지에 호소하는 오류라고 합니다. 이러한 논증 역시 상대방을 억지로 굴복시키기 위해서 주로 사용됩니다.

4. 연민에 호소하는 오류

전제와 결론 사이에 하등의 논리적 관계가 없음에도 불구하고 감정에 호소함으로써 연민의 정을 불러일으킬 때 그러한 논증은 때로 논리적으로 타당한 추리보다 더 강한 호소력을 가질 수 있습니다. 그렇지만 논리적 관점에서 볼 때 연민에 호소하는 논증은 항상 오류를 범합니다.

변호사들의 변론도 가끔 연민의 정을 불러일으키는 논증일 경우가 있습니다. 어떤 때는 그와 같은 변론이 유명한 변론으로 평가받기도 합니다. 오래전에 〈검사와 여선생〉이라는 영화가 상영되어 관람객의 눈물을 흘리게 한 적이 있습니다.

피고는 담당 검사의 초등학교 시절 은사입니다. 피고인 여선생은 온갖 정성을 다하여 학생들을 돌보며 일생을 교직에 바쳤지만, 어쩔 수 없는 상황에서 죄를 범했습니다. 검사는 여선생의 과거 훌륭한 공적을 열거하며 관대한 처분이 내려지기를 강변합니다.

연민의 정을 불러일으키는 논증은 연민에 호소하는 오류라고 하며 이러한 논증은 논리적으로 언제나 오류를 범합니다.

5. 여러 사람에게 의존하는 논증

여러 사람에게 의존하는 논증은 뭇 사람들의 정서에 호소함으로써 논증이 타당하다는 것을 억지로 주장하려고 합니다. 다른 여러 사람들을 끌어다 대면서 자신의 주장에 타당성을 부여하고자 하는 논증 역시 여러 사람에게 의존하는 논증입니다. 예를 들면, 쿠웨이트 전쟁 시 이라크의 지도자들이 다수 군중 앞에서 미국의 만행을 규탄하면서 국민들의 적개심과 분노를 끓어오르게 한 것 또한 여러 사람에게 의존하는 논증입니다.

만일 논리적 타당성을 무시하고 오로지 여러 사람들의 편견이나 감정 또는 여론에만 호소하여 논증한다면 그러한 논증은 오류를 범합니다. 여러 사람에게 의존하는 논증은 비록 현실적 효과는 클지 몰라도 합리적 사고를 벗어납니다.

얼마 전까지만 해도 우리 사회에서는 어떤 일을 나쁘게 선전하기 위해서 지방색을 들먹이면서 군중의 감정에 호소했던 일이 허다했고 지금도 그러한 경향이 다분히 남아 있습니다. 이 또한 여러 사람에게 의존하는 논증으로서 논리적 오류를 범합니다.

6. 부적합한 권위에 호소하는 오류

사람들의 대화하는 모습을 주의해서 살펴보면 많은 수의 사람들이 자신의 주장을 관철시키려 한다는 것, 그리고 그러기 위해서 유명한 성현의 말씀이나 확실한 전통 내지 권위 등에 상당히 많이 의존하고 있다는 것을 알게 됩니다.

그러한 예들을 다음의 대화에서 살펴봅시다.

- '배우고 때로 배운 것을 익히니 이 또한 기쁘지 아니한가'라고 공자님이 말씀하셨습니다. 그러므로 여러분은 모든 일을 제쳐 놓고 오로지 배움에만 매진하여야 합니다.
- 오스트리아 정신분석학자인 지그문트 프로이트는 인간의 성격은 유아기에 모두 결정된다고 하였다. 청소년이나 어른이 되어서 비뚤어진 성격을 아무리 고치려 해도 그것은 쓸데없는 짓이다. 그러니 여러분은 자식들이 어릴 때 자식들의 성격이 조화롭게 되도록 온 힘을 다 기울여서 자식들을 보살펴야 한다.

■우리나라는 전통적으로 예의범절을 가장 중요하게 여깁니다. 옛날부터 임금에게 충성하고 웃어른에게 효도하는 것이 우리의 전통입니다. 전통과 권위를 무시하는 것은 짐승만 할 짓입니다. 사람이 살아가는 데 가장 가치 있는 것은 바로 예의범절을 소중히 지키는 것입니다. 그러므로 여러분은 어디까지나 나라의 웃어른에게 충성심을 가지고 또 가정의 부모님에게 효심을 가져야만 인간의 도리를 다 하는 것입니다.

물론 근거가 확실한 전통이나 권위 또는 전문가들이 내세우는 주장은 타당할 경우가 많습니다. 그러나 논리적인 타당성 여부에 대한 검토가 전혀 없는 권위나 전통 또는 이름난 사람들의 주장을 무조건 끌어들여서 자기의 의견을 타당한 것처럼 보이려고 한다면 그러한 추리는 권위에 의존하는 논증이 됩니다. 그러한 논증은 흔히 오류를 범합니다. 이와 같은 논증을 일컬어 부적합한 권위에 호소하는 오류라고 합니다.

7. 우연의 오류

우리 속담에 '침묵은 금이다'라는 말이 있습니다. 이 말은 일상생활에서 우리가 사용하는 일종의 일반적인 명제입니다. 그러나 '침묵은 금이다'라는 일반명제를 하나하나 특수한 우연의 경우에 모두 적용하려고 한다면 오류를 범하게 됩니다.

우리는 물을 액체라고 생각합니다. 그러나 물이 과연 영하의 조건에서도 액체인가라고 묻는다면 우리가 가졌던 생각은 당장 깨져버리고 맙니다. 일반적인 경우에 적용되는 원리나 규칙이라고 해서 언제나 특수한 경우에도 해당되는 것은 아닙니다.

옛날에 읽은 동화책 속의 주인공은 매우 개구쟁이였습니다. 이름은 두수라고 했습니다. 어느 날 두수의 친구가 몹시 아팠습니다. 지독한 감기 몸살이었습니다. 두수는 꿀과 조미료를 적당히 타서 몇 개의 작은 약병에 담아 친구에게 거르지 말고 정해진

시간에 마시라고 했습니다.

"이 약은 내가 평소 잘 알고 지내는 약방 아저씨에게 특별히 부탁해서 조제한 것이야. 내가 가끔 아저씨를 도와드리니까 이 약을 특별히 만들어 주셨어. 이 약에는 인삼, 녹용, 감초, 후박 등 좋다는 건 다 들어 있어. 그러니까 네가 이 약을 다 마시기만 하면 몸이 거뜬해지고 얼른 완쾌될 거야."

두수의 말대로 친구는 3일 후 완쾌되어 두수에게 고맙다는 말을 걸었습니다.

"두수야, 그 약 정말 신통하더라. 네 말대로 좋은 약은 다 들어 있나 봐. 땀이 비 오듯 하더니 이렇게 씻은 것처럼 가벼워졌어."

"금방 죽을 것처럼 그러더니 언제 아팠냐는 듯하네? 그런데 말야. 너에게 사과할 일이 있어."

"갑자기 사과는 웬 사과?"

"그 약은 내가 만든 거야. 물에다가 생강 엑기스, 후춧가루, 조미료 등을 적당히 섞어서 만든 것이란 말이야."

위의 경우 거짓말을 하는 것은 죄악이고 '두수가 거짓말을 했으니 두수는 죄를 범한 것이다'라고 명확히 판단할 수 있는지 의문시됩니다. 또 거짓말하는 것이 일반적으로 죄악으로 받아들여지지만 특수한 경우에는 거짓말이 오히려 선한 행동이 될 수도 있습니다. 오직 일반명제만을 고집하여 모든 경우에 적용시키려고 하여 예외의 특수한 경우를 무시한 논증은 우연의 오류fallacy of accident를 범합니다.

8. 뒤집어진 우연의 오류

이 오류는 우연의 오류와 정반대되는 것입니다. 다시 말해서 특별한 경우에만 옳은 것을 확대하여 일반적인 명제로 보편화할 때 이러한 오류가 발생합니다.

"자수성가해서 떼돈을 번 사람들이 있지? 그 사람들이 얼마나 돈에 인색한지는 모두가 다 아는 사실이야. 김포 황놀부 있잖아? 황놀부는 현금도 많고 땅도 많아서 알부자인데도 남을 위해서는 한 푼도 쓸 줄 모르는 자린고비야. 황놀부는 바늘로 찔러

도 피 한 방울 흘리지 않을 냉혈한이야. 그러니까 황놀부처럼 자수성가한 부자들은 하나같이 모두 자린고비야."

위의 예는 황놀부의 특별한 경우를 자수성가하여 돈 번 모든 사람들에게까지 확대하여 적용하는 논증으로서, 뒤집어진 우연의 오류를 범하고 있습니다.

일반명제를 특별한 개개의 경우에 적용할 때 우연의 오류가 생기는 반면에, 특수한 경우를 일반명제에 확대하여 적용할 경우에는 뒤집어진 우연의 오류fallacy of converse accident를 범하게 됩니다.

우연의 오류는 분할의 오류와 그리고 뒤집어진 우연의 오류는 결합의 오류와 비슷한 점이 있습니다.

9. 거짓 원인의 오류

우리는 일상생활에서 원인과 결과의 끊을 수 없는 고리가 있으며, 일정한 원인으로부터 항상 일정한 결과가 일어난다고 믿습니다. 그러나 참다운 인과관계가 아님에도 불구하고 우리가 참다운 인과관계인 것처럼 논증할 때 거짓 원인의 오류를 범하게 됩니다.

또 원시사회의 생활이나 미신에서도 그릇된 원인의 오류를 자주 찾아볼 수 있습니다. 오랜 가뭄 끝에 마법사가 주문을 외니까 비가 왔다든가, 아니면 푸닥거리를 하거나 굿을 했더니 갑자기 병이 낫고 부자가 되었다든가 하는 것들은 원인과 결과가 전혀 상관관계가 없음에도 불구하고 그것들이 마치 밀접한 연관이 있는 것처럼 논증하는 예들입니다. 이와 같은 논증이 범하는 오류는 거짓 원인의 오류fallacy of false cause입니다.

10. 선결문제요구의 오류

■ 모든 인간은 사랑하지 않으면 안 된다. 왜냐하면 사랑은 모든 인간이 태

어날 때부터 가지고 있는 숭고한 감정이기 때문이다.

■ 나는 절대로 남의 물건을 훔치지도 않았고 남을 속인 일도 없으므로 결백하다. 왜냐하면 나는 결백하게 살도록 가정교육을 받았기 때문이며 또한 남들이 모두 나를 결백하다고 말하기 때문이다.

위의 예들에서 '모든 인간은 태어날 때부터 사랑의 감정을 가지고 있다'든지 '나는 결백하게 살도록 가정교육을 받았다' 등과 같은 전제는 그 자체로 논란의 여지가 없이 명백한 것이 아님에도 불구하고 부당하게 가정되어 있습니다. 즉 전제가 우선적으로 명백한 것으로 나타난 다음에 어떤 결론이 나와야만 논증이 올바를 수 있습니다. 이와 같은 선결문제요구의 오류fallacy of begging the question는 부당한 가정의 오류fallacy of undue assumption라고도 부릅니다.

■ 불경의 내용은 석가모니의 말씀이다. 왜냐하면 불경의 내용이 석가모니의 말씀이라는 것이 불경 안에 들어 있기 때문이다.

■ 이 약은 좋은 약이다. 왜냐하면 이 약은 효과가 크기 때문이다. 이 약이 효과가 크다는 것은 이 약이 좋다는 것으로부터 알 수 있다.

위의 예들에서는 전제를 결론이 증명하고 또 결론을 전제가 증명하는 형식을 보이지만 결국 참다운 증명은 없습니다. 이 역시 선결문제요구의 오류를 범합니다. 특히 이와 같은 형태의 오류를 일컬어 순환논법의 오류fallacy of arguing in circle라고 합니다. 논증을 한답시고 결국 뱀이 제 꼬리를 물고 뱅뱅 돌아가는 것처럼 아무런 증명도 하지 못하는 것이 바로 순환논법입니다. 다음의 예들 역시 순환논법의 오류를 범합니다.

■ 대학입시 문제는 너무 어려워. 왜냐하면 문제 출제자들이 문제를 어렵게 내기 때문이야.

■ 인구밀도가 높아지면 사람들은 가난해진다. 왜냐하면 경제적으로 빈곤해지면 인구밀도가 높아지기 때문이다.

11. 복합질문의 오류

우리는 살아가면서 여러 가지를 체험하고, 체험한 것을 생각하며, 생각한 것을 말과 글로 표현하고, 표현한 것을 이해합니다. 그런데 표현을 그릇되게 할 경우 우리는 논리적 타당성을 잃고 오류를 범하게 됩니다. 질문을 복합적으로 할 때 질문하는 사람은 답하는 사람의 허점을 노리게 됩니다. 왜냐하면 질문이 복합적일 때 이미 정확한 하나의 답이 나올 수 없다는 사실이 전제되기 때문입니다.

■ 너 지금도 매일 아침 사과 한 개씩 먹니?

이 물음에 대해서 '아니오'라고 답하면 이전에는 아침마다 사과 한 개씩 먹었다는 이야기가 성립합니다. 그러나 만일 '예'라고 답하면 이전이나 지금이나 변함없이 매일 아침 사과 한 개씩 먹는다는 이야기가 됩니다.

이 물음을 분석하여 보면 결국 '너 전에는 매일 아침마다 사과 한 개씩 먹었니?'라는 질문과 '너는 요새 매일 아침마다 사과 한 개씩 먹니?'라는 질문 두 가지가 결합되어 있다는 것을 알 수 있습니다.

질문을 복합적으로 할 경우 그러한 질문에 대한 답은 자연히 정확할 수 없으며 따라서 복합적 질문은 암암리에 그 자체 안에 오류를 간직하고 있습니다.

■ 너 아직도 네 아내를 끔찍하게 사랑하니?

이 물음에 대해서 '아니다'라고 답하면 전에는 아내를 끔찍하게 사랑했지만 지금은 그렇지 않다는 뜻으로 이해하기 쉽습니다. 그렇지만 만일 '그렇다'라고 답하면 전이나 지금이나 아내를 몹시 사랑하고 있다는 이야기가 됩니다.

상대방에게 한 가지 질문이 논리적으로 타당할 수 없게 만들고 상대방에게 반론할 수 있는 여지를 만드는 질문은 복합질문의 오류fallacy of complex question를 범합니다.

12. 논점부적절의 오류

논점부적절의 오류는 말 그대로 추론의 핵심을 적절하게 건드리지 못하기 때문에 생기는 오류입니다. 비록 전제와 결론이 얼핏 보기에 비슷한 점이나 연관성은 있는 것 같지만, 서로 논리적 관계가 전혀 없는데도 불구하고 추론을 이끌어 낼 때 논점부적절의 오류를 범합니다.

법정에서 살인혐의로 기소된 피고에게 검사가 차가운 목소리로 심문을 합니다.

"피고는 김 여인이 살해될 당시 김 여인 집 근처를 도망가다가 경찰에게 체포되었지요?"

"도망가던 것이 아니라 급한 일이 있어서 약방에 약을 사러 달려가던 길이었습니다."

"달려가거나 도망가거나 어딘가 빨리 가던 것은 마찬가지입니다. 피고는 김 여인과 같은 동네에 살면서 김 여인에게 가끔 돈을 꾸었고 최근에 꾼 돈을 갚지 못하자 수일 전에 김 여인이 피고를 다그쳤고 서로 심한 언쟁을 했지요?"

"언쟁한 것이 아니라 며칠만 돈 갚을 날을 연기해 달라고 부탁했습니다. 김 여인은 안 된다고 했고 저는 제발 부탁한다고 애걸하며 한두 차례 통사정을 했을 뿐입니다."

"피고는 살인이 얼마나 비인간적인지 그리고 살인이야말로 인간으로서는 할 짓이 아님을 잘 알 것입니다. 이 세상에서 가장 무도한 행위가 바로 살인입니다. 피고는 이러한 사실을 잘 알고 있지요?"

"물론입니다. 하지만 그 이야기와 제가 무슨 관계가 있습니까?"

위의 예에서 우리는 검사의 추론이 논리적으로 타당치 못함을 알 수 있습니다. 전제들과 결론이 전혀 논리적 연관이 없음에도 불구하고 전제들을 근거로 결론을 이끌어 내려고 한다면 논점부적절의 오류fallacy of irrelevant conclusion를 범합니다.

도움말

　논리적으로 아무런 연관성이 없는 전제들로부터 결론을 도출해 낼 때 추리는 오류를 범하는데, 이것을 일컬어 자료에 의한 오류라고 합니다.

　자료에 의한 오류는 아리스토텔레스의, 언어 이외의 오류에 속합니다. 그러나 후일 제본스가 자료적 오류(material false)라는 명칭을 부여하여 이들 오류를 한층 더 분명하게 구분하였습니다.

되돌아 보아야 할 문제들

1. 연역추리에 있어서 형식적 오류와 비형식적 오류의 기본적 차이를 말해 보십시오.

2. 언어에 의한 오류와 자료에 의한 오류의 차이는 무엇이며 각각의 오류의 종류는 어떤 것들입니까?

3. 다음의 예들은 언어에 의한 오류들입니다. 각각 어떤 오류에 속하는지 지적해 보십시오.

① 저 청년은 힘이 약하다. 이 젖먹이는 힘이 세다. 그러므로 이 젖먹이는 저 청년보다 힘이 세다.

② 그대 크로에수스가 페르시아 왕국과 전쟁을 한다면 결국 강한 왕국이 멸망할 것이다.

③ 한 올의 머리카락을 뽑으면 대머리가 되는가? 두 올의 머리카락을 뽑으면 대머리가 되는가? 그러면 세 올의 머리카락을 뽑으면 대머리가 되는가?

④ 9는 홀수이다. 9는 3과 6으로 되어 있다. 그러므로 3과 6은 홀수이다.

⑤ 이 화장품은 바이오 공법에 의해 제조된 것으로, 바로 당신의 아름다움을 위한 것이다.

⑥ 김 양은 전봇대처럼 큰 여학생이다.

4. 다음의 오류들은 자료에 의한 오류들입니다. 구체적으로 어떤 오류인지 지적해 보십시오.

① 지도자가 결정한 세금이니 모두 세금을 성실히 납부해야 합니다.

② 소크라테스가 '너 자신을 알라'고 했으니 우리 모두는 그의 말을 따르지 않으면 안 된다.

③ 너는 내가 천재가 아니라는 것을 증명할 수 없다. 그러므로 내가 천재인 것은 분명하다.

④ 이 아이는 소녀가장입니다. 동생들의 허기짐을 덜어주려고 순간적으로 가게 물건을 훔쳤습니다. 따라서 정상을 참작하여 훈방하여야 할 것입니다.

⑤ 여러분, 이 사람이 범인이라는 확실한 물증은 없더라도 이 사람의 과거 행적을 보면 며칠 전 강도 사건의 진범임이 분명합니다.

⑥ 가장 조화로운 것은 둥글다. 수박도 둥글다. 그러므로 수박은 가장 조화로운 것이다.

⑦ 자수성가해서 돈 번 사람들은 인색하다. 우리 삼촌은 자수성가하여 돈을 벌었다. 그러니까 우리 삼촌도 인색하다.

⑧ 나는 오늘 고스톱 판에서 몽땅 잃었다. 왜냐하면 어젯밤 내가 병든 개의 꿈을 꾸었기 때문이다.

⑨ 모든 사람은 사랑하지 않으면 안 된다. 왜냐하면 태어날 때부터 사람은 사랑의 감정을 지니기 때문이다.

⑩ 저 미인은 아름답다. 왜냐하면 아름다운 여자를 일컬어 미인이라고 부르기 때문이다.

⑪ 우리 고등학교는 시설도 부족하고 선생님 수도 모자랍니다. 그러니까 2000년대에는 모범적인 고등학교로 개선해야 합니다.

※ 답은 332~333쪽에 있습니다.

되돌아 보아야할
문제들의 해답

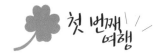

첫 번째 여행

1. 단일명사 : 서울, 뉴욕 등. 일반명사 : 사람, 집, 동물 등.
   단일명사는 하나의 대상을 가리키는 것이고, 일반명사는 보통명사에 해당되는 것입니다.

2. 전체를 지시하는 것(군대, 국회)은 집합명사이고 일반적 대상을 가리키는 것(군인, 국회의원)은 일반명사입니다.

3. 구체명사 : 자동차, 노트북. 추상명사 : 논리, 아름다움

4. 긍정명사 : 생물. 부정명사 : 무생물
   의미와 무의미처럼 긍정적 명사와 부정적 명사의 차이에서 두 명사의 차이를 잘 알 수 있습니다.

5. 절대명사 : 대학, 회사. 상대명사 : 자식, 제자, 원수

6. 항구. 항구는 한국의 항구를 포함하기 때문입니다.

7. 외연은 명사의 양을 그리고 내포는 명사의 성질을 말합니다. 예컨대 학교의 외연은 초등학교, 중학교, 고등학교, 대학교 등이지만 내포는 학교의 성질, 곧 배우고 가르치는 곳입니다.

8. 삼각형의 약정적 내포 : 세 개의 직선으로 둘러싸인 평평한 도형.

9. 외연 : 인류 전체. 내포 : 이성적 동물

10. 명사의 외연이 증대하면 내포가 감소하고, 내포가 증대한다면 외연이 감소하는 것.

11. 구분의 예 : 인류는 황인종, 흑인종, 백인종, 홍인종으로 구분된다.
    분류의 예 : 생물 중 감각 운동하는 것은 동물이고 영양을 섭취, 번식하는 것은 식물이다.

12. 본질적 정의 : 유개념과 종차를 밝힘으로써 어떤 명사를 정의 내리는 방법.
    부차적 정의 : 유명적 정의, 발생적 정의, 기술적 정의, 대표적 정의.

13. 유개념 : 동물. 종개념 : 인간. 종차: 이성적.

14. ① 정의하고자 하는 명사의 본질적 성질을 정확히 지시해야 합니다.

② 정의되어야 할 명사가 정의하는 말에 나타나서는 안 됩니다.

③ 정의는 너무 넓은 뜻을 부여해서도 안 되고 또 너무 좁은 뜻을 부여해서도 안 됩니다.

④ 애매한 말이나 비유적인 말은 정의에 적절하지 못합니다.

⑤ 긍정적으로 정의할 수 있는 경우에 부정적으로 정의하면 올바른 정의가 성립하지 않습니다.

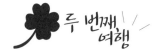

1. 궤변 : 추론하는 당사자가 상대방을 기만할 목적에서 의도적으로 범하는 오류.
   배리 : 추론하는 당사자가 생각의 혼란이나 감정의 동요로 인하여 스스로 저지르는 오류.

2. 296쪽을 참고하세요.

3. 언어로 인한 오류는 비형식적 오류에 속합니다.

4. 자료로 인한 오류도 비형식적 오류이며 부적합성으로 인한 오류라고도 합니다. 언어로 인한 오류와 자료로 인한 오류에 관해서는 네 번째 여행(307~325쪽) 부분을 참고하세요.

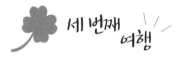

세 번째 여행

1. 부당환위의 오류
2. 부당부정의 오류
3. 대명사부당주연의 오류
4. 소명사부당주연의 오류
5. 네 개 명사의 오류

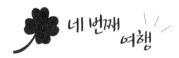

네 번째 여행

1. 연역추리의 형식적 오류 : 추리의 일정한 형식이나 규칙을 위반했을 때 범하는 오류.

연역추리의 비형식적 오류 : 추리의 일정한 형식이나 규칙을 위반하지 않았어도 말을 정확히 사용하지 않았을 때 그리고 전제와 결론 사이에 아무런 논리적 관련이 없음에도 불구하고 심리적 연관을 핑계 삼아 추리할 때 범하는 오류.

2. 언어에 의한 오류 : 말이나 글이 쓰는 사람과 사용 방법에 따라서 애매할 수도 있고, 그리고 다양한 뜻이 있을 경우 정확히 구분되지 않아서 생기는 오류. 언어에 의한 오류는 모두 6가지가 있는데 이에 관해서는 307~314쪽을 참고하세요.

자료에 의한 오류 : 전제와 결론 사이에 단지 심리적 유관성이 있다는 이유만으로 추리를 성립시킬 때 범하는 오류. 자료에 의한 오류는 모두 12가지가 있는데 이에 관해서는 314~325쪽을 참고하세요.

3. ① 여러 가지 뜻을 가진 말의 오류(다의어의 오류)

　② 애매구의 오류

　③ 결합의 오류

　④ 분할의 오류

　⑤ 강조로 인하여 생기는 오류(강조의 오류)

　⑥ 비유 때문에 생기는 오류

4. ① 힘에 호소하는 오류

　② 부적합한 권위에 호소하는 오류

　③ 무지에 호소하는 오류

　④ 연민에 호소하는 오류

　⑤ 여러 사람에게 의존하는 논증

　⑥ 우연의 오류

　⑦ 뒤집어진 우연의 오류

　⑧ 거짓 원인의 오류

　⑨ 선결문제요구의 오류

　⑩ 순환논법의 오류

　⑪ 논점부적절의 오류

논리학의 발자취

1. 고전 논리학

(1) 변증법의 발견자 제논

　　논리학은 고전논리학과 기호논리학으로 구분하며, 이들 두 가지는 모두 명제형식의 참과 거짓을 논의하므로 형식논리학이라 합니다.

　　고전논리학은 아리스토텔레스와 스콜라철학을 통해서 완성되었으며, 그 시초를 장식하는 사람은 엘레아학파의 제논(약 B. C.490~430)입니다.

　　제논은 스승 파르메니데스의 '참다운 실재는 일자(一者)이며 그것은 불변하고 움직이지 않는다'라는 주장을 뒷받침하기 위해서 (가)사물의 다양성에 대한 네 가지 반증과 (나)운동에 대한 세 가지 반증을 제시합니다.

　　사물의 다수성에 관한 반증들 중 ①,②는 공허한 공간을 반대하며 ③,④는 감각지각의 확실성을 반대합니다.

① 존재하는 것들이 다수라면 그것은 무한하게 작으며 동시에 무한하게 크지 않으면 안 되므로 존재하는 것은 다수일 수 없다.

② 존재하는 것이 다수라면 그것은 수적으로 유한하며 동시에 무한하지 않으면 안 되므로 존재하는 것은 다수일 수 없다.

③ 만일 모든 것이 공허한 공간에 있다면 모든 사물 자체는 공허한 공간과 동일하지 않으면 안 되므로 공허한 공간은 존재하지 않는다.

④ 만일 옥수수 한 알이 있어도 흔들면 낱낱의 옥수수와 옥수수의 각 부분은 동일한 소리를 낸다.

운동에 대한 제논의 세 가지 반증은 다음과 같습니다.
① 한 물체는 무한한 공간을 차지하므로 운동은 부정된다.
② 아킬레스는 결코 자기 앞에 있는 거북이를 따라잡을 수 없다.
③ 날아가는 화살은 정지하여 있다. 왜냐하면 날아가는 매 순간 화살은 일정한 공간에 머물러 있기 때문이다.

제논은 공간개념과 시간개념을 혼동함으로써 시간적 운동을 보지 못하고 모든 것을 공간화시킵니다. 제논의 추리는 부당한 추리지만 그는 공간, 시간, 운동 등에 관해서 논리적으로 증명하고자 했기 때문에 아리스토텔레스는 제논을 발견자라고 했습니다.

(2) 논리학의 창시자 아리스토텔레스

아리스토텔레스는 정확하고 질서 있게 그리고 체계적으로 생각하며 그러한 생각을 개념, 판단, 추리에 의해서 적절히 표현하는 것이 철학에서 중요한 일이라고 여겼습니다. 아리스토텔레스의 저술 《기관(Orgasm)》은 논리학을 체계적으로 다루고 있습니다.

논리학의 중요한 세 가지 요소들은 개념, 판단 및 추리입니다. 궁극적 기본 개념들은 범주라고 부르며 그것들은 모두 열 개입니다.(실체, 양, 질, 관계, 장소, 시간, 위치, 소유, 능동, 수동) 개념들이 합쳐져 판단을 이룹니다.

판단들이 결합해서 추리가 형성됩니다. 물론 경험적 귀납추리의 중요성도 제시되긴 했지만 아리스토텔레스에게 있어서 중요한 추리는 연역추리입니다. 연역추리란 '모든 사람은 죽는다. 소크라테스는 사람이다. 그러므로 소크라테스도 죽는다'와 같이 세 판단이 결합해서 이루어진 하나의 추리를 말합니다.

결국 아리스토텔레스의 논리학은 명제형식의 법칙을 꼼꼼히 따짐으로써 명제형식의 타당성과 부당성을 가려내는 일을 목표로 삼았습니다. 아리스토텔레스의 논리학은 오늘날 다양한 학문이론들의 기초를 이루고 있습니다.

2. 기호 논리학

(1) 보편적 과학언어와 라이프니츠

서양 근대에 들어와서 귀납논리는 베이컨, J.S. 밀 등에 의해 발달했지만, 연역논리는 라이프니츠(1646~ 1716)에 이르기까지 아리스토텔레스 이후 큰 진전이 없었습니다.

라이프니츠는 이성인식만이 보편적일 수 있고 감각지각은 보편성을 보장할 수 없다고 확신하였습니다. 따라서 그는 보편적 과학언어, 곧 기호에 의해서 보편적 추리 계산이 가능하다고 생각했습니다. 라이프니츠는 현대 기호논리학의 시발점을 마련하였습니다.

(2) 대수논리와 불

실질적 기호논리학의 창시자는 불(G. Boole, 1815~1861)입니다. 불은 영국의 수리논리학자로 하밀튼의 영향을 받아 라이프니츠의 보편적 과학언어와 보편적 추리 계산을 한층 더 깊이 연구했습니다.

불은 사고(사유)의 형식적 요소들이 중요하다고 보고 판단과 추리의 작용을 기호(예컨대 S, R, P, Q 등)에 의해 수학적으로 계산하여 기호논리학을 성립시켰습니다. 불의 논리대수는 명제변항을 집합으로 표현하고, 집합들을 덧셈과 곱하기에 의해서 결합함으로써 여타의 집합을 연역적으로 계산하는 여러 가지 방식들을 표현합니다.

대수법칙은 실수체계에 의해서 특정한 설명을 필요로 하지 않고 형식적으로 서술될 수 있다는 것이 불의 주장입니다. 불은 삼단논법과 아울러 특정한 범위의 논리학에 대수논리를 사용하여 최초로 집합논리와 명제계산 사이의 유사성을 지적하였습니다.

불에게 영향을 미친 드모르간(Augustus De Morgan, 1806~1871)은 논리학의 기초는 집합 사이의 부분적이거나 전체적인 함축 또는 배제의 관계를 포함한다고 보았고, 불은 특히 이 점에서 주의를 기울였습니다. 불 이후 제본스(Jevons, 1835~1882)는 집합대수를 논리적으로 단순화시켰고 벤(J. Venn, 1834~1923)은 '벤 다이어그램'을 작성해서 명제에 포함된 명사의 집합관계를 고찰함으로써 추리의 타당성을 그림으로 검토할 수 있게 했습니다.

(3) 퍼스의 기호론

미국의 퍼스(C. S. Peirce, 1838~1914)는 불과 드모르간의 '관계논리'를 개선하여 슈뢰더(L. Schroder)와 러셀(B. Russell)에게 영향을 미쳤습니다. 그는 사고작용을 기호활동으로 환원시켰습니다. 퍼스는 사고법칙일반을 연구하는 논리학을 기호론(semantics)으로 대치하기에 이르렀습니다. 프레게, 힐베르트, 비트겐슈타인, 카르나프, 콰인 등은 현대 기호논리학을 체계화시킨 사람들입니다.

(4) 컴퓨터언어와 기호논리학

말로 된 문장이나 명제에 의한 추론은 부당한 추리를 가져오고 오류를 범하기 쉽습니다. 그러므로 기호논리학은 과학적 보편언어에 의해서 타당한 추리를 추구합니다. 이렇게 볼 때 컴퓨터언어의 기초는 바로 기호논리학이라는 사실을 잘 알 수 있습니다.

그러나 논리학은 어디까지나 명제에 의한 추리의 형식적 타당성 여부를 따진다는 것을 알아야 합니다. 우리는 형식논리 이외에도 인식논리, 존재논리, 변증법논리 등을 광범위하게 알 때 비로소 '지혜에 대한 사랑'인 철학하기와 친근할 수 있습니다. 결국 논리학의 궁극적인 목적 역시 '인간다운 인간'으로서 삶을 살아가는 것에 있습니다.